우리 겨레는 아득한 옛날부터 우리말을 쓰면서 살아 왔다. 아마 처음에는 요사이 우리가 쓰고 있는 아버지, 어머니, 위, 아래, 하나, 둘, 바위, 돌, 물, 불 같은 기초어휘가 먼저 쓰였을 것이다.

그러다가 약 2천년 전부터, 당시로는 우리 겨레보다 文化水準(문화수준)이 높았던 이웃나라의 中國(중국)사람들과 접촉하면서 그들의 글자와 글인 漢字와 漢文을 받아들이게 되고 漢字로 이루어진 어휘도 많이 빌려 쓰게 되었다. 이리하여 우리 겨레는 우리의 고유어와 함께, 父(부)·母(모), 上(상)·下(하), 一(일)·二(이), 岩(암)·石(석)과 같은 漢字語를 쓰게 되었으며, 본래 우리말의 기초어휘에 없던 추상적인 말, 예를 들면 希望(희망), 進步(진보), 勇氣(용기), 特別(특별)과 같은 어휘와, 사회제도 및 정부 기구를 나타내는 科擧(과거), 試驗(시험), 判書(판서), 捕校(포교) 등도 함께 써 오게 되었다.

이러한 현상은 오늘날에도 마찬가지여서, 새로운 文物制度(문물제도)가 생기고 學問(학문)이 발달하면, 자연스러이 漢字로 새 단어를 만들어 쓰는 일이 많다. 治安監(치안감), 元士(원사), 修能試驗(수능시험), 面接考査(면접고사), 高速電鐵(고속전철), 宇宙探索(우주탐색), 公認仲介士(공인중개사) 등 예를 이루 다 들 수가 없다.

따라서 우리는 이미 우리말 안에 녹아들어 있는 漢字語를 정확하게 이해하여, 순수한 우리의 고유어와 함께 우리말을 더욱 올바르게 사용하기 위하여 漢字를 공부하여야 한다.

韓國語文敎育硏究會에서는 우리 국민의 漢字에 대한 이해를 촉진시키고 국어 생활의 수준을 향상시키고자 여러 한자 학습 교재를 편찬해 왔다. 또 한편으로는 韓國漢字能力檢定會에서 시행하고 있는 全國漢字能力檢定試驗에도 對備(대비)할 수 있도록 級數(급수)別로 漢字를 배정하고, 漢字마다 표준이 된 訓과 音, 그리고 長短音(장단음)을 표시하였으며, 누구나 알아야 될 類義語(유의어), 反意語(반의어), 故事成語(고사성어), 漢字의 部首(부수), 널리 쓰이고 있는 略字(약자) 등도 자세히 제시해 두고 있다.

우리의 漢字學習 目的(목적)은 어디까지나 국어 안의 한자어를 제대로 알고자 하는 데 있으나, 이러한 한자학습을 통하여 우리의 文化遺産(문화유산)인 漢文(한문) 典籍(전적)을 읽어 내고, 漢語(한어)를 배우는 데도 도움이 될 수 있을 것이라고 믿는다.

2005年 6月 20日

韓國語文敎育硏究會 會長 姜信沆

머리말

國語(국어) 어휘의 70% 정도를 차지하고 있는 것이 漢字語(한자어)입니다. 30여년 간의 한글 專用(전용) 교육은 국민의 國語 能力(능력)을 低下(저하)시킴으로써 상호간 意思疏通(의사소통)을 모호하게 하고, 學習(학습) 能力(능력)을 減少(감소)시켰을 뿐만 아니라, 傳統(전통)과의 단절, 한자문화권 내에서의 孤立(고립)이라는 결과를 빚어냈습니다.

이미 30여년 전에 이런 한글 專用 교육의 盲點(맹점)을 파악하고 漢字 교육을 통한 國語 교육 正常化(정상화)를 기치로 내세워 발족한 韓國語文敎育硏究會는 잘못된 語文(어문) 정책을 바로잡기 위한 여러 활동을 꾸준히 벌여 왔습니다. 語文 정책을 바로잡기 위한 활동의 강화 차원에서 社團法人 韓國語文會를 창립하였고, 公敎育(공교육)에서 담당하지 못하고 있는 漢字 교육을 장려하기 위하여 韓國漢字能力檢定會를 설립하였습니다.

국민의 言語 能力, 事務(사무) 能力 低下(저하)는 필연적으로 國家(국가)와 社會(사회) 양쪽에서부터 반성을 불러 일으켰습니다. 政府(정부)는 公文書(공문서)에 漢字를 倂記(병기)하자는 결정을 내렸으며, 한편으로 經濟(경제) 단체에서는 漢字 교육의 필요성을 力說(역설)하고 있습니다. 머지않아 公敎育에서도 漢字가 混用(혼용)된 교재로 정상적인 학습을 할 날이 到來(도래)할 것을 의심치 않습니다.

한글 전용 교육을 받고 자라난 世代(세대)가 이제는 社會의 중장년층이 된 바, 漢字를 모르는 데서 오는 불편을 후손에게 대물림하지 않기 위하여 漢字 교육에 관심을 보이고 있습니다. 이는 全國漢字能力檢定試驗에 응시하는 미취학 아동과 초등학생 지원자의 수가 꾸준히 증가하는 것에서 확인할 수 있습니다.

韓國語文敎育硏究會는 全國漢字能力檢定試驗 교재를 이미 10여년 전에 출간하였으나 그 내용이 지나치게 간단하였기에, 학습자들이 보다 쉽게 漢字를 익히고, 全國漢字能力檢定試驗에 대비할 수 있는 級數別(급수별) 自習書(자습서)의 보급이 필요하다고 판단하여, 이 학습서를 출간하게 된 것입니다. 이 책은 각 級數別 읽기와 쓰기 配定 漢字를 구별하여, 각각의 활용 단어를 넣었으며, 그 외 字源(자원), 訓音(훈음), 讀音(독음), 長短音(장단음), 筆順(필순), 四字成語(사자성어) 등을 갖춤으로써 종합적 漢字(한자) 학습을 가능케 하였습니다.

이 학습서가 全國漢字能力檢定試驗을 준비하는 모든 분들에게 훌륭한 길잡이가 되기를 바라마지 않습니다.

韓國語文敎育硏究會 編纂委員長 南 基 卓

한국어문회
지정지침서

한자능력
검정시험

5급 II

한자능력검정시험이란

한자능력검정시험은 사단법인 한국어문회가 주관하고 한국한자능력검정회가 시행하는 한자 활용능력 검정시험입니다.

1992년 12월 9일 전국적으로 시행하여 현재에 이르기까지 매년 시행하고 있는 한자 자격시험으로, 2001년 5월 19일 18회 시험부터 1급~4급이 국가 공인이 되었고, 2005년 29회 시험부터는 1급~3급Ⅱ가 국가 공인(공인증서 제2005~2호) 시험으로 치러지고 있으며, 시험에 합격한 재학생은 내신반영은 물론, 2000학년도부터 3급과 2급 합격자를 대상으로 일부 대학에서는 특기자 특별전형으로 신입생을 모집함으로써 권위 있는 한자 자격시험으로 인정받고 있습니다.

현재 한자능력검정시험은 8급에서 4급까지를 교육급수로, 3급Ⅱ에서 특급까지를 공인급수로 구분하고 있으며, 초등학교에서 1,000자, 중·고등학교에서 1,000자, 대학교에서 1,500자 정도로 전체 3,500자의 한자를 배정하였습니다.

초등학교는 학년별로, 중학교 이상은 급수별로 습득할 한자 수를 분류하였으며, 한자에 대한 훈음, 장단음, 반대자/상대자, 동의자/유의자, 동음이의어, 뜻풀이, 약자, 한자 쓰기, 완성형, 부수 등에 대한 문제를 내용으로 하고 있습니다. 한자능력검정시험은 한자 학습의 필요성을 깨우치고, 개인별 한자 습득 정도에 대한 객관적인 검정자료로 활용되어 한자 학습 의욕을 증진시키고, 사회적으로 한자 활용능력을 인정받는 우수한 인재를 양성함을 목적으로 합니다.

한자를 익히고 배우려는 뜻있는 학습자들께 한자능력검정시험이 작은 기쁨과 보탬이 되길 바랍니다.

알려두기

이 책의 특징은 한자능력검정시험에 필요한 모든 정보를 제공하여 수험자로 하여금 시험에 대비하도록 하기 위하여, 읽기배정한자와 쓰기배정한자를 분류하였고, 그 글자에 해당하는 유의어, 반의어, 약어 등을 정보란에 정리하였을 뿐만 아니라, 부록부분에 이들을 모아 전체를 한 눈으로 보고 집중적으로 공부할 수 있도록 하였다. 기출문제와, 실제 한자능력검정시험의 기출문제와 같은 유형의 실전문제를 두어 시험에 대비하도록 하였다.

이 책을 이용하는데 꼭 알아두어야 할 사항들은 다음과 같다.

1 **한자의 배열**은 대표음을 가나다순으로 배열하였다. 각 한자에 해당하는 급수를 제시하여 다른 급수를 학습하는데 도움을 주었다.

間	7급 Ⅱ 사이간(:)

2 **글자풀이란**을 두어 한자의 구성원리를 쉽게 이해하고 오래도록 기억할 수 있도록 하였으며, 이 때의 글자풀이는 수험자가 쉽게 이해할 수 있도록 자원풀이보다는 파자(글자를 풀어 설명하는)의 방법을 사용하였다.

닫혀있는 문(門) 사이에서 아침 해(日)가 비추어오는 형태에서 사이, 틈(間)의 의미이다.

3 **훈과 음**은 (사단법인) 한국어문회, 한국어문교육연구회, 한국한자능력검정회가 지정한 대표 훈과 음을 따랐다.

4 훈음에는 **장단음 표시**를 하여 수험자가 쉽게 장단음을 익히도록 하였다. 오직 장음으로만 발음되는 한자는 : 로, 장음과 단음이 단어에 따라 다른 것은 (:)로, 단음인 것은 표시를 하지 않았다.

間

7급 II

사이 간(:)

門 | 4획

닫혀있는 문(門) 사이에서 아침 해(日)가 비추어오는 형태에서 사이, 틈(間)의 의미이다.

비 問(물을 문)
門(문 문)
開(열 개)

읽기한자

週間(주간) : 월요일부터 일요일까지 한 주일 동안

쓰기한자

空間(공간) : 무한하게 퍼져 있는 빈 곳. 쓰지 않는 빈 칸
時間(시간) : 어느 때로부터 어느 때까지의 사이
人間(인간) : 사람, 인류. 사람이 사는 곳
中間(중간) : 두 사물의 사이. 사물이 아직 끝나지 않은 장소 또는 시간. 한가운데

활용문

우리는 자리를 좁혀 한 사람 더 앉을 空間(공간)을 만들었다.

필순

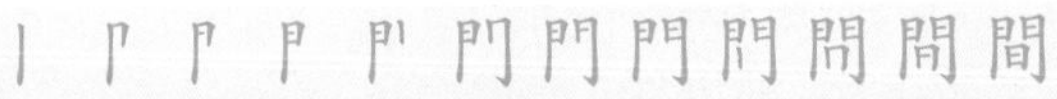

5 각 한자의 부수와 획수를 밝혔으며, 이 때의 획수는 총획에서 부수의 획수를 뺀 나머지 획으로 통일하였다.

6 배정한자 아래에는 **정보란**을 두어 그 배정한자에 해당하는 비슷한 한자(비), 유의자(동), 반대 또는 상대자(반), 약자(약)를 밝혀 시험 대비를 하는데 도움을 주도록 하였다. 5급Ⅱ 이상의 급수에 해당하는 한자들도 수록하여 참고가 되도록 하였다.

間 **7급Ⅱ**
사이 간(:)
門 | 4획

닫혀있는 문(門) 사이에서 아침 해(日)가 비추어오는 형태에서 사이, 틈(間)의 의미이다.

비 問(물을 문)
門(문 문)
開(열 개)

7 한자능력검정시험의 **읽기** 배정한자와 **쓰기** 배정한자가 다른 점을 감안하여 이를 구별하여 수험자들이 시험 대비에 효과를 극대화 할 수 있게 했다.

읽기한자

週間(주간) :월요일부터 일요일까지 한 주일 동안

쓰기한자

空間(공간) : 무한하게 퍼져 있는 빈 곳. 쓰지 않는 빈 칸
時間(시간) : 어느 때로부터 어느 때까지의 사이
人間(인간) : 사람, 인류. 사람이 사는 곳
中間(중간) : 두 사물의 사이. 사물이 아직 끝나지 않은 장소 또는 시간. 한가운데

8 **필순**을 밝혀, 필순을 보면서 한자를 필순에 맞게 써 봄으로써 올바른 한자를 쓸 수 있도록 하였다.

필순 丨 ㄱ 𠃍 户 門 門 門 門 閂 間 間 間

9 **활용문**은 국어 교과서에서 문장을 뽑아 단어들의 쓰임을 문장에서 익히도록 하였다.

활용문
우리는 자리를 좁혀 한 사람 더 앉을 空間(공간)을 만들었다.

10 9개의 한자학습이 끝나면 **확인학습란**을 두어 그 배정한자를 제대로 익혔는지를 확인하게 하여 실전에 대비할 수 있도록 하였다.

11 부록에는 각 급수에 해당하는 **사자성어, 유의자(동의자), 반대자(상대자), 동음이의어, 약자**를 모아 집중적으로 공부할 수 있도록 하였다. 각 유형별 한자마다 급수를 표시하여 실질적인 급수시험에 충분히 대비할 수 있도록 하였다. 유의자와 반대자는 단어 형성과는 관계없이 동훈자 중심으로 구성하였다.

12 **기출문제** 6회분과, 실제 한자능력검정시험의 기출문제와 같은 유형의 **실전문제**를 2회분 두어 지금까지 학습한 내용을 점검하고 실전에 대비하게 하였다. **부록Ⅱ**

한자능력검정시험 응시 요강

전국한자능력검정시험 급수별 배정한자 수 및 수준

급수	읽기	쓰기	수준 및 특성
특급	5,978	3,500	국한혼용 고전을 불편 없이 읽고, 연구할 수 있는 수준 고급
특급Ⅱ	4,918	2,355	국한혼용 고전을 불편 없이 읽고, 연구할 수 있는 수준 중급
1급	3,500	2,005	국한혼용 고전을 불편 없이 읽고, 연구할 수 있는 수준 초급
2급	2,355	1,817	상용한자의 활용은 물론 인명지명용 기초한자 활용 단계
3급	1,817	1,000	고급 상용한자 활용의 중급 단계
3급II	1,500	750	고급 상용한자 활용의 초급 단계
4급	1,000	500	중급 상용한자 활용의 고급 단계
4급II	750	400	중급 상용한자 활용의 중급 단계
5급	500	300	중급 상용한자 활용의 초급 단계
5급II	400	225	중급 상용한자 활용의 초급 단계
6급	300	150	기초 상용한자 활용의 고급 단계
6급II	225	50	기초 상용한자 활용의 중급 단계
7급	150	–	기초 상용한자 활용의 초급 단계
7급II	100	–	기초 상용한자 활용의 초급 단계
8급	50	–	한자 학습 동기 부여를 위한 급수

▸▸ 초등학생은 4급, 중 · 고등학생은 3급, 대학생은 1급, 전공자는 특급 취득에 목표를 두고 학습하길 권해 드립니다.

전국한자능력검정시험 급수별 출제유형

구분	특급	특급Ⅱ	1급	2급	3급	3급Ⅱ	4급	4급Ⅱ	5급	5급Ⅱ	6급	6급Ⅱ	7급	7급Ⅱ	8급
읽기 배정 한자	5,978	4,918	3,500	2,355	1,817	1,500	1,000	750	500	400	300	225	150	100	50
쓰기 배정 한자	3,500	2,355	2,005	1,817	1,000	750	500	400	300	225	150	50	0	0	0
독음	45	45	50	45	45	45	32	35	35	35	33	32	32	22	24
훈음	27	27	32	27	27	27	22	22	23	23	22	29	30	30	24
장단음	10	10	10	5	5	5	3	0	0	0	0	0	0	0	0
반의어	10	10	10	10	10	10	3	3	3	3	3	2	2	2	0
완성형	10	10	15	10	10	10	5	5	4	4	3	2	2	2	0
부수	10	10	10	5	5	5	3	3	0	0	0	0	0	0	0
동의어	10	10	10	5	5	5	3	3	3	3	2	0	0	0	0
동음이의어	10	10	10	5	5	5	3	3	3	3	2	0	0	0	0
뜻풀이	5	5	10	5	5	5	3	3	3	3	2	2	2	2	0
필순	0	0	0	0	0	0	0	0	3	3	3	3	2	2	2
약자 · 속자	3	3	3	3	3	3	3	3	3	3	0	0	0	0	0
한자 쓰기	40	40	40	30	30	30	20	20	20	20	20	10	0	0	0
한문	20	20	0	0	0	0	0	0	0	0	0	0	0	0	0

▸▸ 상위급수 한자는 모두 하위급수 한자를 포함하고 있습니다.
▸▸ 쓰기 배정 한자는 한두 급수 아래의 읽기 배정한자이거나 그 범위 내에 있습니다.
▸▸ 출제유형표는 기본지침자료로서, 출제자의 의도에 따라 차이가 있을 수 있습니다.
▸▸ 공인급수는 교육과학기술부로부터 국가공인자격 승인을 받은 특급 · 특급Ⅱ · 1급 · 2급 · 3급 · 3급Ⅱ이며, 교육급수는 한국한자능력검정회에서 시행하는 민간자격인 4급 · 4급Ⅱ · 5급 · 5급Ⅱ · 6급 · 6급Ⅱ · 7급 · 7급Ⅱ · 8급입니다.
▸▸ 5급Ⅱ · 7급Ⅱ는 신설 급수로 2010년 11월 13일 시험부터 시행되었습니다.
▸▸ 6급Ⅱ 읽기 배정한자는 2010년 11월 13일 시험부터 300자에서 225자로 조정되었습니다.

전국한자능력검정시험 합격기준

구분	특급	특급Ⅱ	1급	2급	3급	3급Ⅱ	4급	4급Ⅱ	5급	5급Ⅱ	6급	6급Ⅱ	7급	7급Ⅱ	8급
출제문항수	200	200	200	150	150	150	100	100	100	100	90	80	70	60	50
	(100)	(100)	(100)	(100)	(100)	(100)	(100)	(100)	(100)	(100)	(100)	(100)	(100)	(100)	(100)
합격문항수	160	160	160	105	105	105	70	70	70	70	63	56	49	42	35
	(80)	(80)	(80)	(70)	(70)	(70)	(70)	(70)	(70)	(70)	(70)	(70)	(70)	(70)	(70)

▸▸ (　　)는 100점 만점으로 환산한 점수입니다.
▸▸ 특급 · 특급Ⅱ · 1급은 출제 문항수의 80% 이상, 2급 ~ 8급은 70%이상 득점하면 합격입니다.

한자능력검정시험 합격자 우대사항

- 본 우대사항은 변경이 있을 수 있습니다. 최신 정보는 한국한자능력검정회 홈페이지를 참고하시기 바랍니다.
- 자격기본법 제27조에 의거 국가자격 취득자와 동등한 대우 및 혜택
- 대학 수시모집 및 특기자 전형 지원. 대입 면접시 가산점(해당 학교 및 학과)
- 고려대, 성균관대, 충남대 등 수많은 대학에서 대학의 정한 바에 따라 학점, 졸업인증에 반영
- 유수 고등학교에서 정한 바에 따라 입시에 가산점 등으로 반영
- 육군 간부 승진 고과에 반영
- 한국교육개발원 학점은행의 학점에 반영
- 기업체 입사 및 인사고과에 반영(해당기업에 한함)

1. 대학 수시모집 및 특기자 전형 지원

대학	학 과	자격
건양대학교	중국어, 일본어	한자능력검정시험 5급이상
경북과학대학	관광영어과,관광일어과, 관광중국어과	한자능력검정시험 4급이상
경북대학교	사학과, 한문학과	한자, 한문 특기자
경상대학교	한문학과	한자능력검정시험 2급 이상(한국어문회 주관)
경성대학교	한문학과	한자능력검정시험 3급 이상(한국어문회 주최)
고려대학교	어학특기자(한문학과)	한문 특기자
공주대학교	한문교육과	국가공인 한자급수자격시험(3급이상) 취득자
국민대학교	중어중문학과	한자능력시험(한국어문회 주관) 1급 이상
군산대학교	어학특기자	중국어 : 한어수평고사(HSK) 6급 ~ 11급인 자 또는 한자능력검정 1, 2급인 자, 한자능력급수 1, 2급인 자 ※한자능력검정의 경우 한국한자능력검정회, 대한민국한자급수검정회, 대한민국한문교육진흥회, 한국어문회 발행만 인정.
단국대학교 (서울)	한문특기자	한국어문회 주관 한자능력검정시험 3급 이상 취득한 자
대구대학교	문학 및 한자 우수자	한자능력검정시험 3급 이내 합격자

대학	학 과	자격
동서대학교	어학, 한자, 문학, 영상	어학, 한자, 문학, 영상에서 3위 이상 입상자
동아대학교	한문특기자	한자능력검정시험(한국한자능력검정회 주최) 3급 이상 자격증 소지자
동의대학교	어학특기자	한자능력검정시험 1급 이상 또는 HSK 6급이상인자
명지대학교	어학특기자	검정회 및 한국어문회에서 주관하는 한자능력검정시험 2급 이상자
부산대학교	모집단위별 가산점 부여	한국어문회 시행 한자능력검정시험(1급 ~ 3급) 가산점 부여
상명대학교 (서울)	한문특기자	한자능력검정시험(3급 ~ 1급) (한국한자능력검정회 시행)
선문대학교	경시대회입상 전형	(국어〈백일장, 한문, 문학〉, 수학, 과학)
성결대학교	외국어 및 문학 특기자	한자능력검정고시 3급 이상 취득자
성균관대학교	한문 특기자	전국한자능력검정시험(한국어문회) - 2급 이상
연세대학교	문과대학	한문 특기자
영남대학교	어학 특기자	한자능력검정시험(한국한자능력검정회 시행) 2급 이상 자격증 소지자
원광대학교	한문교육과	최근 3년 이내 행정기관, 언론기관, 4년제 대학 등 본교가 인정하는 공신력있는 단체에서 주최한 전국규모의 한문경시대회 개인 입상자
중앙대학교	문과대학 국어국문학과	한자능력검정시험(한국어문회 주관) 3급 이상 합격자
충남대학교	어학특기자	전국한자능력검정시험 3급 이상
한성대학교	한문특기자	전국한자능력검정시험(사단법인 한국어문학회 주최) 1급 이상 취득자
호남대학교	공인 어학능력 인증서 소지자	한문자격시험(한자급수시험)

▸▸ 대입 전형과 관련된 세부사항은 변경될 수 있으므로 해당 학교 홈페이지, 또는 입학담당부서로 문의바랍니다.

2. 대학 면접 가산 · 학점 반영 · 졸업 인증

대학	내 용	비고
건양대학교	국문학부 면접시 가산점 부여	대학입시
성균관대학교	졸업인증 3품 중 국제품의 경우 3급이상 취득시 인증	졸업인증
경산대학교	전교생을 대상으로 3급이상 취득시 인증	졸업인증
서원대학교	국문과를 대상으로 3급이상 취득시 인증	졸업인증
제주한라대학	중국어통역과를 대상으로 3급이상 취득시 인증	졸업인증
신라대학교	인문/자연/사범/예체능계열을 대상으로 4급이상 취득시 인증	졸업인증
경원전문대학	전교생 대상, 취득시 학점반영	학점반영
덕성여자대학교	전교생 대상, 취득시 학점반영	학점반영
한세대학교	전교생 대상, 취득시 학점반영(한문 교양 필수)	학점반영

▸▸ 변경될 수 있으므로 해당학교(학과)의 안내를 참조바랍니다.

3. 기업체 입사 · 승진 · 인사고과 반영

구분	내 용	비고
육군	부사관 5급 이상 / 위관장교 4급 이상 / 영관장교 3급 이상	인사고과
조선일보	기자채용 시 3급 이상 우대	입사

▸▸ 변경될 수 있으므로 해당기관의 안내를 참조바랍니다.

한자능력검정시험 시험시간

구분	특급	특급Ⅱ	1급	2급	3급	3급Ⅱ	4급	4급Ⅱ	5급	5급Ⅱ	6급	6급Ⅱ	7급	7급Ⅱ	8급
시험시간	100분		90분	60분			50분								

▸▸ 응시 후 시험 시간동안 퇴실 가능 시간의 제한은 없습니다.
▸▸ 시험 시작 20분 전(교육급수 – 10:40 / 공인급수 – 14:40)까지 고사실에 입실하여 주시기 바랍니다.

한자능력검정시험 검정료

구분	특급	특급Ⅱ	1급	2급	3급	3급Ⅱ	4급	4급Ⅱ	5급	5급Ⅱ	6급	6급Ⅱ	7급	7급Ⅱ	8급
검정료	45,000원			25,000원			20,000원								

▸▸ 창구접수 검정료는 원서 접수일부터, 마감시까지 해당 접수처 창구에서 받습니다.

한자능력검정시험 접수방법

◉ 창구접수(모든 급수, 해당 접수처)

응시 급수 선택	검정시험 급수 배정을 참고하여, 응시자에게 알맞는 급수를 선택합니다.
원서 작성 준비물 확인	반명함판사진(3×4cm) 3매/급수증 수령주소/주민번호/이름(한자) 응시료(현금)
원서 작성 · 접수	정해진 양식의 원서를 작성하여 접수창구에 응시료와 함께 제출합니다.
수험표 확인	수험표를 돌려받으신 후 수험번호, 수험일시, 응시 고사장을 확인하세요.

※인터넷 접수 가능 : 접수 방법은 바뀔 수 있으므로 한국어문회 홈페이지(www.hanja.re.kr)를 참고하시기 바랍니다.

한자능력검정시험 시상기준

급수	문항 수	합격문항	우량상			우수상		
			초등이하	중등	고등	초등이하	중등	고등
특급	200	160	–	–	–	160	160	160
특급Ⅱ	200	160	–	–	–	160	160	160
1급	200	160	–	–	–	160	160	160
2급	150	105	–	105	112	105	112	120
3급	150	105	–	105	112	105	112	120
3급Ⅱ	150	105	112	120	127	120	127	135
4급	100	70	75	80	85	80	85	90
4급Ⅱ	100	70	75	80	85	80	85	90
5급	100	70	85	85	–	90	90	–
5급Ⅱ	100	70	85	85	–	90	90	–
6급	90	63	76	–	–	81	–	–
6급Ⅱ	80	56	68	–	–	72	–	–
7급	70	49	59	–	–	63	–	–
7급Ⅱ	60	42	51	–	–	54	–	–
8급	50	35	42	–	–	45	–	–

▸▸ 시상기준표의 숫자는 "문항 수" 입니다.

▸▸ 대학생과 일반인은 시상대상에 해당되지 않습니다.

青山流水

청산유수

푸른산에 맑은 물이라는 뜻으로, 막힘없이 썩잘하는 말을 비유적으로 이르는 말

CONTENTS

한자의 기초

육서

한자를 만드는 여섯 가지 원리를 일컬어 육서라고 한다. 육서에는 한자를 만드는 원리를 해설하는 상형, 지사, 회의, 형성과 기존의 한자를 사용하여 문자의 원리를 해설한 전주, 가차의 방법이 있다.

▶ **상형문자**(象形文字 – 그림글자)

한자를 만드는 가장 기본적인 원리로 구체적인 사물의 모양을 본뜬 글자

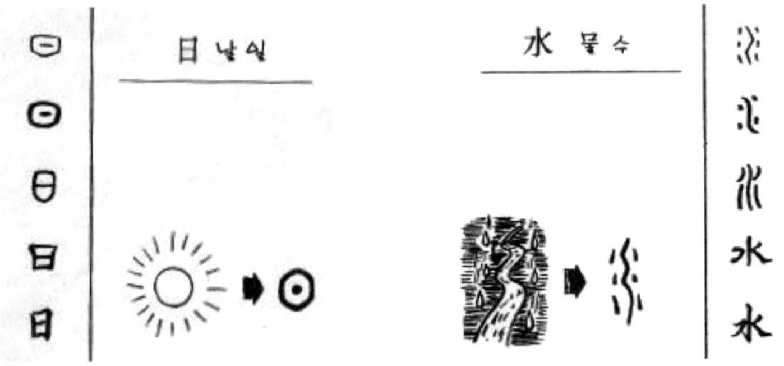

▶ **지사문자**(指事文字 – 약속글자)

구체적인 모양을 나타낼 수 없는 사상이나 개념을 선이나 점으로 나타내어 글자를 만드는 원리

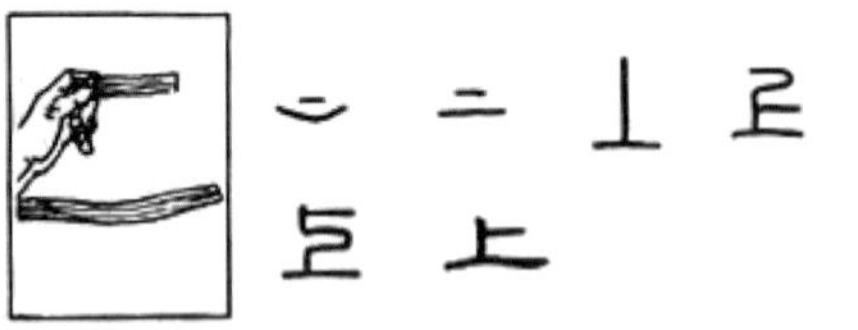

〈上 윗 상〉

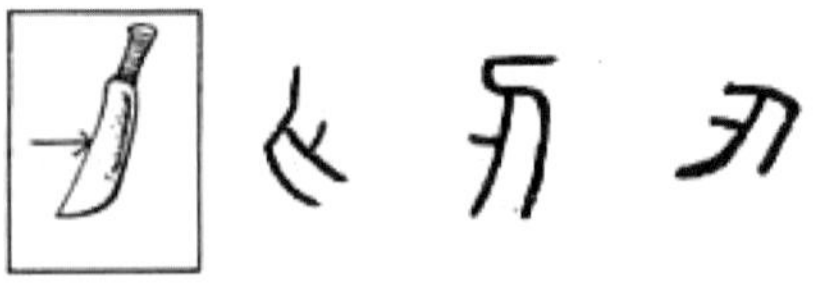

〈刀 칼 도〉

▶ **회의문자**(會意文字 – 뜻 모음 글자)

두 개 이상의 글자가 뜻으로 결합하여 새로운 글자를 만드는 원리

* 明(밝을 명)=日(날 일)+月(달 월)

* 林(수풀 림)=木(나무 목)+木(나무 목)

▶ 형성문자(形聲文字 – 합체글자)

뜻을 나타내는 부분과 음을 나타내는 부분을 결합하여 새로운 글자를 만드는 원리

* 問(물을 문)=門(문 문)+口(입 구)

* 記(기록할 기)=言(말씀 언)+己(몸 기)

▶ 전주문자(轉注文字 – 확대글자)

이미 있는 글자의 뜻을 확대, 유추하여 새로운 뜻을 나타내는 원리

* 惡 본뜻	악할 악	예) 惡行(악행)
새로운 뜻	미워할 오	예) 憎惡(증오)

▶ 가차문자(假借文字 – 빌린 글자)

글자의 본래 의미와는 상관없이 소리가 비슷한 글자를 빌려서 나타내는 원리

* 스페인(Spain)=西班牙(서반아)　　* 유럽(Europe)=歐羅巴(구라파)

부수의 위치와 명칭

▶ 邊(변): 글자의 왼쪽에 있는 부수

* 木 나무목변 : 校(학교 교), 植(심을 식), 樹(나무 수)

* 氵(水) 물수변 : 江(강 강), 海(바다 해), 洋(큰 바다 양)

▶ 傍(방): 글자의 오른쪽에 있는 부수

* 阝(邑) 우부방(고을 읍 방) : 郡(고을 군), 部(떼 부)

* 刂(刀) 선칼도방(칼 도 방) : 利(이할 리), 別(다를/나눌 별)

▶ 머리 : 글자의 위에 있는 부수

* 宀 갓머리(집 면) : 室(집 실), 安(편안 안), 字(글자 자)

* ++(艸) 초두(艸頭) : 萬(일만 만), 草(풀 초), 藥(약 약)

▶ **발** : 글자의 아래에 있는 부수

* 心 마음 심 발 : 感(느낄 감), 意(뜻 의), 念(생각할 념)
* 儿 어진사람인발(사람 인) : 先(먼저 선), 兄(형 형), 光(빛 광)

▶ **엄** : 글자의 위와 왼쪽을 싸고 있는 부수

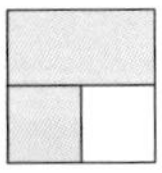

* 广 엄호(집 엄) : 度(법도 도/헤아릴 탁), 序(차례 서), 廣(넓을 광)
* 尸 주검시엄(주검 시) : 局(판 국), 屋(집 옥), 展(펼 전)

▶ **책받침** : 글사의 왼쪽과 밑을 싸고 있는 부수

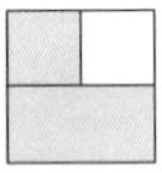

* 辶(辵) 갖은책받침(쉬엄쉬엄 갈 착) : 道(길 도), 過(지날 과)
* 廴 민책받침(길게 걸을 인) : 建(세울 건)

▶ **몸**(에운담) : 글자를 에워싸고 있는 부수

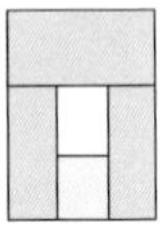

* 口 에운담(큰 입 구) : 國(나라 국), 圖(그림 도), 園(동산 원)
* 門 문문몸 : 間(사이 간), 開(열 개), 關(관계할 관)

▶ **諸部首**(제부수) : 한 글자가 그대로 부수인 것

* 車(수레 거/차), 身(몸 신), 立(설 립)

필 순

▶ **위에서 아래로**

例) 言 말씀 언 : 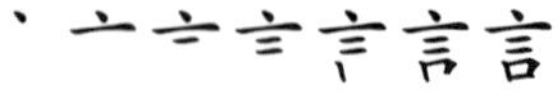

▶ **왼쪽에서 오른쪽으로**

例) 川 내 천 : 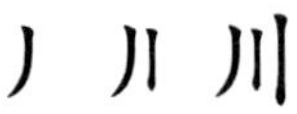

▶ **가로획을 먼저**

例) 用 쓸 용 : 丿 冂 月 月 用

▶ **가운데를 먼저**

例) 小 작을 소 : 亅 小 小

▶ **몸을 먼저**

例) 同 한 가지 동 : 丨 冂 冂 冋 同 同

▶ **글자를 꿰뚫는 획은 나중에**

例) 中 가운데 중 : 丨 ㄇ 口 中

母 어미 모 : ㄥ 毋 母 母 母

▶ **점은 맨 나중에**(윗 부분 오른쪽 점)

例) 代 대신할 대 : ノ 亻 亻 代 代

▶ **삐침(ノ)을 파임(丶)보다 먼저**

例) 父 아비 부 : ノ ハ 父 父

漢字能力検定試驗

5급Ⅱ 배정한자

※급수 표기 : 52(5급Ⅱ), 60(6급), 62(6급Ⅱ), 70(7급), 72(7급Ⅱ), 80(8급)
※획수는 해당 한자에 노출된 부수의 획수를 제외한 나머지 획수입니다.

급수	한자	부수	획수	대표훈음
			ㄱ	
52	價	亻(人)	13획	값 가
72	家	宀	7획	집 가
70	歌	欠	10획	노래 가
62	各	口	3획	각각 각
62	角	角	0획	뿔 각
72	間	門	4획	사이 간(:)
60	感	心	9획	느낄 감:
60	強	弓	8획	강할 강(:)
72	江	氵(水)	3획	강 강
60	開	門	4획	열 개
52	客	宀	6획	손 객
72	車	車	0획	수레 거/차
52	格	木	6획	격식 격
52	見	見	0획	볼 견:/뵈올 현:
52	決	氵(水)	4획	결단할 결
52	結	糸	6획	맺을 결
60	京	亠	6획	서울 경
52	敬	攵(攴)	9획	공경 경:
62	界	田	4획	지경 계:
62	計	言	2획	셀 계:
60	古	口	2획	예 고:
52	告	口	4획	고할 고:
60	苦	++(艸)	5획	쓸(味覺) 고

급수	한자	부수	획수	대표훈음
62	高	高	0획	높을 고
62	公	八	2획	공평할 공
62	共	八	4획	한가지 공:
62	功	力	3획	공(勳) 공
72	工	工	0획	장인 공
72	空	穴	3획	빌 공
62	果	木	4획	실과 과:
62	科	禾	4획	과목 과
52	課	言	8획	공부할/과정 과(:)
52	過	辶(辵)	9획	지날 과:
52	觀	見	18획	볼 관
52	關	門	11획	관계할 관
62	光	儿	4획	빛 광
52	廣	广	12획	넓을 광:
60	交	亠	4획	사귈 교
80	教	攵(攴)	7획	가르칠 교:
80	校	木	6획	학교 교:
80	九	乙	1획	아홉 구
52	具	八	6획	갖출 구(:)
60	區	匚	9획	구분할/지경 구
70	口	口	0획	입 구(:)
62	球	王(玉)	7획	공 구
52	舊	臼	12획	예 구:
80	國	口	8획	나라 국

급수	한자	부수	획수	대표훈음
52	局	尸	4획	판 국
80	軍	車	2획	군사 군
60	郡	阝(邑)	7획	고을 군:
60	根	木	6획	뿌리 근
60	近	辶(辵)	4획	가까울 근:
62	今	人	2획	이제 금
62	急	心	5획	급할 급
60	級	糸	4획	등급 급
52	基	土	8획	터 기
52	己	己	0획	몸 기
70	旗	方	10획	기 기
72	氣	气	6획	기운 기
72	記	言	3획	기록할 기
80	金	金	0획	쇠 금/성 김

ㄴ

80	南	十	7획	남녘 남
72	男	田	2획	사내 남
72	內	入	2획	안 내:
80	女	女	0획	계집 녀
80	年	干	3획	해 년
52	念	心	4획	생각 념:
72	農	辰	6획	농사 농
52	能	月(肉)	6획	능할 능

ㄷ

60	多	夕	3획	많을 다
52	團	口	11획	둥글 단

급수	한자	부수	획수	대표훈음
62	短	矢	7획	짧을 단(:)
72	答	竹	6획	대답 답
62	堂	土	8획	집 당
52	當	田	8획	마땅 당
62	代	亻(人)	3획	대신할 대:
80	大	大	0획	큰 대(:)
62	對	寸	11획	대할 대:
60	待	彳	6획	기다릴 대:
52	德	彳	12획	큰 덕
52	到	刂(刀)	6획	이를 도:
62	圖	囗	11획	그림 도
60	度	广	6획	법도 도(:)/헤아릴 탁
72	道	辶(辵)	9획	길 도:
52	獨	犭(犬)	13획	홀로 독
62	讀	言	15획	읽을 독/구절 두
70	冬	冫	3획	겨울 동(:)
72	動	力	9획	움직일 동:
70	同	口	3획	한가지 동
80	東	木	4획	동녘 동
70	洞	氵(水)	6획	골 동:/밝을 통:
62	童	立	7획	아이 동(:)
60	頭	頁	7획	머리 두
70	登	癶	7획	오를 등
62	等	竹	6획	무리 등:

ㄹ

62	樂	木	11획	즐길 락/노래 악/좋아할 요
52	朗	月	7획	밝을 랑:

급수	한자	부수	획수	대표훈음
70	來	人	6획	올 래(:)
52	良	艮	1획	어질 량
52	旅	方	6획	나그네 려
72	力	力	0획	힘 력
52	歷	止	12획	지날 력
52	練	糸	9획	익힐 련:
60	例	亻(人)	6획	법식 례:
60	禮	示	13획	예도 례:
52	勞	力	10획	일할 로
70	老	老	0획	늙을 로:
60	路	𧾷(足)	6획	길 로:
60	綠	糸	8획	푸를 록
52	流	氵(水)	7획	흐를 류
52	類	頁	10획	무리 류(:)
80	六	八	2획	여섯 륙
52	陸	阝(阜)	8획	뭍 륙
62	利	刂(刀)	5획	이할 리:
60	李	木	3획	오얏/성 리:
62	理	王(玉)	7획	다스릴 리:
70	里	里	0획	마을 리:
70	林	木	4획	수풀 림
72	立	立	0획	설 립

ㅁ

급수	한자	부수	획수	대표훈음
80	萬	++(艸)	9획	일만 만:
52	望	月	7획	바랄 망:
72	每	毋	3획	매양 매(:)
70	面	面	0획	낯 면:
72	名	口	3획	이름 명
70	命	口	5획	목숨 명:
62	明	日	4획	밝을 명
80	母	毋	1획	어미 모:
80	木	木	0획	나무 목
60	目	目	0획	눈 목
70	問	口	8획	물을 문:
70	文	文	0획	글월 문
62	聞	耳	8획	들을 문(:)
80	門	門	0획	문 문
72	物	牛	4획	물건 물
60	米	米	0획	쌀 미
60	美	羊	3획	아름다울 미(:)
80	民	氏	1획	백성 민

ㅂ

급수	한자	부수	획수	대표훈음
60	朴	木	2획	성 박
62	半	十	3획	반 반:
62	反	又	2획	돌이킬/돌아올 반:
62	班	王(玉)	6획	나눌 반
62	發	癶	7획	필 발
62	放	攵(攴)	4획	놓을 방(:)
72	方	方	0획	모 방
80	白	白	0획	흰 백
70	百	白	1획	일백 백
60	番	田	7획	차례 번
52	法	氵(水)	5획	법 법
52	變	言	16획	변할 변:

급수	한자	부수	획수	대표훈음
60	別	刂(刀)	5획	다를/나눌 별
52	兵	八	5획	병사 병
60	病	疒	5획	병 병:
60	服	月	4획	옷 복
52	福	示	9획	복 복
60	本	木	1획	근본 본
52	奉	大	5획	받들 봉:
70	夫	大	1획	지아비 부
80	父	父	0획	아비 부
62	部	阝(邑)	8획	떼 부
80	北	匕	3획	북녘 북/달아날 배
62	分	刀	2획	나눌 분(:)
72	不	一	3획	아닐 불

ㅅ

급수	한자	부수	획수	대표훈음
52	士	士	0획	선비 사:
72	事	亅	7획	일 사:
52	仕	亻(人)	3획	섬길 사(:)
60	使	亻(人)	6획	하여금/부릴 사:
52	史	口	2획	사기 사:
80	四	囗	2획	넉 사:
60	死	歹	2획	죽을 사:
62	社	示	3획	모일 사
80	山	山	0획	메 산
52	産	生	6획	낳을 산:
70	算	竹	8획	셈 산:
80	三	一	2획	석 삼
72	上	一	2획	윗 상:
52	商	口	8획	장사 상
52	相	目	4획	서로 상
70	色	色	0획	빛 색
80	生	生	0획	날 생
62	書	日	6획	글 서
80	西	襾	0획	서녘 서
70	夕	夕	0획	저녁 석
60	席	巾	7획	자리 석
60	石	石	0획	돌 석
52	仙	亻(人)	3획	신선 선
80	先	儿	4획	먼저 선
62	線	糸	9획	줄 선
52	鮮	魚	6획	고울 선
52	說	言	7획	말씀 설
62	雪	雨	3획	눈 설
72	姓	女	5획	성 성:
52	性	忄(心)	5획	성품 성:
62	成	戈	3획	이룰 성
62	省	目	4획	살필 성/덜 생
72	世	一	4획	인간 세:
52	歲	止	9획	해 세:
52	洗	氵(水)	6획	씻을 세:
80	小	小	0획	작을 소:
70	少	小	1획	적을 소:
70	所	戶	4획	바 소:
62	消	氵(水)	7획	사라질 소
52	束	木	3획	묶을 속
60	速	辶(辵)	7획	빠를 속

급수	한자	부수	획수	대표훈음
60	孫	子	7획	손자 손(:)
72	手	手	0획	손 수(:)
70	數	攵(攴)	11획	셈 수:
60	樹	木	12획	나무 수
80	水	水	0획	물 수
52	首	首	0획	머리 수
52	宿	宀	8획	잘 숙/별자리 수:
52	順	頁	3획	순할 순:
62	術	行	5획	재주 술
60	習	羽	5획	익힐 습
60	勝	力	10획	이길 승
62	始	女	5획	비로소 시:
72	市	巾	2획	저자 시:
72	時	日	6획	때 시
60	式	弋	3획	법 식
70	植	木	8획	심을 식
52	識	言	12획	알 식/기록할 지
72	食	食	0획	밥/먹을 식
62	信	亻(人)	7획	믿을 신:
62	新	斤	9획	새 신
62	神	示	5획	귀신 신
52	臣	臣	0획	신하 신
62	身	身	0획	몸 신
60	失	大	2획	잃을 실
80	室	宀	6획	집 실
52	實	宀	11획	열매 실
70	心	心	0획	마음 심
80	十	十	0획	열 십

급수	한자	부수	획수	대표훈음
			ㅇ	
52	兒	儿	6획	아이 아
52	惡	心	8획	악할 악/미워할 오
72	安	宀	3획	편안 안
60	愛	心	9획	사랑 애(:)
60	夜	夕	5획	밤 야:
60	野	里	4획	들 야:
62	弱	弓	7획	약할 약
52	約	糸	3획	맺을 약
62	藥	艹(艸)	15획	약 약
60	洋	氵(水)	6획	큰바다 양
60	陽	阝(阜)	9획	볕 양
52	養	食	6획	기를 양:
70	語	言	7획	말씀 어:
60	言	言	0획	말씀 언
62	業	木	9획	업 업
70	然	灬(火)	8획	그럴 연
60	永	水	1획	길 영:
60	英	艹(艸)	5획	꽃부리 영
80	五	二	2획	다섯 오:
72	午	十	2획	낮 오:
60	溫	氵(水)	10획	따뜻할 온
80	王	王(玉)	0획	임금 왕
80	外	夕	2획	바깥 외:
52	要	襾	3획	요긴할 요(:)
62	勇	力	7획	날랠 용:
62	用	用	0획	쓸 용:
52	友	又	2획	벗 우:

급수	한자	부수	획수	대표훈음
72	右	口	2획	오를/오른(쪽) 우:
52	雨	雨	0획	비 우:
62	運	辶(辵)	9획	옮길 운:
52	雲	雨	4획	구름 운
52	元	儿	2획	으뜸 원
60	園	囗	10획	동산 원
60	遠	辶(辵)	10획	멀 원:
80	月	月	0획	달 월
52	偉	亻(人)	9획	클 위
70	有	月	2획	있을 유:
60	油	氵(水)	5획	기름 유
60	由	田	0획	말미암을 유
70	育	月(肉)	4획	기를 육
60	銀	金	6획	은 은
62	音	音	0획	소리 음
62	飮	食	4획	마실 음(:)
70	邑	邑	0획	고을 읍
62	意	心	9획	뜻 의:
60	衣	衣	0획	옷 의
60	醫	酉	11획	의원 의
80	二	二	0획	두 이:
52	以	人	3획	써 이:
80	人	人	0획	사람 인
80	一	一	0획	한 일
80	日	日	0획	날 일
52	任	亻(人)	4획	맡길 임(:)
70	入	入	0획	들 입

급수	한자	부수	획수	대표훈음
		ㅈ		
72	子	子	0획	아들 자
70	字	子	3획	글자 자
60	者	耂(老)	5획	놈 자
72	自	自	0획	스스로 자
62	作	亻(人)	5획	지을 작
62	昨	日	5획	어제 작
72	場	土	9획	마당 장
60	章	立	6획	글 장
80	長	長	0획	긴 장(:)
60	在	土	3획	있을 재:
62	才	扌(手)	0획	재주 재
52	材	木	3획	재목 재
52	財	貝	3획	재물 재
52	的	白	3획	과녁 적
52	傳	亻(人)	11획	전할 전
72	全	入	4획	온전 전
52	典	八	6획	법 전:
72	前	刂(刀)	7획	앞 전
52	展	尸	7획	펼 전:
62	戰	戈	12획	싸움 전:
72	電	雨	5획	번개 전:
52	切	刀	2획	끊을 절/온통 체
52	節	竹	9획	마디 절
52	店	广	5획	가게 점:
60	定	宀	5획	정할 정:
62	庭	广	7획	뜰 정
52	情	忄(心)	8획	뜻 정

급수	한자	부수	획수	대표훈음
72	正	止	1획	바를 정(:)
80	弟	弓	4획	아우 제:
62	第	竹	5획	차례 제:
62	題	頁	9획	제목 제
60	朝	月	8획	아침 조
70	祖	示	5획	할아비 조
52	調	言	8획	고를 조
60	族	方	7획	겨레 족
72	足	足	0획	발 족
52	卒	十	6획	마칠 졸
52	種	禾	9획	씨 종(:)
72	左	工	2획	왼 좌:
70	主	丶	4획	주인/임금 주
70	住	亻(人)	5획	살 주:
52	州	川(巛)	3획	고을 주
60	晝	日	7획	낮 주
62	注	氵(水)	5획	부을 주:
52	週	辶(辵)	8획	주일 주
80	中	丨	3획	가운데 중
70	重	里	2획	무거울 중:
70	地	土	3획	따 지
52	知	矢	3획	알 지
70	紙	糸	4획	종이 지
72	直	目	3획	곧을 직
52	質	貝	8획	바탕 질
62	集	隹	4획	모을 집

급수	한자	부수	획수	대표훈음
		ㅊ		
52	着	目	7획	붙을 착
52	參	厶	9획	참여할 참/석 삼
62	窓	穴	6획	창 창
52	責	貝	4획	꾸짖을 책
70	千	十	1획	일천 천
70	天	大	1획	하늘 천
70	川	川(巛)	0획	내 천
62	淸	氵(水)	8획	맑을 청
80	靑	靑	0획	푸를 청
62	體	骨	13획	몸 체
70	草	++(艸)	6획	풀 초
80	寸	寸	0획	마디 촌:
70	村	木	3획	마을 촌:
70	秋	禾	4획	가을 추
70	春	日	5획	봄 춘
70	出	凵	3획	날 출
52	充	儿	4획	채울 충
60	親	見	9획	친할 친
80	七	一	1획	일곱 칠
		ㅌ		
60	太	大	1획	클 태
52	宅	宀	3획	집 택
80	土	土	0획	흙 토
60	通	辶(辵)	7획	통할 통
60	特	牛	6획	특별할 특

급수	한자	부수	획수	대표훈음
		ㅍ		
80	八	八	0획	여덟 팔
70	便	亻(人)	7획	편할 편(:)/똥오줌 변
72	平	干	2획	평평할 평
62	表	衣	3획	겉 표
52	品	口	6획	물건 품:
62	風	風	0획	바람 풍
52	必	心	1획	반드시 필
52	筆	竹	6획	붓 필
		ㅎ		
72	下	一	2획	아래 하:
70	夏	夊	7획	여름 하:
80	學	子	13획	배울 학
72	漢	氵(水)	11획	한수/한나라 한:
80	韓	韋	8획	한국/나라 한(:)
60	合	口	3획	합할 합
52	害	宀	7획	해할 해:
72	海	氵(水)	7획	바다 해:
62	幸	干	5획	다행 행:
60	行	行	0획	다닐 행(:)/항렬 항
60	向	口	3획	향할 향:
62	現	王(玉)	7획	나타날 현:
80	兄	儿	3획	형 형
62	形	彡	4획	모양 형
60	號	虍	7획	이름 호(:)
52	化	匕	2획	될 화(:)
62	和	口	5획	화할 화

급수	한자	부수	획수	대표훈음
80	火	火	0획	불 화(:)
70	花	++(艸)	4획	꽃 화
72	話	言	6획	말씀 화
60	畫	田	7획	그림 화:/그을 획
72	活	氵(水)	6획	살 활
60	黃	黃	0획	누를 황
62	會	日	9획	모일 회:
72	孝	子	4획	효도 효:
52	效	攵(攴)	6획	본받을 효:
72	後	彳	6획	뒤 후:
60	訓	言	3획	가르칠 훈:
70	休	亻(人)	4획	쉴 휴
52	凶	凵	2획	흉할 흉

教學相張

교학상장

가르치는 이와 배우는 이가
서로 도움이 되어 성장하게 함

漢字

(사) 한국어문회 주관 / 한국한자능력검정회 시행

본문학습

家

7급 II

집 가

宀 | 7획

옛날 돼지는 그 집의 재산이기에 그만큼 돼지(豕)는 집(宀)에 딸린 가축이었다는 의미이다.

동 屋(집 옥) 堂(집 당)
室(집 실) 宇(집 우)
宙(집 주) 宅(집 택)
院(집 원)

읽기 한자

家禮(가례) : 한 집안의 예법
家基(가기) : 집터
家福(가복) : 집안의 복
家産(가산) : 한 집안의 재산
家財(가재) : 한 집안의 재산. 가구
家宅(가택) : 살림하는 집. 주택

쓰기 한자

家事(가사) : 집안 일
家世(가세) : 집안의 품위와 계통
家山(가산) : 고향의 산이나 한 집안의 묘지
家長(가장) : 집안의 어른이나 호주, 가구주. 남편

활용문

아버지가 돌아가셨으니 장남인 네가 家長(가장)이다.

필순

歌

7급

노래 가

欠 | 10획

입을 크게 벌려서(欠) 유창하게 소리를 뽑아 올리는 것(哥)에서 노래하다(歌)는 의미이다.

동 謠(노래 요) 曲(굽을 곡)
樂(노래 악) 唱(부를 창)

읽기 한자

歌客(가객) : 노래를 잘 부르는 사람
流行歌(유행가) : 어떤 시기에 널리 유행하는 노래

쓰기 한자

歌手(가수) : 노래를 잘 불러 그것을 업으로 삼는 사람. 유행 가수
軍歌(군가) : 군대에서 부르는 노래
國歌(국가) : 나라의 노래
校歌(교가) : 학교의 노래

활용문

군인들이 우렁차게 軍歌(군가)를 부르는 모습은 언제나 씩씩해 보입니다.

필순

價

5급 II

값 가

亻(人) | 13획

상인(人)은 가치가 있는 상품(貝)을 상자(襾)에 넣어 놓았다는 의미이다.

비 賣(팔 매)
買(살 매)
약 価

읽기 한자

價格(가격) : 금액으로 나타낸 물건의 가치
高價(고가) : 비싼 가격
代價(대가) : 물건을 산 대신의 값
米價(미가) : 쌀 값
定價(정가) : 정해진 값

활용문

이 상품들은 高價(고가)에 출고될 예정입니다.

필순

角

6급 II

뿔 각

角 | 0획

동물의 뿔과 뾰족한 것의 모서리를 나타낸다.

비 用(쓸 용)

읽기한자

角度(각도) : 각의 도수
頭角(두각) : 짐승 머리 뿔, 뛰어난 재능
多角(다각) : 여러 방면이나 부문

쓰기한자

四角(사각) : 네 모서리의 각
角木(각목) : 네모지게 켠 나무

활용문

눈밭 저쪽의 맞은 편 적 고지에 하얀 연기가 45도 角度(각도)로 비스듬히 피어오른다.

필순 丿 ⺈ ⺆ 角 角 角 角

各

6급 II

각각 각

口 | 3획

걸어서(夂) 되돌아와 말(口)하는 사람들이 따로따로 말하는 것에서 각각(各)이라는 의미이다.

비 客(손 객)
名(이름 명)

반 合(합할 합)

읽기한자

各種(각종) : 여러 종류

쓰기한자

各各(각각) : 제각기. 따로따로
各自(각자) : 각각의 자신
各界(각계) : 사회의 각 방면

활용문

불우이웃 돕기 운동에 各界(각계)의 온정이 쏟아지고 있다.

필순 丿 ク 夂 各 各 各

間

7급 II

사이 간(:)

門 | 4획

닫혀있는 문(門) 사이에서 아침 해(日)가 비추어오는 형태에서 사이, 틈(間)을 의미한다.

비 問(물을 문)
門(문 문)
開(열 개)

읽기한자

週間(주간) : 월요일부터 일요일까지 한 주일 동안
晝間(주간) : 낮
區間(구간) : 일정한 지점의 사이

쓰기한자

空間(공간) : 무한하게 퍼져 있는 빈 곳. 쓰지 않는 빈 칸
時間(시간) : 어느 때로부터 어느 때까지의 사이
人間(인간) : 사람, 인류. 사람이 사는 곳
中間(중간) : 두 사물의 사이. 사물이 아직 끝나지 않은 장소 또는 시간. 한가운데

활용문

우리는 자리를 좁혀 한 사람 더 앉을 空間(공간)을 만들었다.

필순 丨 ㄏ ㄏ ㄏ 𠁣 門 門 門 門 間 間 間

感

6급

느낄 감:

心 | 9획

잘 익은 과일을 전부(咸) 먹어 맛에 마음(心)이 흔들려 마음을 움직인다, 느낀다(感)는 의미이다.

비 歲(해 세)

읽기한자

感性(감성) : 자극 또는 자극의 변화에 대하여 감각이 일어나게 하는 능력
感情(감정) : 사물에 느끼어 일어나는 심정
感知(감지) : 느끼어 앎
情感(정감) : 마음의 움직임. 또는 지각
多情多感(다정다감) : 생각과 느낌이 많음
感動(감동) : 깊이 느끼어 마음이 움직임
所感(소감) : 마음에 느낀 바
同感(동감) : 같게 느끼거나 생각함

활용문

적에게 感知(감지)된 것 같으니 일단 후퇴합시다.

필순 丿 厂 厂 厂 后 后 咸 咸 咸 咸 感 感 感

江

7급 II

강 강

氵(水) | 3획

물(水)이 오랜 세월 흐르면서 만든(工) 것이 강(江)이란 의미이다.

비 工(장인 공)
동 河(물 하)
반 山(메 산)

읽기한자

江頭(강두) : 강가의 나루 근처
江流(강류) : 강물의 흐름

쓰기한자

江山(강산) : 강과 산. 이 나라의 강토. 금수~
江上(강상) : 강물의 위. 강가의 언덕 위
江水(강수) : 강물
江村(강촌) : 강가의 마을

활용문

아름다운 江山(강산)을 보호하는 것은 국민들의 의무입니다.

필순 丶 氵 氵 氵 汀 江

強

6급

강할 강(:)

弓 | 8획

활(弓)의 실은 누에고치(虫)에서 뽑아 송진을 발라 강한 힘을 지녀 강하게 하다(強)는 의미이다.

동 健(굳셀 건)
반 弱(약할 약)

읽기한자

強調(강조) : 강력히 주장함
強要(강요) : 강제로 요구함
強國(강국) : 강한 나라
強度(강도) : 강렬한 정도. 굳기
強弱(강약) : 강함과 약함

활용문

감독은 선수들에게 強度(강도) 높은 훈련을 시켰다.

필순 ㄱ ㄱ 弓 弓 弘 弘 弘 弘 強 強 強

확·인·학·습 01

1. 다음 한자어(漢字語)의 독음을 쓰세요.

(1) 價格 (　　　　)　　(2) 角度 (　　　　)
(3) 強調 (　　　　)　　(4) 感氣 (　　　　)
(5) 空間 (　　　　)　　(6) 江流 (　　　　)

2. 다음 한자(漢字)의 훈(訓)과 음(音)을 쓰세요.

(1) 價 (　　　　)
(2) 歌 (　　　　)
(3) 感 (　　　　)
(4) 角 (　　　　)

3. 다음 훈(訓)과 음(音)에 맞는 한자(漢字)를 쓰세요.

(1) 노래 가 (　　　　)
(2) 집 가 (　　　　)
(3) 각각 각 (　　　　)
(4) 사이 간 (　　　　)

4. 다음(　)에 들어갈 한자(漢字)를 예(例)에서 찾아 그 번호를 쓰세요.

예(例)			
	① 角	② 家	③ 價
	④ 各	⑤ 可	⑥ 間

(1) 自手成(　)　　(2) (　)自圖生
(3) (　)格　　(4) 時(　)問題

정답						
1.	(1) 가격	(2) 각도	(3) 강조	(4) 감기	(5) 공간	(6) 강류
2.	(1) 값 가	(2) 노래 가	(3) 느낄 감	(4) 뿔 각		
3.	(1) 歌	(2) 家	(3) 各	(4) 間		
4.	(1) ②	(2) ④	(3) ③	(4) ⑥		

開

6급

열 개

門 | 4획

빗장을 양손으로 들어올려 벗기고 (开) 출입문(門)을 여는 것에서 열다(開)는 의미이다.

비 閉(닫을 폐)
問(물을 문)
聞(들을 문)
반 閉(닫을 폐)

읽기 한자

開始(개시) : 처음으로 시작함
展開(전개) : 눈앞에 벌어짐. 늘여 폄
開化(개화) : 사람의 지혜가 열리고 사상과 풍속이 진보함
開國(개국) : 새로 나라를 세움
開發(개발) : 개척하여 발전시킴
開花(개화) : 꽃이 핌
開放(개방) : 출입이나 교통이 자유롭게 이루어지도록 허가함
開學(개학) : 방학이 끝나고 새 학기가 시작됨

활용문

이 박물관은 휴일에만 일반 시민에게 開放(개방)된다.

필순 丨 𠃌 𠃌 𠃌 𠃌 門 門 門 門 閂 開 開

客

5급 II

손 객

宀 | 6획

집안(宀)에 각각(各) 찾아온 사람이 머물며 담소한다는 것에서 불려온 사람(客)을 의미한다.

비 容(얼굴 용) 各(각각 각)
동 旅(나그네 려) 賓(손 빈)
반 主(주인 주)

읽기 한자

客氣(객기) : 객쩍게 부리는 혈기
客死(객사) : 객지에서 죽음
客席(객석) : 손님의 자리
客觀(객관) : 자기 의식에서 벗어나 제삼자의 입장에서 사물을 보는 일

활용문

연극을 이루는 요소로는 흔히 배우 · 무대 · 觀客(관객) · 극본 네 가지를 든다.

필순 丶 丶 宀 宀 宊 客 客 客 客

車

7급 II

수레 거/차

車 | 0획

수레의 모양을 본떴다.

읽기 한자

兵車(병거) : 전쟁할 때 쓰는 수레
洗車(세차) : 차를 씻음
客車(객차) : 승객을 태우는 차량

쓰기 한자

車間(차간) : 차와 차 사이
車道(차도) : 차가 다니게 마련한 길
車便(차편) : 차가 사람이나 물건을 싣고 오고 가는 편
水車(수차) : 물레방아
自動車(자동차) : 저 혼자 힘으로 가는 차

활용문

그 집은 車便(차편)으로 불과 10분 거리이다.

필순 一 丆 亓 百 亘 亘 車

格

5급 II

격식 격

木 | 6획

뻗은 나뭇가지(木)가 각각(各) 격식(格)대로 되어 있다는 의미이다.

비 落(떨어질 락)
동 式(법 식)

읽기 한자

格上(격상) : 자격 · 등급 · 지위 등의 격을 올림
格式(격식) : 격에 맞는 법식
格言(격언) : 교훈이 될 만한 짧은 말
失格(실격) : 자격을 잃음
性格(성격) : 사물에 구비된 고유의 성질

활용문

옷차림도 단정히 하고 格式(격식)에 맞는 바른 말을 쓰며 누구에게나 親切(친절)히 對(대)하여야 하겠습니다.

필순 一 十 才 木 木' 杪 柊 柊 格 格

見

5급 II

볼 견
뵈올 현

見 | 0획

큰 눈(目)으로 무릎꿇고(儿) 본다(見)는 의미이다.

비 具(갖출 구)
貝(조개 패)
동 觀(볼 관)
視(볼 시)

읽기 한자

見聞(견문) : 보고 들음
見本(견본) : 본보기 상품
見習(견습) : 남의 하는 일을 보고 익힘
見學(견학) : 구체적 지식을 얻기 위하여 실제로 보고 배움
朝見(조현) : 신하가 임금을 뵘

활용문

우선 각 부서별로 어제 있었던 모임에서 나온 意見(의견)을 중심으로 하여 이 달의 생활계획을 발표해 주시기 바랍니다.

필순 丨 冂 月 月 目 貝 見

決

5급 II

결단할 결

氵(水) | 4획

물(氵)을 터놓아(夬) 제방을 끊는다는 것에서 끊다, 결단하다(決)는 의미이다.

비 快(쾌할 쾌)
缺(이지러질 결)
동 斷(끊을 단)

읽기 한자

決明子(결명자) : 결명차의 씨
決死(결사) : 죽음을 각오하고 결심함
決算(결산) : 계산을 마감함
速決(속결) : 빨리 처리함
表決(표결) : 투표로 결정함

활용문

넌 決(결)코 오래 버티지는 못할 테니.

필순 丶 冫 氵 氵 汀 沪 決

結

5급II

맺을 결

糸 | 6획

물건 주머니의 입구(口)를 끈(糸)으로 묶어(士) 자루 속에 가둔다, 맺는다(結)는 의미이다.

비 納(들일 납) 終(마칠 종)
동 約(맺을 약) 契(맺을 계)
반 解(풀 해) 離(떠날 리)

읽기 한자

結果(결과) : 열매를 맺음. 어떤 원인으로 생긴 결말의 상태
結局(결국) : 일이 귀결되는 마당
結束(결속) : 덩이가 되게 묶음
團結(단결) : 많은 사람이 한데 뭉침
結成(결성) : 단체의 조직을 형성함

활용문

논설 혹은 社說(사설)이라고 해서 옳고 그름을 가려 주고 그 結果(결과)를 주장하는 글도 있다.

필순 

京

6급

서울 경

亠 | 6획

어전의 주위에는 많은 사람이 살고 있던 것에서 어전을 중심으로 한 마을, 도읍을 의미한다.

동 都(도읍 도)
반 鄕(시골 향)
村(마을 촌)

읽기 한자

京觀(경관) : 고구려 전사자 합동무덤
上京(상경) : 시골에서 서울로 올라옴
入京(입경) : 서울로 들어옴
在京(재경) : 서울에 있음

활용문

가출 청소년들의 무작정 上京(상경)이 문제시 되고 있다.

필순 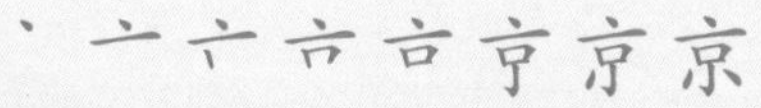

敬

5급II

공경 경:

攵(攴) | 9획

사람들을 채찍(攵)으로 다스려 양처럼 착하게(苟) 인사를 하도록 하여 공경하다(敬)는 의미이다.

비 警(깨우칠 경)
驚(놀랄 경)

읽기 한자

敬老(경로) : 노인을 공경함
敬禮(경례) : 경의를 표하기 위해 인사하는 일
敬愛(경애) : 공경하고 사랑함

활용문

지하철에서 敬老席(경로석)은 노인들에게 양보해야 한다.

필순 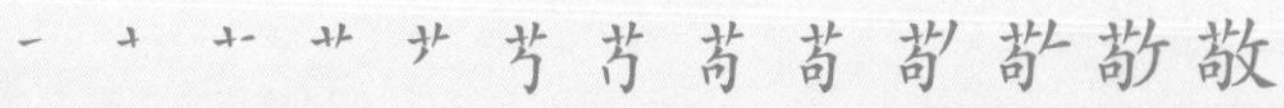

확·인·학·습 02

1. 다음 한자어(漢字語)의 독음을 쓰세요.

(1) 結果 (　　　)　　(2) 決死 (　　　)
(3) 開發 (　　　)　　(4) 格言 (　　　)
(5) 敬老 (　　　)　　(6) 客觀 (　　　)

2. 다음 한자(漢字)의 훈(訓)과 음(音)을 쓰세요.

(1) 客 (　　　)
(2) 敬 (　　　)
(3) 見 (　　　)
(4) 開 (　　　)

3. 다음 훈(訓)과 음(音)에 맞는 한자(漢字)를 쓰세요.

(1) 수레 거 (　　　)
(2) 각각 각 (　　　)
(3) 뿔 각 (　　　)
(4) 강 강 (　　　)

4. 다음(　)에 들어갈 한자(漢字)를 예(例)에서 찾아 그 번호를 쓰세요.

예(例)			
	① 敬	② 客	③ 結
	④ 決	⑤ 京	⑥ 見

(1) (　)物生心　　(2) (　)死反對
(3) 主(　)一體　　(4) (　)老孝親

정답						
1.	(1) 결과	(2) 결사	(3) 개발	(4) 격언	(5) 경로	(6) 객관
2.	(1) 손 객	(2) 공경 경	(3) 볼 견/뵈올 현		(4) 열 개	
3.	(1) 車	(2) 各	(3) 角	(4) 江		
4.	(1) ⑥	(2) ④	(3) ②	(4) ①		

界

6급 II

지경 계:

田 | 4획

논밭(田)을 구획해서(介) 경계를 만든다는 것에서 경계(界)를 의미한다.

동 境(지경 경)
區(지경 구)
域(지경 역)

읽기 한자

財界(재계) : 실업가 및 금융업자의 사회
別世界(별세계) : 속된 세상과는 아주 다른 세상

쓰기 한자

各界(각계) : 사회의 각 방면
世界(세계) : 온 세상
外界(외계) : 바깥 세계

활용문

불우이웃 돕기 운동에 各界(각계)의 온정이 쏟아지고 있다.

필순 丨 冂 日 田 田 罒 甲 畀 界 界

計

6급 II

셀 계:

言 | 2획

열(十)을 한 단계로 크게 소리쳐(言) 가며 헤아린다, 셈한다(計)는 의미이다.

비 討(칠 토)
訓(가르칠 훈)

동 算(셈 산)
數(셈 수)

읽기 한자

宿計(숙계) : 오래전부터 생각해 온 계획
凶計(흉계) : 음흉한 꾀
合計(합계) : 많은 수나 양을 합하여 셈함

쓰기 한자

計算(계산) : 셈을 헤아림
計數(계수) : 수효를 계산함
生計(생계) : 살아 나아갈 방도
集計(집계) : 모아서 합계함
會計(회계) : 한데 몰아서 셈함

활용문

비공식 集計(집계)로는 사상자의 수가 약 백 명쯤 된다고 한다.

필순 丶 亠 亠 亖 言 言 言 言 言一 計

高

6급 II

높을 고

高 | 0획

망루는 적이 공격해 오는 것을 잘 알 수 있도록 높게 세운 건물로 높다(高)는 의미이다.

동 崇(높을 숭)
卓(높을 탁)

반 低(낮을 저)
下(아래 하)

읽기 한자

高見(고견) : 탁월한 의견. 남의 의견의 존칭
高價品(고가품) : 비싼 가격의 물건
高性能(고성능) : 아주 좋은 성능
高級(고급) : 높은 계급이나 등급　　高度(고도) : 높은 정도

쓰기 한자

高手(고수) : 바둑이나 장기 등에서 수가 높은 사람
高等(고등) : 등급이나 수준이 높음
等高線(등고선) : 지도에서 해발 고도가 같은 지점을 연결한 선

활용문

高度(고도)가 점차 낮아지고 있음을 감지했다.

필순 丶 亠 亠 市 市 戸 高 高 高 高

苦

6급

쓸 고

艹(艸) | 5획

막 눈이 나온 풀은 안 쓰지만 오래된(古) 풀(艹)은 쓰다는 것에서 쓰다, 괴롭다(苦)는 의미이다.

비 若(같을 약)
반 樂(즐길 락)
甘(달 감)

읽기 한자

苦客(고객) : 귀찮은 손님
苦生(고생) : 어렵고 괴로운 생활
苦心(고심) : 몹시 마음을 태움
苦言(고언) : 듣기는 싫으나 유익한 말
苦戰(고전) : 몹시 힘들고 괴롭게 싸움
苦學(고학) : 학비를 제 손으로 벌어서 배우는 일
苦行(고행) : 육신을 괴롭히고 고뇌를 견뎌내는 종교적 수행

활용문

석가모니는 보리수 나무 밑에서 苦行(고행)을 시작하였다.

필순 一 十 十 艹 艹 芏 芐 苦 苦

古

6급

예 고:

口 | 2획

어버이에서 손자로 10대(十)에 걸쳐 구전(口)된 옛날 일이라는 것에서 옛날(古)을 의미한다.

비 右(오른 우) 石(돌 석)
舌(혀 설) 占(점칠 점)
동 舊(예 구) 故(연고 고)
반 新(새 신) 今(이제 금)

읽기 한자

古典(고전) : 옛날의 의식이나 법식
古參(고참) : 오래 전부터 한 직장이나 직책에 머물러 있는 일
萬古不變(만고불변) : 오랜 세월을 두고 변하지 아니함
自古以來(자고이래) : 예로부터 내려오면서
古今(고금) : 옛적과 지금
古木(고목) : 오래 묵은 나무
古物(고물) : 오래 된 물건
古代(고대) : 옛 시대
古文(고문) : 옛 글
古書(고서) : 옛날의 책

활용문

이것은 古代(고대)에 만들어진 석상이다.

필순 一 十 十 古 古

告

5급 II

고할 고:

口 | 4획

신령님에게 소(牛)를 공양하면서 소원을 비는(口) 것에서 고하다, 알리다(告)는 의미이다.

비 浩(넓을 호) 牛(소 우)
舌(혀 설)
동 報(알릴 보) 白(흰 백)
示(보일 시)

읽기 한자

告白(고백) : 숨김없이 사실대로 말함
告別(고별) : 작별을 고함
告發(고발) : 피해자가 아닌 사람이 범죄 사실을 신고하여 기소하기를 요구하는 일
廣告(광고) : 세상에 널리 알림. 또는 그런 일

활용문

신문은 廣告(광고)도 싣는다.

필순 丿 𠂉 𠂇 牛 牛 告 告

工

7급 II

장인 공

工 | 0획

어려운 작업을 할 때에 사용하는 잣대(工)에서 물건을 만든다(工)는 의미가 되었다.

비 土(흙 토)
士(선비 사)

동 作(지을 작)
造(지을 조)

읽기 한자

工具(공구) : 공작에 쓰이는 기구
工團(공단) : 공업 단지
着工(착공) : 공사를 시작함
工兵(공병) : 군에서 기술적인 공사 임무에 종사하는 병사

쓰기 한자

工大(공대) : 공과 대학. 공학에 관한 전문적인 학문을 연구하는 단과 대학
工夫(공부) : 학문을 배우고 익힘. ~벌레
工事(공사) : 토목이나 건축 등의 역사. 일

활용문

그 아파트는 지금 한창 工事(공사)가 진행되고 있다.

필순 一 丅 工

空

7급 II

빌 공

穴 | 3획

머리(工) 위에 덮어씌운 천정(穴)은 하늘과 같다고 하는 것에서 텅빈(空) 것을 의미한다.

비 室(집 실) 完(완전할 완)

동 虛(빌 허)

반 在(있을 재) 陸(뭍 륙)
有(있을 유)

읽기 한자

空席(공석) : 비어 있는 자리
空約(공약) : 헛되게 약속함
空言(공언) : 실행이 없는 빈 말

쓰기 한자

空間(공간) : 빈자리. 빈틈
空軍(공군) : 상공에서 지키는 군대
空氣(공기) : 지구를 둘러싸고 있는 무색, 투명, 무취의 기체. 대기
空名(공명) : 실제에 맞지 아니하는 명성. 빈 이름, 허명
空白(공백) : 종이나 책에서 글씨나 그림이 없는 곳

활용문

서울은 空氣(공기)오염이 심각합니다.

필순 丶 八 宀 宂 穵 空 空 空

公

6급 II

공평할 공

八 | 2획

사사로운(厶) 일을 떨쳐버리니(八) 공평하다(公)는 의미이다.

반 私(사사 사)

읽기 한자

公課金(공과금) : 관청에서 매긴 세금
公害(공해) : 공공에 미치는 해
公約(공약) : 정부나 입후보자들이 어떤 일에 대하여 국민들에게 실행할 것을 약속함. 또는 그런 약속
公式(공식) : 공적인 방식

쓰기 한자

公共(공공) : 공중(公衆). 일반 사회
公表(공표) : 세상에 널리 발표함
公金(공금) : 공공단체의 소유로 있는 돈
公社(공사) : 국가가 설립한 특수법인
公文書(공문서) : 공무에 관한 서류

활용문

두 나라는 公式(공식) 외교관계를 수립했다.

필순 丿 八 公 公

확·인·학·습 03

1. 다음 한자어(漢字語)의 독음을 쓰세요.

(1) 苦學 (　　　)　　(2) 告白 (　　　)
(3) 宿計 (　　　)　　(4) 廣告 (　　　)
(5) 高手 (　　　)　　(6) 世界 (　　　)

2. 다음 한자(漢字)의 훈(訓)과 음(音)을 쓰세요.

(1) 公 (　　　)
(2) 告 (　　　)
(3) 苦 (　　　)
(4) 計 (　　　)

3. 다음 훈(訓)과 음(音)에 맞는 한자(漢字)를 쓰세요.

(1) 높을 고 (　　　)
(2) 지경 계 (　　　)
(3) 공평할 공 (　　　)
(4) 셀 계 (　　　)

4. 다음(　)에 들어갈 한자(漢字)를 예(例)에서 찾아 그 번호를 쓰세요.

예(例)	① 古	② 工	③ 界
	④ 計	⑤ 苦	⑥ 告

(1) 東西(　)今　　(2) 同(　)同樂
(3) 世(　)平和　　(4) 百年大(　)

정답						
1.	(1) 고학	(2) 고백	(3) 숙계	(4) 광고	(5) 고수	(6) 세계
2.	(1) 공평할 공	(2) 고할 고	(3) 쓸 고	(4) 셀 계		
3.	(1) 高	(2) 界	(3) 公	(4) 計		
4.	(1) ①	(2) ⑤	(3) ③	(4) ④		

功

6급Ⅱ

공 공

力 | 3획

힘(力)을 다하고 궁리(工)를 다해 이루어진 결과에 대한 공(功)이 있다는 의미이다.

비 攻(칠 공)
巧(공교할 교)
切(끊을 절)

반 過(지날 과)

읽기 한자

功德(공덕) : 공로와 인덕
功過(공과) : 공로와 과실
功勞(공로) : 일에 애쓴 공적

쓰기 한자

成功(성공) : 뜻을 이룸
戰功(전공) : 싸움에서의 공로

활용문

그는 전쟁에서 혁혁한 戰功(전공)을 세웠다.

필순 一 丅 工 玏 功

共

6급Ⅱ

한가지 공:

八 | 4획

많은 사람(廿)들이 힘을 합쳐서(丌) 일하는 것에서 더불어, 같이(共)라는 의미이다.

동 同(한가지 동)

반 異(다를 이)

읽기 한자

公共財産(공공재산) : 공공 단체가 소유한 재산
共感(공감) : 남의 의견에 대하여 같이 느낌

쓰기 한자

共同(공동) : 여럿이 같이 함
共生(공생) : 공동의 운명 아래 같이 삶
共用(공용) : 공동으로 사용함
共有(공유) : 공동으로 소유함
公共(공공) : 사회의 여러 사람과 공동 이익을 위하여 힘을 같이함

활용문

公共(공공) 도서관에서 잡담을 해서는 안 됩니다.

필순 一 十 廾 廾 共 共

科

6급Ⅱ

과목 과

禾 | 4획

됫박(斗)으로 곡물(禾)을 달아 검사해서 종류를 나누는 것에서 구별, 과목(科)을 의미한다.

비 料(헤아릴 료)

동 目(눈 목)

읽기 한자

百科事典(백과사전) : 모든 분야의 지식을 한데 모아 부문별로 배열하여 만든 사전
兵科(병과) : 군무의 종류를 분류한 종별
科目(과목) : 학문의 구분

쓰기 한자

科學(과학) : 넓은 뜻으로 철학을 제외한 모든 학문
內科(내과) : 내장의 기관에 생긴 병을 외과적 수술을 아니 하고 고치는 의술의 한 부분
敎科書(교과서) : 학교의 교과용으로 편찬된 도서

활용문

이 환자는 內科(내과)에서 진료를 받아야 할 것 같습니다.

필순 ´ 二 千 禾 禾 禾 禾 科 科

果

6급 II

실과 과:

木 | 4획

나무(木)에 달린 과일(田)의 모양을 본떴다.

비 東(동녘 동)
동 實(열매 실)
반 因(인할 인)

읽기한자

結果(결과) : 열매를 맺음. 어떤 원인으로 생긴 결말의 상태
效果(효과) : 보람이 있는 결과
果樹園(과수원) : 과실 나무를 재배하는 농원

쓰기한자

果然(과연) : 진실로 그러함
成果(성과) : 이루어진 결과

활용문

작품을 보니 소문에 듣던 대로 이 사람은 果然(과연) 훌륭한 예술가였습니다.

필순 丨 冂 日 日 旦 甲 果 果

課

5급 II

공부할/과정 과(:)

言 | 8획

공부한 결과(果)를 물어(言) 본다 하여 시험하다, 공부하다(課)는 의미이다.

비 諾(허락할 낙)

읽기한자

課業(과업) : 배당된 일
課外(과외) : 일과 밖에 하는 과업
課題(과제) : 부과된 문제
課長(과장) : 회사 등의 한과의 장
日課(일과) : 날마다 하는 일정한 일

활용문

每週(매주) 國語時間(국어시간)에 선생님께서 漢字課題(한자과제)를 내 주셨다.

필순 丶 亠 亠 亠 言 言 言 言 訂 訂 訂 詚 諢 課 課

過

5급 II

지날 과:

辶(辵) | 9획

생성·소멸하다가 생성되는 소용돌이(咼)처럼 차례로 나나는(辶) 것에서 지나치다(過)는 의미이다.

비 禍(재앙 화)
동 失(잃을 실) 去(갈 거) 誤(그르칠 오)
반 功(공 공)

읽기한자

過多(과다) : 지나치게 많음
過當(과당) : 균형이 잡히지 아니함
過勞(과로) : 지나치게 일하여 고달픔
過食(과식) : 지나치게 많이 먹음
過速(과속) : 정한 속도 보다 지나치게 빠름

활용문

헬렌은 不過(불과) 30分(분) 동안에 30개 以上(이상)의 새로운 말을 배우게 되었다.

필순 丨 冂 冂 冂 冎 冎 咼 咼 咼 咼 過 過 過

關

5급 II

관계할 관

門 | 11획

문(門)을 통해 얽히고 얽힌(絲) 관계(關)를 맺는다는 의미이다.

비 開(열 개)
閉(닫을 폐)

약 関

읽기한자

關門(관문) : 국경이나 요새의 성문
通關(통관) : 세관을 통과하는 일
相關(상관) : 서로 관련을 가짐

활용문

부산은 한반도의 關門(관문)이다.

필순 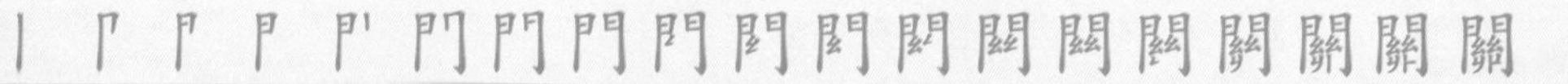

觀

5급 II

볼 관

見 | 18획

민첩하게(雚) 큰 눈으로 본다(見)는 의미에서 유념하여 잘 본다, 둘러본다(觀)는 의미이다.

비 權(권세 권) 勸(권할 권)
歡(기뻐할 환)

동 見(볼 견) 看(볼 간)
視(볼 시) 監(볼 감)

약 觃, 观, 観

읽기한자

觀客(관객) : 구경하는 사람
觀光(관광) : 다른 지방이나 나라의 경치 · 명소를 구경함
觀念(관념) : 생각이나 견해
觀望(관망) : 형세를 바라봄

활용문

연극을 이루는 요소로는 흔히 배우 · 무대 · 觀客(관객) · 극본 네 가지를 든다.

필순 

光

6급 II

빛 광

儿 | 4획

불빛(火)이 멀리까지 출렁이며(儿) 전해지는 것에서 빛, 광채(光)를 의미한다.

동 色(빛 색) 明(밝을 명)

읽기한자

觀光(관광) : 다른 지방이나 나라의 경치 · 명소를 구경함
光度(광도) : 발광체에서 발사하는 빛의 세기
光速(광속) : 빛의 속도
夜光(야광) : 밤에 빛나는 빛
電光石火(전광석화) : 극히 짧은 시간

쓰기한자

光線(광선) : 빛이 내쏘는 빛줄기
發光(발광) : 광채를 냄

활용문

직사光線(광선)은 피해주세요.

필순 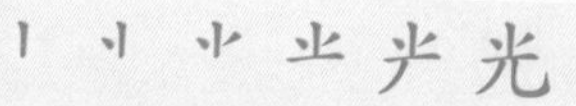

확·인·학·습 04

1. 다음 한자어(漢字語)의 독음을 쓰세요.

(1) 功勞 (　　　)　　(2) 夜光 (　　　)
(3) 課業 (　　　)　　(4) 觀客 (　　　)
(5) 果然 (　　　)　　(6) 關門 (　　　)

2. 다음 한자(漢字)의 훈(訓)과 음(音)을 쓰세요.

(1) 課 (　　　)
(2) 觀 (　　　)
(3) 過 (　　　)
(4) 功 (　　　)

3. 다음 훈(訓)과 음(音)에 맞는 한자(漢字)를 쓰세요.

(1) 한가지 공 (　　　)
(2) 실과 과 (　　　)
(3) 빛 광 (　　　)
(4) 과목 과 (　　　)

4. 다음(　)에 들어갈 한자(漢字)를 예(例)에서 찾아 그 번호를 쓰세요.

예(例)			
	① 光	② 功	③ 科
	④ 觀	⑤ 課	⑥ 公

(1) (　)明正大　　(2) 電(　)石火
(3) 開國(　)臣　　(4) 地球(　)學

정답						
1.	(1) 공로	2) 야광	(3) 과업	(4) 관객	(5) 과연	(6) 관문
2.	(1) 과정 과	(2) 볼 관	(3) 지날 과	(4) 공 공		
3.	(1) 共	(2) 果	(3) 光	(4) 科		
4.	(1) ⑥	(2) ①	(3) ②	(4) ③		

廣

5급Ⅱ

넓을 광:

广 | 12획

겨안은 팔 속에서 틈새가 생기듯이 집안(广)이 휑하니(黃) 비어있어 넓다(廣)는 의미이다.

비 黃(누를 황)
鑛(쇳돌 광)

약 広

읽기한자

廣告(광고) : 세상에 널리 알림
廣大(광대) : 넓고 큼
廣野(광야) : 넓은 들

활용문

신문은 廣告(광고)도 싣는다.

필순 丶 亠 广 庀 庀 庀 庀 庀 庀 庿 庿 廣 廣 廣 廣

校

8급

학교 교:

木 | 6획

나무(木)를 엇갈리게(交) 해서 만든 도구를 의미하는 것으로 공부하는 학교(校)를 의미한다.

비 交(사귈 교)

읽기한자

開校(개교) : 학교를 엶
校服(교복) : 학교에서 정한 제복
愛校(애교) : 학교를 사랑함

쓰기한자

校木(교목) : 학교의 상징으로 삼는 나무
校門(교문) : 학교의 문
校外(교외) : 학교의 밖 ↔ 校內
校長(교장) : 학교장의 준말
學校(학교) : 학생들이 모여 공부하는 곳

활용문

초등학생들의 校外(교외)활동 지도는 매우 중요합니다.

필순 一 十 才 木 木 朩 杧 杧 栌 校

教

8급

가르칠 교:

攵(攴) | 7획

어른(老)과 아이(子)가 뒤섞여서, 어른이 채찍(攵)으로 어린이를 엄격하게 가르친다(教)는 의미이다.

비 效(본받을 효)

동 訓(가르칠 훈)

반 學(배울 학)
習(익힐 습)

읽기한자

教具(교구) : 효과적인 학습을 위해 사용하는 도구
教養(교양) : 가르쳐 기름
舊教(구교) : 카톨릭
說教(설교) : 종교의 교의를 설명함

쓰기한자

教大(교대) : 교육대학의 준말. 초등학교 교사 양성을 목적으로 하는 대학
教生(교생) : 교육 실습생의 준말. 교육 실습을 하는 학생
教室(교실) : 학교에서 학생을 가르치는 방
教人(교인) : 종교를 믿는 사람

활용문

教生(교생)은 교육실습생의 준말입니다.

필순 ノ ㄨ 乄 孝 孝 孝 孝 孝 孝 教 教

交

6급

사귈 교

亠 | 4획

양손, 양발을 벌리고 서있는 사람이 다리를 교차시킨 형태에서 교차하다(交)는 의미이다.

비 校(학교 교)

읽기한자

交流(교류) : 서로 주고 받음
交友(교우) : 친구와 사귐
交感(교감) : 서로 접촉하여 느낌
交代(교대) : 서로 번갈아 들어 대신함
交信(교신) : 통신을 주고받음
交通(교통) : 오가는 일
親交(친교) : 친밀한 사귐

활용문

서울은 交通(교통)의 중심지입니다.

필순 丶 亠 亣 六 交 交

九

8급

아홉 구

乙 | 1획

1에서 9까지의 숫자 중에서 맨 마지막 숫자로 수가 많은 것을 의미한다.

비 力(힘 력)

읽기한자

九品(구품) : 극락왕생의 아홉 등급
望九(망구) : 아흔을 바라보는 나이, 여든한 살

쓰기한자

九年(구년) : 아홉 해
九十(구십) : 90의 수
九萬(구만) : 90,000의 수. 수의 단위
九月(구월) : 한 해의 아홉째 달. 초가을 달
九寸(구촌) : 촌수로 9촌 간. 삼종 숙질 사이의 촌수
九九(구구)단 : 곱셈을 하는 기본 공식

활용문

초등학교 이전에 九九(구구)단을 외는 아이들도 많이 있습니다.

필순 丿 九

口

7급

입 구(:)

口 | 0획

입의 모양을 본떴다.

읽기한자

一口二言(일구이언) : 한 입으로 두가지 말, 이랬다 저랬다함
口頭(구두) : 직접 입으로 하는 말　口傳(구전) : 입으로 전함

쓰기한자

口文(구문) : 흥정을 붙여주고 그 보수로 받는 돈 = 구전(口錢)
口語(구어) : 보통 대화에 쓰는 말 ↔ 문어(文語)
食口(식구) : 가족들
入口(입구) : 어떤 곳으로 들어가는 문턱
出口(출구) : 어떤 곳으로 나가는 문턱

활용문

이번에는 口文(구문)을 후하게 쳐줄 생각입니다.

필순 丨 冂 口

球

6급II

공 구

王(玉) | 7획

털(求)을 둥글게 해서 만든 구슬(玉)로 구슬, 둥근형의 물건, 공(球)을 의미한다.

비 求(구할 구)
救(구원할 구)

읽기 한자

球團(구단) : 직업 야구 · 축구 등을 사업으로 하는 단체
球速(구속) : 투수가 던지는 공의 속도

쓰기 한자

球場(구장) : 구기를 하는 운동장. 야구장
地球(지구) : 우리 인류가 살고 있는 천체
直球(직구) : 투수가 타자에게 던지는, 커브를 넣지 않은 똑바른 공

활용문

요즘 우리 球場(구장)에는 경기당 2만 명 가까운 관중이 몰려듭니다.

필순 一 二 干 王 王一 玗 玗 玗 球 球 球

區

6급

구분할/지경 구

匚 | 9획

일정한 구역(匚) 안에 있는 건물, 인구(品)를 본떠서 구역(區)을 의미한다.

동 別(나눌 별)
分(나눌 분)
반 合(합할 합)
약 区

읽기 한자

區間(구간) : 일정한 지점의 사이
區內(구내) : 한 구역의 안
區別(구별) : 종류에 따라 갈라놓음
區分(구분) : 구별하여 나눔

활용문

요즘 옷은 남녀의 區別(구별)이 없는 경우가 많다.

필순 一 丅 下 戸 戸 戸 吕 吕 品 品 區

舊

5급II

예 구:

臼 | 12획

풀(艹)이나 검불을 새(隹)가 물어다가 절구(臼) 모양의 둥지를 만드는데 오래(舊) 걸린다는 의미이다.

동 古(예 고) 故(연고 고)
반 新(새 신)
약 旧

읽기 한자

舊敎(구교) : 카톨릭
舊面(구면) : 알게 된 지 오래된 얼굴
舊式(구식) : 옛 양식이나 방식
親舊(친구) : 가깝게 사귀는 벗
舊世代(구세대) : 옛 세대

활용문

그런데 아직 깨어나지 않은 親舊(친구)가 있어요.

필순 一 十 卄 廾 艹 艹 艹 芢 芢 茬 萑 萑 萑 萑 萑 舊 舊 舊

확·인·학·습 05

가

1. 다음 한자어(漢字語)의 독음을 쓰세요.

(1) 地球 (　　　)　　(2) 交通 (　　　)
(3) 舊式 (　　　)　　(4) 廣野 (　　　)
(5) 區間 (　　　)　　(6) 望九 (　　　)

2. 다음 한자(漢字)의 훈(訓)과 음(音)을 쓰세요.

(1) 球 (　　　)
(2) 舊 (　　　)
(3) 交 (　　　)
(4) 廣 (　　　)

3. 다음 훈(訓)과 음(音)에 맞는 한자(漢字)를 쓰세요.

(1) 입 구 (　　　)
(2) 학교 교 (　　　)
(3) 아홉 구 (　　　)
(4) 가르칠 교 (　　　)

4. 다음(　)에 들어갈 한자(漢字)를 예(例)에서 찾아 그 번호를 쓰세요.

예(例)	① 口	② 區	③ 舊
	④ 球	⑤ 校	⑥ 九

(1) (　)死一生　　(2) 同行親(　)
(3) 一(　)二言　　(4) 學(　)生活

정답

1. (1) 지구 (2) 교통 (3) 구식 (4) 광야 (5) 구간 (6) 망구
2. (1) 공 구 (2) 예 구 (3) 사귈 교 (4) 넓을 광
3. (1) 口 (2) 校 (3) 九 (4) 教
4. (1) ⑥ (2) ③ (3) ① (4) ⑤

具

5급 II

갖출 구(:)

八 | 6획

조개(貝)는 보물이나 금전을 나타내며 이것을 양손(廾)에 든 것에서 갖춤(具)을 의미한다.

비 且(또 차)
  其(그 기)
동 備(갖출 비)

읽기 한자

具體(구체) : 전체를 갖춤
具色(구색) : 여러 가지 물건을 골고루 갖춤
具體化(구체화) : 구체적으로 되게 함
道具(도구) : 일에 쓰는 연장
農具(농구) : 농사에 쓰는 연장

활용문

안중근은 동지 우덕순을 만나 具體的(구체적)인 計劃(계획)을 세웠다.

필순 丨 冂 月 月 目 且 具 具

國

8급

나라 국

口 | 8획

영토(口), 국방(戈), 국민(口), 주권(一)으로서 나라(國)를 의미한다.

비 圖(그림 도) 圓(둥글 원)
  園(동산 원) 域(지경 역)
약 国

읽기 한자

國交(국교) : 나라 사이에 맺는 외교 관계
國史(국사) : 나라의 역사
國產(국산) : 자기 나라에서 생산 함

쓰기 한자

國軍(국군) : 국가의 군대. 우리나라의 군대로 육군·해군·공군으로 조직됨
國母(국모) : 임금의 아내, 왕후 ↔ 국부(國父)
國民(국민) : 같은 국적을 가진 사람
國外(국외) : 한 나라의 영토 밖
國土(국토) : 나라의 땅. 나라의 힘이 미치는 영토의 전부

활용문

명성황후는 國母(국모)의 대표적 인물이다.

필순 丨 冂 冂 冂 同 同 囗 國 國 國 國

局

5급 II

판 국

尸 | 4획

자(尺)로 재듯이 정확한 말(口)로 법도에 따라 일을 하는 관청의 일부(局)라는 의미이다.

비 居(살 거)
  屋(집 옥)

읽기 한자

局面(국면) : 승패를 다투는 판의 형세
局番(국번) : 전화 교환국의 국명에 해당하는 번호
當局(당국) : 어떤 일을 담당하는 곳
時局(시국) : 당면한 국내 및 국제적 정세
局地戰(국지전) : 제한된 구역 안에서만 일어나 세계 전쟁으로 퍼지지 않는 전쟁

활용문

局地戰(국지전)이 전면전으로 확산되었다.

필순 ㄱ ㅋ 尸 月 局 局 局

軍

8급

군사 군

車 | 2획

전차(車)를 빙 둘러싸고(冖) 있는 형태에서 군대, 전쟁(軍)을 의미한다.

비 運(옮길 운)

동 卒(마칠 졸) 旅(나그네 려) 兵(병사 병)

읽기한자

友軍(우군) : 같은 편인 군대
强軍(강군) : 힘이 센 군대
陸軍(육군) : 땅 위에서의 공격과 방어 임무를 맡은 군대

쓰기한자

軍國(군국) : 군대와 나라
軍民(군민) : 군인과 국민
軍人(군인) : 육·해·공군의 장교, 하사관, 병사의 총칭
軍中(군중) : 군대의 안. 전쟁 중
靑軍(청군) : 푸른 깃발을 사용하는 쪽
白軍(백군) : 흰 깃발을 사용하는 쪽

활용문

軍民(군민)이 함께 재해구조에 나섰다.

필순

郡

6급

고을 군:

阝(邑) | 7획

원래는 군주(君)의 영지(阝)였지만, 지금은 행정구역(郡)의 이름이 되었다.

비 群(무리 군) 君(임금 군)

동 邑(고을 읍) 洞(골 동) 州(고을 주)

읽기한자

州郡(주군) : 주와 군을 아울러 이르는 말
郡界(군계) : 군과 군 사이의 경계
郡內(군내) : 고을 안
郡民(군민) : 그 군에 사는 백성

활용문

기념일을 경축하기 위한 郡民(군민)체육대회가 열리고 있다.

필순

根

6급

뿌리 근

木 | 6획

위쪽으로 뻗는 나뭇가지(木)와는 반대로 땅 밑으로 뻗어가는(艮) 것에서 뿌리(根)를 의미한다.

비 板(널 판) 銀(은 은)

동 本(근본 본)

읽기한자

根性(근성) : 사람의 타고난 성질
根本(근본) : 사물이 생겨나는 본 바탕

활용문

그 사람은 根本(근본)이 나쁜 사람 같지는 않다.

필순

近

6급

가까울 **근:**

⻌(辵) | 4획

나무 자르는 도끼(斤)소리는 멀리(⻌)에선 들리지 않아 가깝다(近)는 의미이다.

비 折(꺾을 절)

반 遠(멀 원)

읽기한자

近代(근대) : 중세와 현대 사이의 시대
近方(근방) : 근처
近海(근해) : 육지에 가까운 바다
遠近(원근) : 멀고 가까움

활용문

最近(최근)에 교통사고가 많이 줄어들고 있습니다.

필순 ⺈ ⺁ 𠂆 斤 `斤 䜣 䜣 近

金

8급

쇠 **금**
성 **김**

金 | 0획

산에 보석이 있는 모양에서 금, 금전(金)을 의미한다.

비 今(이제 금)
針(바늘 침)

동 鐵(쇠 철)

읽기한자

基金(기금) : 어떤 목적을 위하여 모아서 준비해 놓은 자금
金品(금품) : 돈과 물품
黃金(황금) : 누런 빛의 금
金海(김해) : 우리나라의 지역이름

쓰기한자

金言(금언): 삶에 본보기가 될 만한 귀중한 내용을 담고 있는 짤막한 어구
現金(현금): 정부나 중앙은행에서 발행하는 지폐나 주화를 유가증권과 구별하여 이르는 말
入出金(입출금) : 들어오는 돈과 나가는 돈을 아울러 이르는 말

활용문

피로 쓰라고 한 니체의 말은 글 쓰는 자가 명심해야 할 金言(금언)이다.

필순 ノ 人 亼 仐 仒 全 伞 金

今

6급 II

이제 **금**

人 | 2획

사람(人)이 예부터 지금까지 계속해서 모여 있다(合)는 것에서 지금(今)을 의미한다.

비 令(하여금 령)

반 古(예 고)
舊(예 구)

읽기한자

今友(금우) : 새로 사귄 벗
今週(금주) : 이번 주
古今(고금) : 옛적과 지금

쓰기한자

方今(방금) : 바로 이제. 금방
昨今(작금) : 어제와 오늘

활용문

나는 그 소식을 方今(방금)에야 들었다.

필순 ノ 人 𠆢 今

확·인·학·습 06

가

1. 다음 한자어(漢字語)의 독음을 쓰세요.

(1) 道具 (　　　　)　　(2) 國史 (　　　　)
(3) 局面 (　　　　)　　(4) 郡邑 (　　　　)
(5) 根本 (　　　　)　　(6) 近海 (　　　　)

2. 다음 한자(漢字)의 훈(訓)과 음(音)을 쓰세요.

(1) 根 (　　　　)
(2) 近 (　　　　)
(3) 局 (　　　　)
(4) 今 (　　　　)

3. 다음 훈(訓)과 음(音)에 맞는 한자(漢字)를 쓰세요.

(1) 군사 군 (　　　　)
(2) 이제 금 (　　　　)
(3) 성 김 (　　　　)
(4) 나라 국 (　　　　)

4. 다음(　)에 들어갈 한자(漢字)를 예(例)에서 찾아 그 번호를 쓰세요.

예(例)	① 近	② 局	③ 今
	④ 軍	⑤ 根	⑥ 郡

(1) (　)時初聞　　(2) 空(　)本部
(3) (　)代社會　　(4) (　)本原因

정답						
1.	(1) 도구	(2) 국사	(3) 국면	(4) 군읍	(5) 근본	(6) 근해
2.	(1) 뿌리 근	(2) 가까울 근	(3) 판 국	(4) 이제 금		
3.	(1) 軍	(2) 今	(3) 金	(4) 國		
4.	(1) ③	(2) ④	(3) ①	(4) ⑤		

急

6급Ⅱ

급할 급

心 | 5획

앞 사람(人)을 붙잡는(彐) 듯한 기분(心)으로 성급해하는 모습에서 서두르다(急)는 의미이다.

동 速(빠를 속)

읽기한자

急行(급행) : 빨리 감
急流(급류) : 급히 흐르는 물
急變(급변) : 급작스레 변함
急性(급성) : 갑자기 일어난 성질의 병

쓰기한자

急事(급사) : 급한 일　　急電(급전) : 급한 전보

활용문

개방정책으로 경제구조에 急變(급변)이 일어났다.

필순 

級

6급

등급 급

糸 | 4획

실(糸)의 품질이 어디까지 미치느냐(及)하는 데서 등급(級)을 의미한다.

비 約(맺을 약)
　 給(줄 급)

동 等(무리/등급 등)

읽기한자

級友(급우) : 같은 반에서 배우는 벗
首級(수급) : 전쟁에서 베어 얻은 적군의 머리
級數(급수) : 기술의 우열에 의한 등급
級訓(급훈) : 학급에서 필요하다고 인정한 교훈
高級(고급) : 높은 계급이나 등급
學級(학급) : 같은 때·같은 교실에서 학습하는 학생의 집단
等級(등급) : 신분·품질 등의 높고 낮음의 차례를 구별한 등수

활용문

우리 반의 級訓(급훈)은 정직이다.

필순 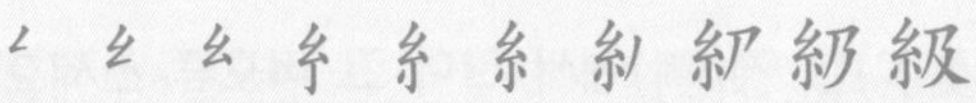

氣

7급Ⅱ

기운 기

气 | 6획

내뿜은 숨(气)처럼 막 지은 밥(米)에서 솟아오르는 증기(氣)를 의미한다.

비 汽(물끓는김 기)

약 気

읽기한자

元氣(원기) : 본디 타고난 기운
氣質(기질) : 기력과 체질
氣品(기품) : 기질과 품성
氣流(기류) : 대기 중에 일어나는 공기의 흐름
客氣(객기) : 객쩍게 부리는 혈기

쓰기한자

氣道(기도) : 인간의 신체에서 폐에 들어가는 공기의 통로
氣力(기력) : 정신과 육체의 힘　　空氣(공기) : 지구를 둘러싼 기체
日氣(일기) : 날씨의 맑고 흐림 등의 기상 상태
氣色(기색) : 얼굴에 나타나는 감정의 변화

활용문

연기로 氣道(기도)가 막혀서 숨을 쉴 수가 없다.

필순 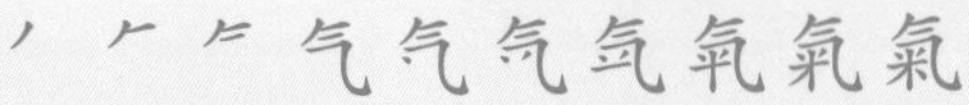

記

7급II

기록할 기

言 | 3획

무릎 꿇고 사람(己)이 말(言)한 것을 받아 적고 있는 모습에서 기록하다(記)는 의미이다.

비 計(셀 계)
話(말씀 화)

동 錄(기록할 록) 識(기록할 지)

읽기한자

記念(기념) : 오래도록 전하여 잊지 아니함
記傳(기전) : 역사 및 전기
筆記(필기) : 글씨를 씀
記號(기호) : 어떤 뜻을 나타내기 위한 문자나 부호
速記(속기) : 빨리 적음

쓰기한자

手記(수기) : 체험을 손수 적음
記入(기입) : 적어 넣음

활용문

그는 체험 手記(수기)를 써나가기 시작했다.

필순 丶 亠 亠 亠 言 言 言 訁 訂 記

旗

7급

기 기

方 | 10획

지휘관이 있는 곳에 깃발을 세워서 이정표로 한 것으로 깃발을 의미한다.

읽기한자

團旗(단기) : 단체의 상징이 되는 기
手旗信號(수기신호) : 손에 기를 들고 통신하는 방법

쓰기한자

旗手(기수) : 기를 가지고 신호를 일삼는 사람
白旗(백기) : 흰 기. 항복의 표시로 쓰는 흰 기
青旗(청기) : 푸른 기
反旗(반기) : 반대의 뜻을 나타내는 행동이나 표시
校旗(교기) : 학교를 상징하는 깃발

활용문

각 학교별로 대표자가 校旗(교기)를 들고 입장하였다.

필순 丶 亠 方 方 方 方 方 㫃 旃 旃 旃 旗 旗 旗

己

5급II

몸 기

己 | 0획

상대에게 허리를 낮추고 있는 형태에서 자기, 우리 자신을 의미한다.

비 已(이미 이) 巳(뱀 사)

동 身(몸 신) 自(스스로 자)
體(몸 체)

반 心(마음 심)

읽기한자

知己(지기) : 서로 마음이 통하는 벗
自己(자기) : 그 사람 자신
利己(이기) : 자기자신의 이익만을 꾀함

활용문

사임당은 남편에게 自己(자기)의 意見(의견)을 조용히 말했다.

필순 ㄱ ㅋ 己

基

5급Ⅱ

터 기

土 | 8획

흙벽 등을 쌓을 때에 점토(土)와 쌓아올린 토대(其)를 말하는 것으로 토대, 터(基)를 의미한다.

비 墓(무덤 묘)
其(그 기)

읽기한자

基金(기금) : 어떤 목적을 위하여 모아서 준비해 놓은 자금
基地(기지) : 군대의 보급, 수송, 통신 등의 기점이 되는 곳
基本(기본) : 사물이나 현상, 이론, 시설 따위의 기초와 근본

활용문

헬렌은 열심히 공부하여 한 시간 동안 무려 여섯 개나 되는 基本發音(기본발음)을 외웠고 열한번의 練習(연습)을 통해 발음법을 익히게 되었다.

필순 一 十 廾 廾 甘 甘 甘 其 其 基 基

南

8급

남녘 남

十 | 7획

다행하고(幸) 좋은 방향(冂)이 남쪽(南)이라는 의미이다.

반 北(북녘 북)

읽기한자

南向(남향) : 남쪽으로 향함
以南(이남) : 기준점으로부터 남쪽

쓰기한자

南門(남문) : 남쪽에 있는 문
南方(남방) : 남쪽이나 남녘, 남쪽 지방 ↔ 북방(北方)
南北(남북) : 남쪽과 북쪽
南山(남산) : 남쪽에 있는 산
南韓(남한) : 남북으로 갈라진 한국의 남쪽의 땅
三南(삼남) : 충청남북도, 경상남북도, 전라남북도를 말한다.

활용문

南韓(남한)과 북한은 평화적인 통일이 필요합니다.

필순 一 十 冂 冂 冂 冂 冂 冂 南

男

7급Ⅱ

사내 남

田 | 2획

밭농사는 힘든 것으로 남자 일이기에 밭(田)과 힘(力)을 합쳐 사나이(男)라는 의미이다.

반 女(계집 녀)

읽기한자

美男(미남) : 잘 생긴 사내
男性(남성) : 남자, 사내
男兒(남아) : 사내아이

쓰기한자

男女(남녀) : 남자와 여자
長男(장남) : 맏아들
男子(남자) : 남성인 사람, 사나이 ↔ 여자(女子)
男先生(남선생) : 남자로서 선생이 된 사람. 남교사
男女老少(남녀노소) : 남자와 여자 늙은이와 젊은이, 곧 모든 사람

활용문

보통 長男(장남)이 대를 이어 가업을 물려받는다.

필순 丨 冂 日 田 田 男 男

확·인·학·습 07

1. 다음 한자어(漢字語)의 독음을 쓰세요.

(1) 急速 (　　　)　　(2) 自己 (　　　)
(3) 基地 (　　　)　　(4) 以南 (　　　)
(5) 氣品 (　　　)　　(6) 高級 (　　　)

2. 다음 한자(漢字)의 훈(訓)과 음(音)을 쓰세요.

(1) 己 (　　　)
(2) 急 (　　　)
(3) 己 (　　　)
(4) 基 (　　　)

3. 다음 훈(訓)과 음(音)에 맞는 한자(漢字)를 쓰세요.

(1) 기운 기 (　　　)
(2) 기록할 기 (　　　)
(3) 기 기 (　　　)
(4) 급할 급 (　　　)

4. 다음(　)에 들어갈 한자(漢字)를 예(例)에서 찾아 그 번호를 쓰세요.

예(例)			
	① 旗	② 己	③ 急
	④ 氣	⑤ 南	⑥ 基

(1) 手(　)信號　　(2) 三(　)地方
(3) 自(　)中心　　(4) (　)本問題

정답						
1.	(1) 급속	(2) 자기	(3) 기지	(4) 이남	(5) 기품	(6) 고급
2.	(1) 몸 기	(2) 급할 급	(3) 몸 기	(4) 터 기		
3.	(1) 氣	(2) 記	(3) 旗	(4) 急		
4.	(1) ①	(2) ⑤	(3) ②	(4) ⑥		

內

7급 II

안 내:

入 | 2획

밖에서 건물 안(內)으로 들어오는 것에서 들어가다, 안, 속(內)을 의미한다.

반 外(바깥 외)

읽기한자

內陸(내륙) : 바다에서 멀리 떨어져 있는 육지
區內(구내) : 일정한 구역의 안
內服(내복) : 속옷, 약 따위를 먹음

쓰기한자

內空(내공) : 속이 비어 있음
內國(내국) : 자기 나라, 제 나라 안
內面(내면) : 물건의 안쪽. 인간의 정신 심리에 관한 면
內事(내사) : 내부에 관한 일. 비밀로 덮어두는 일
內室(내실) : 아낙네가 거처하는 방 ↔ 외실(外室)
內心(내심) : 속마음
內水面(내수면) : 하천, 호수, 운하 등의 수면

활용문

우리 집 內事(내사)이니 굳이 알려고 하지 말게나.

필순 丨 冂 冂 內

女

8급

계집 녀

女 | 0획

손을 앞으로 끼고 무릎 꿇고 있는 부드러운 모습에서 여자, 처녀(女)를 의미한다.

비 安(편안 안)
반 男(사내 남)

읽기한자

養女(양녀) : 수양딸
仙女(선녀) : 신선 세상에 사는 여자
女性(여성) : 여자, 계집
女兒(여아) : 계집아이

쓰기한자

少女(소녀) : 아직 완전히 성숙하지 않은 어린 여자아이
女同生(여동생) : 여자 동생
男女有別(남녀유별) : 남자와 여자 사이에는 분별이 있어야 한다는 말

활용문

바로 이 아이가 養女(양녀)로 입양된 아이입니다.

필순 ㇛ 女 女

年

8급

해 년

干 | 3획

벼가 결실해서 사람에게 수확되기까지의 기간을 뜻하는 것으로 한 해, 세월을 의미한다.

비 午(낮 오) 牛(소 우)
동 歲(해 세)

읽기한자

年歲(연세) : 나이의 높임 말
年度(연도) : 일년동안의 기간
信念(신념) : 굳게 믿는 마음
凶年(흉년) : 농작물이 잘 되지 아니한 해

쓰기한자

年高(연고) : 나이가 많음
年老(연로) : 나이가 많아서 늙음
年始(연시) : 새해의 처음

활용문

저 두 남매는 年年生(연년생)입니다.

필순 丿 𠂉 𠂉 𠂉 𠂉 年

念

5급Ⅱ

생각 념:

心 | 4획

지금(今) 마음(心)에 있다는 것에서 쭉 계속해서 생각하고 있다(念)는 의미이다.

비 怒(성낼 노)

동 考(생각할 고) 思(생각 사) 想(생각 상) 慮(생각할 려)

읽기한자

念頭(염두) : 생각의 시초
觀念(관념) : 생각. 견해
記念(기념) : 어떤 일을 오래도록 잊지 아니함
信念(신념) : 굳게 믿는 마음

활용문

그러나 고문을 當(당)할 때마다 '대한 독립 만세'를 외칠 만큼 그는 당당하게 信念(신념)을 펼쳤다.

필순 丿 人 스 今 今 念 念 念

農

7급Ⅱ

농사 농

辰 | 6획

아침 일찍(辰)부터 논에 나가 도구(曲)를 갖고 일하는 것에서 농사를 짓다(農)는 의미이다.

읽기한자

農具(농구) : 농사에 쓰는 기구
農林(농림) : 농업과 임업

쓰기한자

農家(농가) : 농민의 집. 농업으로 생계를 유지하는 집
農民(농민) : 농사를 짓는 백성. 농사를 생업으로 하는 사람
農夫(농부) : 농사로 업을 삼은 사람
農事(농사) : 농업에 관련된 일

활용문

農夫(농부)가 논에서 열심히 일하고 있다.

필순 丨 冂 日 曲 曲 曲 曲 曲 芦 芦 農 農 農

能

5급Ⅱ

능할 능

月(肉) | 6획

곰(熊)의 모양으로 곰은 재주가 여러 가지라는 데서 능하다(能)는 의미이다.

비 態(모양 태)

읽기한자

能力(능력) : 일을 감당해 내는 힘
能動(능동) : 스스로 내켜서 움직이거나 작용함
才能(재능) : 어떤 개인의 일정한 소질
效能(효능) : 효험의 능력
全知全能(전지전능) : 무엇이나 다 알고 다 잘하는 신의 능력

활용문

能力(능력)껏 가져오기로 했으면 좋겠습니다.

필순 ㄥ 厶 㐬 育 育 育 育 能 能 能

多

6급

많을 다

夕 | 3획

저녁(夕)때를 두 개 중첩(多)시켜 오늘의 저녁 때와 어제의 저녁 때, 많다(多)는 의미이다.

비 夕(저녁 석)

반 少(적을 소)

읽기한자

過多(과다) : 지나치게 많음
多讀(다독) : 많이 읽음
多幸(다행) : 운수가 좋음. 일이 좋게 됨
同時多發(동시다발) : 같은 시간이나 시기에 여럿이 일어남

활용문

오래된 고기에서 세균이 過多(과다)하게 검출되었다.

필순 丿 ク 夕 多 多 多

短

6급Ⅱ

짧을 단(:)

矢 | 7획

화살(矢)은 활보다 짧고, 콩(豆)은 감자나 오이보다 짧다(短)는 의미이다.

반 長(긴 장)

읽기한자

短見(단견) : 천박한 소견
短筆(단필) : 서투른 글씨

쓰기한자

短命(단명) : 명이 짧음
短文(단문) : 글 아는 것이 넉넉하지 못함. 짧은 글
短信(단신) : 간략하게 쓴 편지, 짤막하게 전하는 뉴스
短身(단신) : 키가 작음
短時日(단시일) : 짧은 시일

활용문

오늘의 스포츠 短信(단신)을 전해드리겠습니다.

필순 丿 ⺈ 𠂉 午 矢 矢 矢 知 知 知 短 短

團

5급Ⅱ

둥글 단

口 | 11획

오로지(專) 같은 목적으로 둥글게(口) 모이다(團)라는 의미이다.

비 傳(전할 전)
　園(동산 원)

동 圓(둥글 원)

약 団

읽기한자

團結(단결) : 많은 사람이 한데 뭉침
團束(단속) : 경계를 단단히 하여 다잡음
團合(단합) : 많은 사람이 한데 뭉침
入團(입단) : 어떤 단체에 가입함
團體(단체) : 목적을 같이하는 사람들의 모임

활용문

그 밖에 신문의 광고는 국민이 알아야 할 정부나 團體(단체)의 소식을 전하는 등 갖가지 정보를 알려 준다.

필순 丨 冂 冂 冋 同 同 同 面 画 画 圍 團 團 團

확·인·학·습 8

1. 다음 한자어(漢字語)의 독음을 쓰세요.

(1) 能力 (　　　)　(2) 內服 (　　　)
(3) 年歲 (　　　)　(4) 團結 (　　　)
(5) 信念 (　　　)　(6) 多讀 (　　　)

2. 다음 한자(漢字)의 훈(訓)과 음(音)을 쓰세요.

(1) 團 (　　　)
(2) 多 (　　　)
(3) 能 (　　　)
(4) 短 (　　　)

3. 다음 훈(訓)과 음(音)에 맞는 한자(漢字)를 쓰세요.

(1) 해 년 (　　　)
(2) 짧을 단 (　　　)
(3) 농사 농 (　　　)
(4) 안 내 (　　　)

4. 다음(　)에 들어갈 한자(漢字)를 예(例)에서 찾아 그 번호를 쓰세요.

예(例)			
	① 年	② 團	③ 女
	④ 能	⑤ 多	⑥ 念

(1) 大同(　)結　(2) 多才多(　)
(3) 同時(　)發　(4) 男(　)有別

정답

1. (1) 능력 (2) 내복 (3) 연세 (4) 단결 (5) 신념 (6) 다독
2. (1) 둥글 단 (2) 많을 다 (3) 능할 능 (4) 짧을 단
3. (1) 年 (2) 短 (3) 農 (4) 內
4. (1) ② (2) ④ (3) ⑤ (4) ③

答

7급Ⅱ

대답 답

竹 | 6획

대쪽(竹)에 써 온 편지 내용에 합(合)당하게 답(答)을 써 보낸다는 의미이다.

동 兪(대답할 유)

반 問(물을 문)
諮(물을 자)

읽기 한자

奉答(봉답) : 웃어른에게 공손히 대답함
筆答(필답) : 글로써 대답함

쓰기 한자

答紙(답지) : 답을 쓰는 종이. 답안지
名答(명답) : 격에 들어맞게 썩 잘한 답
問答(문답) : 물음과 대답
東問西答(동문서답) : 묻는 말에 엉뚱한 대답
自問自答(자문자답) : 자신이 묻고 자신이 대답함

활용문

이 문제에는 正答(정답)이 따로 없다.

필순 丿 𠂉 𥫗 𥫗 竹 竹 竺 笒 笒 笒 答 答

堂

6급Ⅱ

집 당

土 | 8획

토대(土) 위에 세운 높은(尙) 건물에서 어전, 큰 건물(堂)을 의미한다.

비 當(마땅 당)

동 家(집 가) 宙(집 주)
戶(집 호) 宇(집 우)
室(집 실) 宅(집 택)
院(집 원) 屋(집 옥)

읽기 한자

法堂(법당) : 불상을 안치하고 설법도 하는 절의 정당(正堂)
別堂(별당) : 몸채의 곁이나 뒤에 따로 지은 집(방)

쓰기 한자

堂堂(당당) : 번듯하게. 당당히
明堂(명당) : 아주 좋은 묏자리
食堂(식당) : 식사를 하도록 설비되어 있는 집(방)
書堂(서당) : 글방

활용문

書堂(서당)개 삼년에 풍월을 한다.

필순 丨 丨丨 丨丨丨 ⺌ 尚 尚 尚 尚 堂 堂 堂

當

5급Ⅱ

마땅 당

田 | 8획

논(田)을 교환할 때 두 개의 넓이가 딱 맞도록(尙) 한 것에서 맞다(當)는 의미이다.

비 堂(집 당)

반 落(떨어질 락)

약 当

읽기 한자

當局(당국) : 어떤 일을 담당하는 곳
當代(당대) : 사람의 한평생 살이. 이 시대. 지금의 시대
當到(당도) : 어떠한 곳이나 일에 닿아서 이름
當面(당면) : 일이 바로 눈앞에 당함
當然(당연) : 이치로 보아 마땅히 그러할 것임

활용문

남편은 當時(당시)의 정승인 이기라는 사람을 자주 찾아 다녔는데

필순 丨 丨丨 丨丨丨 ⺌ 尚 尚 尚 尚 當 當 當 當 當

大

8급

큰 대(:)

大 | 0획

사람이 크게 손과 다리를 벌리고 있는 모습에서 크다(大)는 의미이다.

비 犬(개 견) 太(클 태)
동 偉(클 위) 太(클 태) 巨(클 거)
반 小(작을 소) 微(작을 미)

읽기한자

大望(대망) : 큰 희망. 큰 야망
偉大(위대) : 업적이 크게 뛰어나고 훌륭함

쓰기한자

大道(대도) : 큰길
大事(대사) : 큰 일
大海(대해) : 넓고 큰 바다
大地(대지) : 대자연의 넓고 큰 땅
大國(대국) : 국력이 강하거나 국토가 넓은 나라
大成(대성) : 크게 이루어지거나 크게 이룸 또는 그런 성과

활용문

충효는 인륜의 大道(대도)이다.

필순 一 ナ 大

代

6급II

대신할 대:

亻(人) | 3획

국경에 세워두었던 말뚝 대신(弋)에 사람(亻)을 당번병으로 세워둔 것에서 대신하다(代)는 의미이다.

비 伐(칠 벌)

읽기한자

代價(대가) : 물건을 산 대신의 값
歷代(역대) : 지내 내려온 여러 대
當代(당대) : 이 시대. 지금의 세상
代行(대행) : 대신하여 행함
交代(교대) : 서로 번갈아 대신함

쓰기한자

代用(대용) : 대신으로 씀
代金(대금) : 물건 값으로 치르는 돈
代理(대리) : 대신하여 일을 처리함
現代(현대) : 지금의 시대

활용문

歷代(역대) 대통령을 다 기억하고 있습니까?

필순 ノ 亻 亻 代 代

對

6급II

대할 대:

寸 | 11획

작업하는 일(業)과 손(寸)이 서로 마주 대한다(對)는 의미이다.

비 業(업 업)
약 対

읽기한자

對決(대결) : 두 사람이 서로 맞서서 우열을 결정함
相對(상대) : 서로 마주 대함

쓰기한자

對等(대등) : 양쪽이 서로 비슷함
對立(대립) : 마주 대하여 섬
對面(대면) : 서로 얼굴을 마주 보고 대함

활용문

그들은 뜻밖의 對面(대면)에 할 말을 잃었다.

필순 丨 丨丨 丨丨丨 丨丨丨 业 业 丵 丵 丵 丵 丵 丵 對 對

待

6급

기다릴 대:

彳 | 6획

중요한 일로 관청(寺)에 갔어도(彳) 사람이 많아서 자신의 순번을 기다린다(待)는 의미이다.

비 時(때 시)
持(가질 지)
特(특별할 특)

읽기한자

待望(대망) : 바라고 기다림
苦待(고대) : 몹시 기다림
下待(하대) : 낮게 대우함
待合室(대합실) : 정거장, 병원 같은 곳에서 손님이 기다리도록 마련해 놓은 곳

활용문

그 일이 이루어지기를 苦待(고대)하였다.

필순 ノ ク 彳 彳 彳 往 往 待 待

德

5급 II

큰 덕

彳 | 12획

올바른 마음을 가진(悳) 사람은 어디에 가서(彳)도 신임을 받고, 공경을 받는다는 기분에서 사람으로서 올바른 행위(德)를 한다는 의미이다.

약 徳

읽기한자

德望(덕망) : 많은 사람이 그의 덕을 마음으로 사모하여 따르는 일
德目(덕목) : 忠(충), 孝(효), 仁(인), 義(의) 등 덕을 분류하는 명목
道德(도덕) : 사람으로서 마땅히 지켜야할 도리

활용문

이제는 한자를 배워 온 德分(덕분)에 新聞(신문)과 텔레비전이나 길을 가다가 남의 집 大門(대문) 앞에 달린 문패에서도 배운 한자를 發見(발견)하면 눈이 번쩍 뜨인다.

필순 ノ ク 彳 彳 彳 彳 彳 德 德 德 德 德 德 德

道

7급 II

길 도:

辶(辵) | 9획

사람(首)이 왔다갔다(辶)하고 있는 곳은 자연히 길(道)이 된다는 의미이다.

동 路(길 로)
途(길 도)

읽기한자

道具(도구) : 일에 쓰이는 여러 가지 연장
道德(도덕) : 인간으로서 마땅히 지켜야 할 도리 및 그에 준한 행위

쓰기한자

道家(도가) : 중국에서 발달했던 학문의 하나로 자연으로 돌아가라고 주장한 하나의 학파
道立(도립) : 도에서 설립 운영하는 일
車道(차도) : 자동차가 다니는 길
道民(도민) : 그 도의 안에서 사는 사람
道中(도중) : 길 가운데. 여행길
人道(인도) : 사람이 다니는 길

활용문

이 건물은 道立(도립) 도서관입니다.

필순 丶 丷 䒑 䒑 䒑 首 首 首 首 首 道 道 道

확·인·학·습 09

다

1. 다음 한자어(漢字語)의 독음을 쓰세요.

(1) 當代 (　　　　)　　(2) 德目 (　　　　)
(3) 筆答 (　　　　)　　(4) 對決 (　　　　)
(5) 法堂 (　　　　)　　(6) 期待 (　　　　)

2. 다음 한자(漢字)의 훈(訓)과 음(音)을 쓰세요.

(1) 德 (　　　　)
(2) 當 (　　　　)
(3) 待 (　　　　)
(4) 對 (　　　　)

3. 다음 훈(訓)과 음(音)에 맞는 한자(漢字)를 쓰세요.

(1) 큰 대 (　　　　)
(2) 길 도 (　　　　)
(3) 대신할 대 (　　　　)
(4) 집 당 (　　　　)

4. 다음(　)에 들어갈 한자(漢字)를 예(例)에서 찾아 그 번호를 쓰세요.

예(例)			
	① 當	② 德	③ 待
	④ 答	⑤ 對	⑥ 大

(1) 意見(　)立　　(2) 道(　)教育
(3) 自問自(　)　　(4) 公明正(　)

정답						
1.	(1) 당대	(2) 덕목	(3) 필답	(4) 대결	(5) 법당	(6) 기대
2.	(1) 큰 덕	(2) 마땅 당	(3) 기다릴 대	(4) 대할 대		
3.	(1) 大	(2) 道	(3) 代	(4) 堂		
4.	(1) ⑤	(2) ②	(3) ④	(4) ⑥		

圖

6급Ⅱ

그림 도

口 | 11획

논밭에 있는 장소를 도면에 표시한 것에서 그리다(圖), 생각하다는 의미이다.

비 圓(둥글 원)
園(동산 원)
團(둥글 단)

동 畵(그림 화)

약 図

읽기 한자

圖說(도설) : 그림을 넣어 설명함
圖章(도장) : 나무 따위에 이름을 새겨 문서에 찍도록 만든 것
圖畵(도화) : 도안과 그림

쓰기 한자

圖面(도면) : 토목, 건축, 기계 또는 토지, 임야 같은 것을 기하학적으로 제도기를 써서 그린 그림
圖表(도표) : 그림과 표
圖形(도형) : 그림의 형상
意圖(의도) : 장차 하려고 하는 계획. 생각

활용문

그것을 묻는 진짜 意圖(의도)가 궁금하다.

필순 

度

6급

법도 도(:)
헤아릴 탁

广 | 6획

집(广)의 크기를 손가락(廿)을 벌려 재는 것(又)에서 재다, 자, 눈금(度)을 의미한다.

비 席(자리 석)

읽기 한자

法度(법도) : 법률과 제도. 생활상의 예법과 제도
角度(각도) : 한 점에서 갈리어 나간 두 선이 벌어진 크기
用度(용도) : 씀씀이. 쓰이는 데
溫度(온도) : 덥고 찬 정도. 온도계가 나타내는 정도

활용문

삼각형의 角度(각도)를 계산하다.

필순 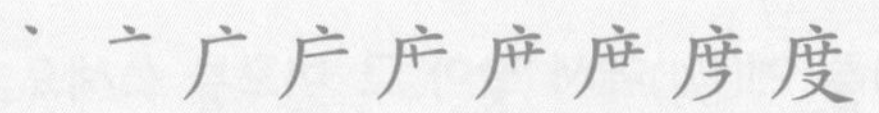

到

5급Ⅱ

이를 도:

刂(刀) | 6획

무사가 칼(刀)을 가지고 소집 장소에 이른다(至)는 데서 도착하다(到)는 의미이다.

동 達(통달할 달)
着(붙을 착)
至(이를 지)　致(이를 치)

읽기 한자

到來(도래) : 이르러서 옴. 닥쳐 옴
到着(도착) : 목적한 곳에 다다름
當到(당도) : 어떠한 곳이나 일에 닿아서 이름

활용문

9시 30분, 열차가 到着(도착)하자 환영이 대단하였다.

필순 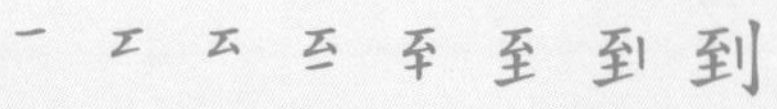

讀

6급 II

읽을 독
구절 두

言 | 15획

물건을 팔(賣) 때에 가락에 맞추어 손님을 불러(言) 소리내어 읽다(讀)는 의미이다.

비 續(이을 속)
賣(팔 매)
약 読

읽기한자

朗讀(낭독) : 글을 소리 내어 읽음
讀者(독자) : 책, 신문 따위의 출판물을 읽는 사람
速讀(속독) : 책 따위를 보통보다 빨리 읽음
訓讀(훈독) : 한자의 뜻을 새기어 읽음
讀後感(독후감) : 책을 읽고 난 뒤의 소감

쓰기한자

正讀(정독) : 글의 참뜻을 바르게 파악함
代讀(대독) : 대신 읽음
讀書(독서) : 책을 읽음

활용문

가을은 讀書(독서)의 계절이다.

필순 丶 亠 亠 亖 言 言 言 言 言+ 訁 訁 訁 詰 詰 詰 詰 讀 讀 讀 讀 讀 讀

獨

5급 II

홀로 독

犭(犬) | 13획

개(犭)는 곤충(虫)처럼 몸을 둥글게(勹)하고, 가만있는 것(罒)을 즐기기에 홀로(獨)라는 의미이다.

동 孤(외로울 고) 單(홑 단)
반 衆(무리 중) 群(무리 군)
徒(무리 도) 等(무리 등)
類(무리 류)
약 独

읽기한자

獨食(독식) : 혼자서 먹음. 이익을 혼자 차지함
獨身(독신) : 형제, 자매가 없는 사람. 배우자가 없는 사람
獨特(독특) : 특별나게 다름

활용문

그리고 獨立軍(독립군)의 대장이 되어 民族(민족)의 길잡이가 되기에 이르렀다.

필순 ノ 犭 犭 犭 犭 犭 犭 犭 犭 犭 犭 犭 獨 獨 獨 獨

東

8급

동녘 동

木 | 4획

나뭇가지(木) 사이에서 태양(日)이 나오는 형태로 해가 뜨는 방향, 즉 동녘(東)을 의미한다.

비 束(묶을 속)
반 西(서녘 서)

읽기한자

東西古今(동서고금) : 동양 서양과 예나 지금
東洋(동양) : 유라시아 대륙의 동부지역
以東(이동) : 기준점으로부터 동쪽

쓰기한자

東國(동국) : 옛날 중국에 대한 우리나라의 호칭
東南(동남) : 동쪽과 남쪽. 동쪽과 남쪽의 중간이 되는 방위
東人(동인) : 동쪽 나라 사람
東山(동산) : 동쪽에 있는 산
東學(동학) : 천주교에 반대하여 최제우가 창도한 종교, 천도교
東西(동서) : 동쪽과 서쪽
東大門(동대문) : 동쪽에 있는 큰 문

활용문

東學(동학)은 제3대 교주 손병희 때 천도교로 바뀌었다.

필순 一 厂 戸 戸 百 申 東 東

動

7급II

움직일 **동:**

力 | 9획

아무리 무거운(重) 것이라도 힘(力)을 가하면 움직인다는 것에서 움직인다(動)는 의미이다.

- 반 停(머무를 정)
 靜(고요할 정)
 止(그칠 지)
 寂(고요할 적)

읽기한자

能動(능동) : 밖으로부터의 작용에 의하지 아니하고 스스로 내켜서 함
感動(감동) : 크게 느끼어 마음이 움직임
勞動(노동) : 물자를 얻기 위한 정신적,육체적 노동

쓰기한자

動力(동력) : 어떤 사물을 움직여 나가는 힘
不動(부동) : 움직이지 않음　　　活動(활동) : 활발하게 움직임
動植物(동식물) : 동물과 식물
自動車(자동차) : 스스로 움직이는 차

활용문

不動(부동)자세로 서 있어!

필순 ` ʻ ʽ ʿ ʿ ʼ ʻ ʼ ʾ 重 重 動 動

洞

7급

골　**동:**
밝을　**통:**

氵(水) | 6획

같은(同) 우물이나 시냇물(氵)을 사용하는 동네(洞)란 의미이다.

- 비 同(한가지 동)
- 동 谷(골 곡)
 里(마을 리)
 明(밝을 명)

읽기한자

仙洞(선동) : 신선이 산다는 마을
洞見(통견) : 환하게 내다봄

쓰기한자

洞里(동리) : 지방 행적 구역인 동(洞)과 리(里). 마을
洞民(동민) : 한 동네에 사는 사람
洞天(동천) : 산천으로 둘러싸인 경치가 좋은 곳
洞口(동구) : 동네 입구
洞門(동문) : 마을 입구에 있는 문

활용문

洞口(동구) 밖 과수원 길 아카시아 꽃이 활짝 폈네.

 필순 ` ʻ 氵 氵 汩 汩 洞 洞 洞

同

7급

한가지　**동**

口 | 3획

동굴 크기가 처음부터 끝까지 어디나 같다는 것에서 같다(同)라는 의미이다.

- 비 洞(골 동)
- 동 共(한가지 공)　一(한 일)
- 반 異(다를 이)

읽기한자

同類(동류) : 같은 종류나 무리
同情(동정) : 남의 불행을 가엾게 여기어서 따뜻한 마음을 씀
同調(동조) : 같은 가락. 남의 주장에 자기의 의견을 일치시킴
同種(동종) : 같은 종류　　　同質(동질) : 질이 같음

쓰기한자

同名(동명) : 이름이 같음　　　同色(동색) : 같은 빛깔
同生(동생) : 자기보다 나이가 어린 형제. 아우나 손아랫누이
同數(동수) : 같은 수효　　　同時(동시) : 같은 시간 같은 때
同一(동일) : 똑같음. 차별이 없이 서로 같음

활용문

알고 보니 그 사람은 나와 同名(동명)이었다.

 필순 ｜ 冂 冂 同 同 同

확·인·학·습 10

1. 다음 한자어(漢字語)의 독음을 쓰세요.

(1) 圖章 (　　　)　　(2) 溫度 (　　　)
(3) 當到 (　　　)　　(4) 讀者 (　　　)
(5) 獨身 (　　　)　　(6) 洞里 (　　　)

2. 다음 한자(漢字)의 훈(訓)과 음(音)을 쓰세요.

(1) 到 (　　　)
(2) 圖 (　　　)
(3) 獨 (　　　)
(4) 度 (　　　)

3. 다음 훈(訓)과 음(音)에 맞는 한자(漢字)를 쓰세요.

(1) 동녘 동 (　　　)
(2) 움직일 동 (　　　)
(3) 한가지 동 (　　　)
(4) 골 동 (　　　)

4. 다음(　)에 들어갈 한자(漢字)를 예(例)에서 찾아 그 번호를 쓰세요.

예(例)			
	① 圖	② 到	③ 度
	④ 動	⑤ 獨	⑥ 讀

(1) 三角(　)法　　(2) 體感溫(　)
(3) 草食(　)物　　(4) 自主(　)立

정답

1. (1) 도장 (2) 온도 (3) 당도 (4) 독자 (5) 독신 (6) 동리
2. (1) 이를 도 (2) 그림 도 (3) 홀로 독 (4) 법도 도/헤아릴 탁
3. (1) 東 (2) 動 (3) 同 (4) 洞
4. (1) ① (2) ③ (3) ④ (4) ⑤

冬

7급

겨울 동(:)

冫 | 3획

샘물 입구(夊)가 얼어(冫) 물이 나오지 않게 된 추운 계절을 의미하여 겨울(冬)을 의미한다.

반 夏(여름 하)

읽기 한자

冬雨(동우) : 겨울비
冬節(동절) : 겨울철

쓰기 한자

冬月(동월) : 겨울 밤의 달
冬日(동일) : 겨울 날
冬天(동천) : 겨울 하늘
冬青(동청) : 사철나무
冬夏(동하) : 겨울과 여름
秋冬(추동) : 가을과 겨울
立冬(입동) : 24절기의 하나. 겨울이 시작되는 절기이다

활용문

立冬(입동)이 지나니 날씨가 제법 쌀쌀해졌습니다.

필순 ノ ク 夂 冬 冬

童

6급 II

아이 동(:)

立 | 7획

마을(里)에 들어가면 서서(立) 노는 것은 아이(童)라는 의미이다.

비 里(마을 리)

동 兒(아이 아)

읽기 한자

兒童(아동) : 심신이 완전한 청년기에 달하지 아니한 사람
使童(사동) : 관청, 회사, 단체 같은 곳에서 잔심부름하는 소년
惡童(악동) : 행실이 나쁜 아이

쓰기 한자

童心(동심) : 어린이의 마음
童話(동화) : 어린이를 상대로 지은 이야기
神童(신동) : 재주와 슬기가 남달리 썩 뛰어난 아이

활용문

어른들은 兒童(아동)을 보호해야 한다.

필순 童 (12획)

頭

6급

머리 두

頁 | 7획

사람 머리(頁)의 위치가 이 용기(豆)처럼 몸 위쪽에 있는 것에서 머리(頭)를 의미한다.

비 顔(얼굴 안)
額(이마 액)

동 首(머리 수)
頁(머리 혈)

반 尾(꼬리 미)

읽기 한자

頭角(두각) : 뛰어난 학식이나 재능을 비유적으로 이르는 말
頭目(두목) : 여러 사람 중 그 우두머리가 되는 사람
口頭(구두) : 마주 대하여 입으로 전하는 말
念頭(염두) : 생각의 시초

활용문

白頭山(백두산)은 우리나라 제일의 산입니다.

필순 頭 (16획)

登

7급

오를 등

癶 | 7획

양발을 벌리고(癶) 디딤대(豆)에 오르는 것에서 오르다(登)는 의미이다.

비 燈(등 등)
반 降(내릴 강)
落(떨어질 락)

읽기 한자

登仙(등선) : 하늘로 올라가 신선이 됨
登仕(등사) : 벼슬에 오름

쓰기 한자

登校(등교) : 학교에 감
登山(등산) : 산에 오름
登天(등천) : 하늘에 오름
登年(등년) : 여러 해가 걸림
登場(등장) : 무대 같은 데에 나옴. 무슨 일이, 어떤 사람이 나타남
登記(등기) : 일정한 사항을 등기부에 기재하여 권리를 명확하게 하는 제도

활용문

편지를 登記(등기)로 부쳤다.

필순 

等

6급 II

무리 등

竹 | 6획

관청(寺)에서 글자를 쓰는 죽간(竹)의 길이를 맞추어 같은 크기(等)를 갖춘 것을 의미한다.

비 待(기다릴 대) 特(특별할 특)
동 群(무리 군) 徒(무리 도)
隊(무리 대) 類(무리 류)
衆(무리 중) 級(등급 급)
반 孤(외로울 고) 獨(홀로 독)

읽기 한자

品等(품등) : 품질과 등급
等價(등가) : 같은 값
等級(등급) : 위, 아래를 구별한 등수

쓰기 한자

同等(동등) : 등급이나 정도가 같음
對等(대등) : 양쪽 사이에 낫고 못함 또는 높고 낮음이 없음
等高線(등고선) : 지도에서 표준 해면으로부터 같은 높이에 있는 지점을 연결하여 놓은 선

활용문

외국인 노동자를 자국민과 同等(동등)하게 대우해야 합니다.

필순 

樂

6급 II

즐길 락
노래 악
좋아할 요

木 | 11획

나무(木) 들에 실(糸)이나 북(白)을 달아 악기를 만들어 풍악을 좋아한다(樂)는 의미이다.

비 藥(약 약)
동 喜(기쁠 희) 歡(기쁠 환)
悅(기쁠 열)
반 悲(슬플 비) 哀(슬플 애)
苦(쓸 고) 약 楽

읽기 한자

樂觀(낙관) : 사물의 발달과 발전을 밝고 희망적으로 바라봄
苦樂(고락) : 괴로움과 즐거움
行樂(행락) : 잘 놀고 즐겁게 지냄
樂調(악조) : 음악의 곡조
樂歲(낙세) : 풍년이 든 해
樂勝(낙승) : 힘 안들이고 수월하게 이김
樂園(낙원) : 편안하게 살 수 있는 즐거운 곳
同苦同樂(동고동락) : 괴로움과 즐거움을 함께 함

쓰기 한자

農樂(농악) : 농부들 사이에 행하여지는 우리나라 특유의 음악
國樂(국악) : 나라의 고유한 음악
和樂(화락) : 화평하고 즐겁다.
樂天(낙천) : 세상과 인생을 즐겁고 좋은 것으로 여김
樂山樂水(요산요수) : 산수의 자연을 즐기고 좋아함

활용문

그 경기는 우리 편의 樂勝(낙승)으로 끝났다.

필순 

朗

5급 II

밝을 랑:

月 | 7획

태양이 빛을 내며 움직이듯이(良), 달(月)이 빛나 밝다, 명랑하다(朗)는 의미이다.

비 良(어질 량) 郎(사내 랑)
동 明(밝을 명) 昭(밝을 소) 哲(밝을 철) 洞(밝을 통)
반 暗(어두울 암)

읽기한자

朗讀(낭독) : 소리를 내어 읽음
朗朗(낭랑) : 빛이 매우 밝은 모양. 소리가 매우 흥겹고 명랑한 모양
明朗(명랑) : 유쾌하고 활발함

활용문

동네 어른들께는 물론 우리 동무들끼리도 서로 情(정)답게 웃으며 人事(인사)를 나누면 생활은 더욱 밝고 明朗(명랑)해질 것입니다.

필순 丶 ㇇ 彐 彐 㫐 㫐 良 朗 朗 朗 朗

來

7급

올 래(:)

人 | 6획

옛날 보리를 하늘이 내려주신 것이라 하여 보리(麥) 형태를 써서 오다(來)는 의미를 나타낸다.

반 往(갈 왕) 去(갈 거)
약 来

읽기한자

來歷(내력) : 겪어 온 자취
來週(내주) : 다음 주
到來(도래) : 이르러서 옴. 닥쳐 옴
傳來(전래) : 전하여 내려 옴

쓰기한자

來年(내년) : 올해의 다음 해
來韓(내한) : 외국인이 한국에 옴
來生(내생) : 죽은 후에 다시 살아남. 또는 그 생애
來世(내세) : 죽은 후에 다시 태어나 산다는 미래의 세상
來月(내월) : 요번 달의 바로 다음 달
來日(내일) : 오늘의 바로 다음 날

활용문

마이클 잭슨의 來韓(내한)공연이 떠오릅니다.

필순 一 厂 双 双 双 來 來 來

良

5급 II

어질 량

艮 | 1획

원래는 됫박으로 잰다는 것이었는데 잰 분량이 정확했다고 한 것에서 좋다(良)는 의미이다.

비 食(밥 식)
동 賢(어질 현) 仁(어질 인)

읽기한자

良家(양가) : 선량한 백성의 집
良民(양민) : 선량한 백성
良書(양서) : 좋은 책. 유익한 책

활용문

良書(양서)를 많이 읽어야 합니다.

필순 丶 ㇇ 彐 彐 㫐 㫐 良

확·인·학·습 11

1. 다음 한자어(漢字語)의 독음을 쓰세요.

(1) 良書 (　　　)　　(2) 頭角 (　　　)
(3) 童話 (　　　)　　(4) 明朗 (　　　)
(5) 等級 (　　　)　　(6) 登校 (　　　)

2. 다음 한자(漢字)의 훈(訓)과 음(音)을 쓰세요.

(1) 良 (　　　)
(2) 朗 (　　　)
(3) 等 (　　　)
(4) 樂 (　　　)

3. 다음 훈(訓)과 음(音)에 맞는 한자(漢字)를 쓰세요.

(1) 올 래 (　　　)
(2) 겨울 동 (　　　)
(3) 아이 동 (　　　)
(4) 오를 등 (　　　)

4. 다음(　)에 들어갈 한자(漢字)를 예(例)에서 찾아 그 번호를 쓰세요.

예(例)			
	① 朗	② 頭	③ 樂
	④ 良	⑤ 等	⑥ 登

(1) (　)藥苦口　　(2) 同苦同(　)
(3) 童話(　)讀　　(4) 高(　)教育

정답						
1.	(1) 양서	(2) 두각	(3) 동화	(4) 명랑	(5) 등급	(6) 등교
2.	(1) 어질 량	(2) 밝을 랑	(3) 무리 등	(4) 즐길 락/노래 악		
3.	(1) 來	(2) 冬	(3) 童	(4) 登		
4.	(1) ④	(2) ③	(3) ①	(4) ⑤		

旅

5급Ⅱ

나그네 려

方 | 6획

깃발(方) 아래 모여서 대열을 지어 전진하는 군대의 모습에서 여행하다(旅)는 의미이다.

비 族(겨레 족)
旋(돌 선)

동 客(손 객)

반 主(주인 주)

읽기한자

旅客(여객) : 여행하는 손님
旅行(여행) : 볼일이나 유람의 목적으로 다른 고장이나 외국에 가는 일
旅窓(여창) : 나그네가 거처하는 방
旅團(여단) : 군대 편성의 단위

활용문

또 시냇물도 깊은 잠에서 깨어나 즐거운 旅行(여행)을 하도록 하세요.

필순 丶 亠 亍 方 方 方 方 㫃 旅 旅

力

7급Ⅱ

힘 력

力 | 0획

팔에 힘을 넣었을 때에 생기는 알통에 빗대어 힘, 효능(力)을 의미한다.

비 方(모 방)
刀(칼 도)

읽기한자

能力(능력) : 일을 감당해 낼 수 있는 힘
力說(역설) : 자기 뜻을 힘써 말함
財力(재력) : 재물의 힘. 비용 부담의 능력

쓰기한자

主力(주력) : 주장되는 힘
力道(역도) : 체육에서 역기를 들어올리는 운동
力場(역장) : 힘의 작용이 미치는 범위
學力(학력) : 학문의 역량. 학문의 쌓은 정도
電力(전력) : 전기의 힘
力不足(역부족) : 힘이나 기량 등이 모자람

활용문

이 사업에 全力(전력)을 다 할 예정입니다.

필순 フ 力

歷

5급Ⅱ

지날 력

止 | 12획

벼(禾)를 순서 있게 늘어놓듯이 차례로 걸어 지나가는(止) 것에서 지나다(歷)는 의미이다.

비 曆(책력 력)

동 過(지날 과)

읽기한자

歷代(역대) : 지내 내려 온 여러 대
歷史(역사) : 인류 사회의 과거에 있어서의 변천과 흥망의 과정. 또는 기록
歷任(역임) : 거듭하여 여러 벼슬을 차례로 지냄

활용문

우리 民族(민족)의 울분을 풀어준 歷史的(역사적)인 통쾌한 순간이었다.

필순 一 厂 厂 厂 厂 厂 厂 厂 厂 厤 厤 厤 厤 歴 歷 歷

練

5급II

익힐 련:

糸 | 9획

나무를 쪼개 장작(柬)을 만들 듯이, 실(糸)을 나눠 불에 걸어 광채를 내어 단련한다(練)는 의미이다.

동 習(익힐 습)

약 練

읽기한자

練習(연습) : 학문, 기예 등을 연마하는 일. 일정한 일을 반복하여 새로운 습관을 만듦

訓練(훈련) : 일정한 목표 또는 기준에 도달하기 위하여 실천시키는 실제적 활동

활용문

학생들이 글씨쓰기 練習(연습)에 집중하고 있습니다.

필순

例

6급

법식 례:

亻(人) | 6획

사람(人)이 물건을 늘어놓는다(列)고 하는 것에서 늘어져 있는 것(例)과 같은 의미이다.

비 列(벌릴 렬)
烈(매울 렬)

동 式(법 식) 典(법 전)
法(법 법) 規(법 규)

읽기한자

實例(실례) : 실제의 예

例題(예제) : 연습을 위해 보기로서 내는 문제

事例(사례) : 일의 실례

用例(용례) : 쓰고 있는 예

활용문

事例(사례)를 들어 설명해주세요.

필순

禮

6급

예도 례:

示 | 13획

제단에(示) 제물을 풍성하게(豊) 차려놓고 제사 지내는 것이 예(禮)의 근본이라는 의미이다.

비 豊(풍년 풍)

약 礼

읽기한자

相見禮(상견례) : 공식적으로 서로 만나 보는 예(禮)

禮節(예절) : 예의의 절차

禮法(예법) : 예의를 차리는 법

典禮(전례) : 왕실이나 나라에서 경사나 상사가 났을 때 행하는 의식

目禮(목례) : 눈짓으로 하는 인사 禮度(예도) : 예의와 법도

禮服(예복) : 의식 때에 입는 옷 失禮(실례) : 언행이 예의에서 벗어남

禮物(예물) : 사례의 뜻을 표하거나 예의를 나타내기 위하여 보내는 금전이나 물품

家禮(가례) : 한 집안의 예법. 주로 관혼상제에 관한 예의

활용문

禮物(예물)시계를 잃어버린 것 같습니다.

필순

老

7급

늙을 로:

老 | 0획

늙은이의 모양에서 늙다, 쇠퇴하다(老)는 의미이다.

반 少(적을 소) 童(아이 동) 幼(어릴 유) 稚(어릴 치)

읽기한자

老兵(노병) : 늙은 병사
敬老(경로) : 노인을 공경함
元老(원로) : 나이 많고 덕망이 높은사람

쓰기한자

老年(노년) : 늙은 나이 늙은 사람
老母(노모) : 늙은 어머니
老木(노목) : 늙은 나무
老父母(노부모) : 늙은 어버이
老色(노색) : 늙은이가 입기에 알맞은 옷의 빛깔. 회색 따위
老先生(노선생) : 나이가 많고 교육에 오래 종사한 스승

활용문

어느새 우리도 老年(노년)에 접어드는군요.

필순 一 十 土 耂 耂 老

路

6급

길 로:

⻊(足) | 6획

갈림길까지 와서(足) 어디로 갈 것인가 누구나(各)가 서성이니 길(路)을 의미한다.

비 略(간략할 략)
동 道(길 도)
途(길 도)

읽기한자

旅路(여로) : 여행하는 노정
當路(당로) : 정권을 잡음
陸路(육로) : 육상으로 난 길
路面(노면) : 길바닥
路上(노상) : 길바닥. 길 위
通路(통로) : 통행하는 길
農路(농로) : 농사에 이용되는 도로
道路(도로) : 사람이나 차들이 편히 다닐 수 있도록 만든 길
線路(선로) : 열차나 전철의 바퀴가 굴러가는 길
活路(활로) : 힘들고 어려운 일을 헤치고 살아갈 수 있는 길

활용문

지하철 路線(노선)을 잘 보고 오세요.

필순 ㅣ ㄇ ㅁ 㔾 𧾷 𧾷 ⻊ 𧿶 路 路 路 路 路

勞

5급Ⅱ

일할 로

力 | 10획

농사일의 처음은 불(火)을 피워 신에게 감사드리고 매일(一) 진력(力)해서 일한다(勞)는 의미이다.

반 使(하여금 사)
약 労

읽기한자

過勞(과로) : 지나치게 일하여 고달픔
勞力(노력) : 힘을 들이어 일을 함
勞使(노사) : 노동자와 사용자
功勞(공로) : 일에 애쓴 공적

활용문

아버지는 막벌이하는 勞動者(노동자)로 衣服(의복)도 남루하고 도시락도 싸 오지 못하는 가난한 집 아이가 있었다고 한다.

필순 丶 丷 火 火 火 炏 炏 炏 炏 炏 勞 勞

확·인·학·습 12

1. 다음 한자어(漢字語)의 독음을 쓰세요.

(1) 功勞 (　　　)　　(2) 旅行 (　　　)
(3) 陸路 (　　　)　　(4) 歷史 (　　　)
(5) 禮服 (　　　)　　(6) 練習 (　　　)

2. 다음 한자(漢字)의 훈(訓)과 음(音)을 쓰세요.

(1) 旅 (　　　)
(2) 勞 (　　　)
(3) 練 (　　　)
(4) 歷 (　　　)

3. 다음 훈(訓)과 음(音)에 맞는 한자(漢字)를 쓰세요.

(1) 힘 력 (　　　)
(2) 늙을 로 (　　　)
(3) 무리 등 (　　　)
(4) 즐길 락 (　　　)

4. 다음(　)에 들어갈 한자(漢字)를 예(例)에서 찾아 그 번호를 쓰세요.

예(例)	① 例	② 勞	③ 力
	④ 旅	⑤ 老	⑥ 歷

(1) 水(　)發電　　(2) 海外(　)行
(3) (　)使和合　　(4) (　)史小說

정답						
1.	(1) 공로	(2) 여행	(3) 육로	(4) 역사	(5) 예복	(6) 연습
2.	(1) 나그네 려	(2) 일할 로	(3) 익힐 련	(4) 지날 력		
3.	(1) 力	(2) 老	(3) 等	(4) 樂		
4.	(1) ③	(2) ④	(3) ②	(4) ⑥		

綠

6급

푸를 록

糸 | 8획

작은 칼(彔)로 표피를 벗긴 대나무 같은 색으로 염색한 실(糸)에서 녹색(綠)을 의미한다.

비 錄(기록할 록)
동 靑(푸를 청)

읽기한자

綠雲(녹운) : 푸른 구름
綠化(녹화) : 산이나 들에 나무를 심고 잘 길러서 푸르게 함
綠地(녹지) : 초목이 무성한 땅
綠草(녹초) : 푸른 풀
新綠(신록) : 늦은 봄이나 초여름의 초목에 돋은 새 잎의 푸른 빛
草綠同色(초록동색) : 같은 종류끼리 어울린다는 뜻

활용문

바야흐로 新綠(신록)의 계절이 왔습니다.

필순

類

5급 II

무리 류(:)

頁 | 10획

쌀알(米)이나 사람(頁)도 같은 종류의 것은 모두(大) 얼굴이 닮아 동류(類)라는 의미이다.

비 題(제목 제) 額(이마 액)
동 群(무리 군) 衆(무리 중)
徒(무리 도) 等(무리 등)
반 孤(외로울 고) 獨(홀로 독)

읽기한자

類例(유례) : 같거나 비슷한 예
類別(유별) : 종류에 따라 나누어 구별함
部類(부류) : 종류에 따라 나눈 갈래
類萬不同(유만부동) : 많은 것이 모두 서로 같지 아니함
種類(종류) : 사물의 부문을 나누는 갈래

활용문

이런 種類(종류)의 시조는 대개 아름다운 자연을 보았을 때, 혹은 따뜻한 人情(인정)을 느꼈을 때의 흥을 노래하고 있습니다.

필순

流

5급 II

흐를 류

氵(水) | 7획

아이가 머리를 하천(川)밑으로 향하여 물(氵)에 떠내려가는 것(去)에서 흘러가다(流)의 의미이다.

읽기한자

流動(유동) : 액체 같은 것이 흘러 움직임
流水(유수) : 흐르는 물
流民(유민) : 어려운 세상 또는 극심한 굶주림에 견디지 못하고 고향을 떠나 타향을 떠도는 백성
流通(유통) : 막히는 데 없이 널리 통함
流行(유행) : 세상에 널리 퍼져 행하여짐

활용문

이같이 흥을 노래하는 것을 옛사람들은 '風流(풍류)'라고도 하고 '음풍농월'이라고도 했습니다.

필순

六

8급

여섯 륙

八 | 2획

무궁화 꽃잎 5개와 꽃술 1개를 이어서 여섯(六)을 나타낸다.

비 穴(구멍 혈)

읽기 한자

六法(육법) : 여섯 가지의 기본되는 법률
死六臣(사육신) : 조선 세조 때 단종의 복위를 꾀하다 죽은 여섯 충신

쓰기 한자

六事(육사) : 사람이 지켜야 할 여섯 가지 일
六寸(육촌) : 여섯 치, 사촌(四寸)의 자녀끼리의 촌수
六學年(육학년) : 초등학교에서 가장 높은 학년

활용문

가까워야 六寸(육촌), 七寸(칠촌)이겠지.

필순

陸

5급 II

뭍 륙

阝(阜) | 8획

솟아오른 언덕(阝)이 이어지는 넓은 토지(坴)의 모습에서 뭍, 육지(陸)를 의미한다.

동 地(따 지)
반 海(바다 해)

읽기 한자

陸路(육로) : 육상의 길
陸地(육지) : 물에 덮이지 않은 땅
上陸(상륙) : 배에서 육지로 오름
着陸(착륙) : 비행기가 땅에 내림

활용문

비행기가 안전하게 着陸(착륙)하였습니다.

필순

里

7급

마을 리:

里 | 0획

밭(田)과 흙(土)이 보이는 경치에서 시골, 촌(里)을 의미한다.

비 理(다스릴 리)
동 村(마을 촌)

읽기 한자

舊里(구리) : 고향
一望千里(일망천리) : 끝없이 넓은 모양

쓰기 한자

洞里(동리) : 마을
下里(하리) : 아랫동네
里門(이문) : 동네 어귀에 세운 문
里中(이중) : 동리, 마을의 안
十里(십리) : 약 4km
里長(이장) : 행정 구역인 동리의 사무를 맡아보는 사람

활용문

아버지는 里長(이장)으로 활동하고 있습니다.

필순

理

6급Ⅱ

다스릴 리:

王(玉) | 7획

임금(王)의 명령을 받아 마을(里)을 다스린다(理)는 의미이다.

비 里(마을 리)

동 治(다스릴 치)

읽기한자

順理(순리) : 순조로운 이치

情理(정리) : 인정과 도리

理由(이유) : 까닭

理念(이념) : 이상적인 것으로 여겨지는 생각

理性(이성) : 사물의 이치를 생각하는 능력

쓰기한자

道理(도리) : 사람이 마땅히 행하여야 할 바른 길

心理(심리) : 마음의 움직임

物理(물리) : 사물의 이치

代理(대리) : 남을 대신하여 처리함

활용문

順理(순리)에 맞게 일을 처리해라.

필순 一 二 千 王 王 玾 玾 玾 理 理 理

利

6급Ⅱ

이할 리:

刂(刀) | 5획

칼(刂)날이 벼(禾)잎 끝과 같이 날카롭게 잘 베어지는 것에서 날카롭다(利)는 의미이다.

비 和(화할 화)

科(과목 과)

반 害(해할 해)

읽기한자

利兵(이병) : 날카로운 무기

利福(이복) : 이익과 행복

利害(이해) : 이익과 손해

쓰기한자

利子(이자) : 채무자가 화폐 이용의 대가로서 채권자에게 지급하는 금전

利用(이용) : 이롭게 씀

有利(유리) : 이로움

활용문

태양열 에너지를 利用(이용)하는 방법에 대해 알려 주세요.

필순 ノ 二 千 禾 禾 利 利

李

6급

오얏/성 리:

木 | 3획

나무(木)의 열매(子)란 뜻인데 특히 오얏나무(李)의 열매를 가리킨다.

비 季(계절 계)

秀(빼어날 수)

읽기한자

行李(행리) : 여행할 때 쓰는 모든 도구

李朝(이조) : 이씨 조선을 줄여 이르는 말

李花(이화) : 자두나무의 꽃

李太白(이태백) : 중국 당나라의 시인

활용문

산 속에서 도적을 만나 의관과 行李(행리)를 모두 빼앗겼다.

필순 一 十 才 木 本 李 李

확·인·학·습 13

라

1. 다음 한자어(漢字語)의 독음을 쓰세요.

(1) 陸地 (　　　)　　(2) 利用 (　　　)
(3) 行李 (　　　)　　(4) 道理 (　　　)
(5) 類例 (　　　)　　(6) 新綠 (　　　)

2. 다음 한자(漢字)의 훈(訓)과 음(音)을 쓰세요.

(1) 李 (　　　)
(2) 陸 (　　　)
(3) 利 (　　　)
(4) 類 (　　　)

3. 다음 훈(訓)과 음(音)에 맞는 한자(漢字)를 쓰세요.

(1) 여섯 륙 (　　　)
(2) 마을 리 (　　　)
(3) 다스릴 리 (　　　)
(4) 이할 리 (　　　)

4. 다음(　)에 들어갈 한자(漢字)를 예(例)에서 찾아 그 번호를 쓰세요.

예(例)			
	① 里	② 李	③ 陸
	④ 綠	⑤ 類	⑥ 利

(1) 一望千(　)　　(2) (　)萬不同
(3) 草(　)同色　　(4) 內(　)地方

정답						
1.	(1) 육지	(2) 이용	(3) 행리	(4) 도리	(5) 유례	(6) 신록
2.	(1) 오얏/성 리	(2) 뭍 륙	(3) 이할 리	(4) 무리 류		
3.	(1) 六	(2) 里	(3) 理	(4) 利		
4.	(1) ①	(2) ⑤	(3) ④	(4) ③		

林

7급

수풀 림

木 | 4획

나무(木)가 많이 심어져 있는 모습에서 수풀(林)을 의미한다.

비 森(수풀 삼)
木(나무 목)

동 森(수풀 삼)

읽기한자

雨林(우림) : 항상 비가 오는 열대 식물의 숲
史林(사림) : 역사에 관한 책

쓰기한자

育林(육림) : 나무를 기름
林木(임목) : 수풀의 나무
農林(농림) : 농사를 짓는 일과 나무를 기르는 일
林立(임립) : 수풀처럼 죽 늘어섬
山林(산림) : 산에 우거진 숲
林山(임산) : 수림(樹林)이 잘 자랄 수 있는 산

활용문

山林(산림)이 훼손되는 것을 꼭 막아야 합니다.

필순 一 十 才 木 木 村 材 林

立

7급 II

설 립

立 | 0획

사람이 서 있는 모양을 본떴다.

비 竝(나란히 병)

읽기한자

立法(입법) : 법을 제정함
獨立(독립) : 남의 힘을 입지 아니하고 홀로 섬. 남의 속박이나 지배를 받지 않음

쓰기한자

立國(입국) : 나라를 세움. 건국
自立(자립) : 스스로 섬
立場(입장) : 당하고 있는 처지
國立(국립) : 나라에서 세운
道立(도립) : 도에서 세운
立冬(입동) : 24절기의 하나로 겨울이 시작됨을 이름

활용문

國立(국립)도서관에서 책을 빌려야겠습니다.

필순 丶 亠 亣 立 立

萬

8급

일만 만:

艹(艸) | 9획

벌의 모양을 본뜬 글자로 그 수가 많다는 데서 만(萬)의 뜻을 의미한다.

비 莫(없을 막)

약 万

읽기한자

萬能(만능) : 모든 일에 다 능통함
類萬不同(유만부동) : 많은 것이 모두 서로 같지 아니함. 분수에 맞지 않음

쓰기한자

萬軍(만군) : 많은 군사
萬民(만민) : 모든 백성
萬年(만년) : 아주 많은 햇수, 오랜 세월. 한 평생
萬山中(만산중) : 첩첩이 둘러 쌓인 깊은 산 속
萬水(만수) : 여러 갈래로 흐르는 많은 내
萬國旗(만국기) : 여러 나라 국기

활용문

법 앞에서는 萬民(만민)이 평등하다.

필순 一 十 艹 艹 苩 芇 苗 莒 萬 萬 萬 萬

望

5급II

바랄 망:

月 | 7획

달(月)을 쳐다보고 서서(壬) 객지에 나간(亡) 사람이 돌아오길 바란다(望)는 의미이다.

동 希(바랄 희) 願(원할 원)

읽기한자

望月(망월) : 보름달. 달을 바라봄
大望(대망) : 큰 희망이나 야망
責望(책망) : 허물을 들어 꾸짖음
觀望(관망) : 형세를 바라 봄

활용문

대통령이 되려는 大望(대망)을 품고 있다.

필순

每

7급II

매양 매(:)

毋 | 3획

사람(人)은 어머니(母)를 매양(每) 좋아한다는 의미이다.

비 母(어미 모)
梅(매화 매)

읽기한자

每期(매기) : 일정한 시기 또는 기한마다
每週(매주) : 각 주 또는 주간마다

쓰기한자

每年(매년) : 해마다
每事(매사) : 일마다. 모든 일
每月(매월) : 달마다
每日(매일) : 날마다
每人(매인) : 사람마다

활용문

그는 每事(매사)에 빈틈이 없습니다.

필순

面

7급

낯 면:

面 | 0획

얼굴 주위에 여기부터 여기까지 얼굴이다라고 표시한 것에서 낯짝, 얼굴(面)을 의미한다.

동 顔(낯 안)
容(얼굴 용)

읽기한자

面識(면식) : 얼굴을 서로 앎
面責(면책) : 대면한 자리에서 책망함
當面(당면) : 일이 바로 눈앞에 당함
舊面(구면) : 안 지 오래 되는 얼굴. 전부터 잘 알고 있는 처지
局面(국면) : 어떤 일이 있는 경우의 그 장면. 일이 되어 가는 모양
相面(상면) : 서로 대면함. 처음으로 대면하여 인사를 나누고 서로 알게 됨

쓰기한자

面內(면내) : 한 면의 구획 안
面里(면리) : 지방 행정 구역인 면과 리
面長(면장) : 면 행정 기관의 우두머리
面上(면상) : 얼굴의 위. 얼굴 바닥
面色(면색) : 얼굴빛. 안색
面前(면전) : 눈 앞. 보는 앞

활용문

남쪽 方面(방면)으로 여행했습니다.

필순

名

7급Ⅱ

이름 명

口 | 3획

어두워(夕)지면 얼굴이 보이지 않으므로 큰소리(口)로 이름을 서로 불러 이름(名)을 의미한다.

비 各(각각 각)

읽기한자

名望(명망) : 명성과 인망
名士(명사) : 이름난 선비. 세상에 널리 알려진 사람
名筆(명필) : 글씨를 썩 잘 쓰는 사람

쓰기한자

名家(명가) : 명망이 높은 사람
名物(명물) : 그 지방 특유의 이름난 물건
名言(명언) : 이치에 맞게 썩 잘한 말
有名(유명) : 많은 사람들에게 이름이 알려짐
名門(명문) : 문벌이 좋은 집안
名所(명소) : 유명한 장소
地名(지명) : 땅이름

활용문

그 말이야 말로 名言(명언)이군요.

필순 ノ ク 夕 夕 名 名

命

7급

목숨 명:

口 | 5획

모여든(亼) 사람들에게 명령(卯)하고 있는 형태에서 명령하다(命)는 의미이다.

비 令(하여금 령)
동 壽(목숨 수)
令(하여금 령)

읽기한자

宿命(숙명) : 날 때부터 정해진 운명. 선천적으로 타고난 운명
任命(임명) : 관직에 명함. 직무를 맡김

쓰기한자

命名(명명) : 이름을 지어 붙임
命日(명일) : 사람이 죽은 날, 기일
命中(명중) : 겨냥한 곳에 바로 맞음
天命(천명) : 하늘이 내린 운명
生命(생명) : 삶
人命(인명) : 사람의 목숨
大命(대명) : 임금의 명령

활용문

人命(인명)은 在天(재천)이요.

필순 ノ 人 亼 亼 合 合 合 命

明

6급Ⅱ

밝을 명

日 | 4획

창문(日)으로 비쳐드는 달빛(月)에서 밝다(明)는 의미이다.

동 朗(밝을 랑) 哲(밝을 철)
昭(밝을 소) 白(흰 백)
반 暗(어두울 암) 冥(어두울 명)

읽기한자

明朗(명랑) : 밝고 쾌활함
鮮明(선명) : 산뜻하고 밝음. 뚜렷하여 다른 것과 혼동되지 않음

쓰기한자

明白(명백) : 아주 분명함
表明(표명) : 드러내 보여서 명백히 함
明日(명일) : 내일

활용문

그녀는 매우 明朗(명랑)한 성격을 지녔습니다.

필순 丨 冂 日 日 明 明 明 明

확·인·학·습 14

1. 다음 한자어(漢字語)의 독음을 쓰세요.

(1) 宿命 (　　　)　　(2) 每事 (　　　)
(3) 名所 (　　　)　　(4) 觀望 (　　　)
(5) 明朗 (　　　)　　(6) 育林 (　　　)

2. 다음 한자(漢字)의 훈(訓)과 음(音)을 쓰세요.

(1) 望 (　　　)
(2) 明 (　　　)
(3) 命 (　　　)
(4) 立 (　　　)

3. 다음 훈(訓)과 음(音)에 맞는 한자(漢字)를 쓰세요.

(1) 낯 면 (　　　)
(2) 일만 만 (　　　)
(3) 매양 매 (　　　)
(4) 이름 명 (　　　)

4. 다음(　)에 들어갈 한자(漢字)를 예(例)에서 찾아 그 번호를 쓰세요.

예(例)			
	① 明	② 利	③ 望
	④ 名	⑤ 面	⑥ 立

(1) 物質文(　)　　(2) 生(　)不知
(3) 獨(　)運動　　(4) 有(　)無實

정답

1. (1) 숙명 (2) 매사 (3) 명소 (4) 관망 (5) 명랑 (6) 육림
2. (1) 바랄 망 (2) 밝을 명 (3) 목숨 명 (4) 설 립
3. (1) 面 (2) 萬 (3) 每 (4) 名
4. (1) ① (2) ⑤ (3) ⑥ (4) ④

母

8급

어미 모ː

母 | 1획

여인이 성장하여 성인이 되면 젖무덤이 붙는 형태가 되어 엄마, 어머니(母)를 의미한다.

비 每(매양 매)

반 父(아비 부) 子(아들 자)

읽기 한자

母情(모정) : 어머니의 정

母親(모친) : 어머니

産母(산모) : 아기를 낳은 여자

쓰기 한자

母女(모녀) : 어머니와 딸

母校(모교) : 내가 다닌 학교

母弟(모제) : 한 어머니한테서 난 아우

生母(생모) : 나를 낳아 주신 어머니

學父母(학부모) : 학생들의 부모

母國(모국) : 자기가 태어난 나라

활용문

이 곳이 그의 母國(모국)입니다.

필순 

木

8급

나무 목

木 | 0획

나무의 모양을 본떴다.

비 林(수풀 림)
禾(벼 화)

동 樹(나무 수)

읽기 한자

木材(목재) : 나무로 된 재료

材木(재목) : 건축 · 기구 등을 만드는 데 재료로 쓰는 나무

古木(고목) : 오래된 나무

木根(목근) : 나무 뿌리

樹木(수목) : 살아 있는 나무

쓰기 한자

木手(목수) : 나무를 다듬어 집이나 물건을 만드는 사람

木花(목화) : 솜을 만드는 식물

土木(토목) : 나무나 흙 등을 사용하여 하는 공사

木生火(목생화) : 민속에서 나무에서 불이 생김을 이름

植木日(식목일) : 나라가 정한 나무를 심는 날

활용문

4월 5일은 植木日(식목일)입니다.

필순 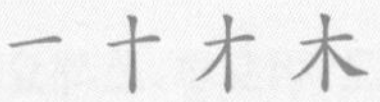

目

6급

눈 목

目 | 0획

눈의 모양을 본떴다.

비 日(날 일)
曰 (가로 왈)

동 眼(눈 안)

읽기 한자

目的(목적) : 하고자 하거나 또는 도달하려는 목표

德目(덕목) : 忠(충) · 孝(효) · 仁(인) · 義(의) 등 덕을 분류하는 명목

多目的(다목적) : 여러 목적이 있음. 여러 가지 목적을 겸함

種目(종목) : 종류의 항목.

目前(목전) : 눈앞. 당장

활용문

당신이 좋아하는 노래의 曲目(곡목)을 작성해주세요.

필순 

門

8급

문 문

門 | 0획

두 개의 개폐문의 형태에서 집의 출입구, 문(門)이라는 의미이다.

비 問(물을 문)
聞(들을 문)

읽기 한자

門客(문객) : 식객. 글방의 선생
門望(문망) : 가문의 명망

쓰기 한자

門人(문인) : 제자
門中(문중) : 동성동본의 가까운 집안
校門(교문) : 학교의 문
大門(대문) : 큰 출입문
南大門(남대문) : 남쪽에 있는 큰 문
水門(수문) : 댐이나 저수지의 물을 조절하는 문
東大門(동대문) : 동쪽에 있는 큰 문

활용문

大門(대문) 앞에 개 한 마리가 있습니다.

필순 丨 𠃍 ㄗ 戶 戸 門 門 門

文

7급

글월 문

文 | 0획

몸에 문신을 한 것에서 문양이라든가 쓴 것(文)을 의미한다.

동 章(글 장) 書(글 서)
반 言(말씀 언)

읽기 한자

文具(문구) : 종이, 붓, 먹, 벼루, 펜, 잉크, 연필 등 문방의 모든 기구
文筆(문필) : 글과 글씨. 시가, 문장을 짓는 일
文化財(문화재) : 문화 가치가 있는 사물

쓰기 한자

文名(문명) : 글로 해서 잘 알려진 이름
文物(문물) : 문화의 산물. 모든 문화에 관한 것
文字(문자) : 말의 음과 뜻을 표시하는 시각적 기호. 글자
文學(문학) : 정서나 사상을 상상의 힘을 빌려서 말이나 글로써 나타낸 예술 작품

활용문

그는 소위 '文學(문학)소년'이라고 불릴 정도로 책 읽기를 좋아했다.

필순 丶 亠 ナ 文

問

7급

물을 문:

口 | 8획

문(門)앞에서 안의 사람에게 큰소리(口)로 물어보는 것에서 묻다, 방문하다(問)는 의미이다.

비 聞(들을 문)
間(사이 간)
반 答(대답 답)

읽기 한자

問病(문병) : 앓는 사람을 찾아가 위로함
問責(문책) :잘못을 캐묻고 꾸짖음
質問(질문) : 의문, 이유를 캐물음

쓰기 한자

問答(문답) : 물음과 대답
問字(문자) : 남에게 글자를 배움
學問(학문) : 배우고 익힘. 체계가 선 지식. 학식
問名(문명) : 이름을 물음
東問西答(동문서답) : 질문과는 전혀 다른 엉뚱한 대답

활용문

이번 회의는 問答(문답)형식으로 진행될 것입니다.

필순 丨 𠃍 ㄗ 戶 戸 門 門 門 門 問 問

마

聞

6급II

듣을 문(:)

耳 | 8획

문(門) 안쪽에서 귀(耳)를 기울여서 되묻는 것에서 듣다(聞)는 의미이다.

비 問(물을 문) 閑(한가할 한) 間(사이 간) 開(열 개) 閉(닫을 폐)

읽기 한자

見聞(견문) : 보고 들음. 보고 들어서 얻은 지식
多聞(다문) : 보고 들은 것이 많음
美聞(미문) : 좋은 일과 관련된 소문

쓰기 한자

新聞(신문) : 새로운 소식
後聞(후문) : 뒷소문
風聞(풍문) : 바람결에 들리는 소문. 실상 없이 떠도는 말

활용문

방학숙제로 家族新聞(가족신문)을 만들어야 한다.

필순 丨 𠃌 𠃌 ㄕ 𠁣 門 門 門 門 門 門 閒 閗 聞

物

7급II

물건 물

牛 | 4획

무리(勿)가 되어 움직이는 소(牛)떼는 가장 큰 재산이었다는 것에서 물건(物)이라는 의미이다.

동 件(물건 건) 品(물건 품)
반 心(마음 심)

읽기 한자

物情(물정) : 세상 사람의 인심이나 심정
物質(물질) : 물체를 이루는 실질
凶物(흉물) : 성질이 음흉한 사람
物品(물품) : 쓸 만 하고 값있는 물건
見物生心(견물생심) : 실물을 보고서 욕심이 생김

쓰기 한자

物心(물심) : 물질과 마음
萬物(만물) : 온 세상에 있는 모든 물건
名物(명물) : 그 지방 특유의 이름난 물건
文物(문물) : 문화의 산물. 모든 문화에 관한 것
植物(식물) : 한 자리에 바로 서서 자라는 생물
動物(동물) : 움직이는 생물
人物(인물) : 사람

활용문

인간은 動植物(동식물)과는 다릅니다.

필순 ノ 𠂉 牛 牛 牜 牞 物 物

米

6급

쌀 미

米 | 0획

숙이고 있는 벼 알의 형태에서 쌀(米)을 나타낸다.

비 未(아닐 미) 末(끝 말) 光(빛 광)

읽기 한자

米價(미가) : 쌀값
米商(미상) : 쌀 장수
米飮(미음) : 쌀이나 좁쌀을 물을 많이 붓고 푹 끓이어 체에 받친 음식
米作(미작) : 벼를 심고 가꾸고 거두는 일
白米(백미) : 희게 쓿은 멥쌀

활용문

산후조리 시에는 米飮(미음)으로 식사하는 경우가 많다.

필순 丶 丷 䒑 半 米 米

확·인·학·습 15

1. 다음 한자어(漢字語)의 독음을 쓰세요.

(1) 多聞 (　　　)　　(2) 凶物 (　　　)
(3) 目前 (　　　)　　(4) 米商 (　　　)
(5) 文物 (　　　)　　(6) 問答 (　　　)

2. 다음 한자(漢字)의 훈(訓)과 음(音)을 쓰세요.

(1) 目 (　　　)
(2) 聞 (　　　)
(3) 米 (　　　)
(4) 問 (　　　)

3. 다음 훈(訓)과 음(音)에 맞는 한자(漢字)를 쓰세요.

(1) 나무 목 (　　　)
(2) 문 문 (　　　)
(3) 어미 모 (　　　)
(4) 글월 문 (　　　)

4. 다음(　)에 들어갈 한자(漢字)를 예(例)에서 찾아 그 번호를 쓰세요.

예(例)			
	① 聞	② 米	③ 物
	④ 目	⑤ 問	⑥ 文

(1) 新(　)記者　　(2) 東(　)西答
(3) 見(　)生心　　(4) 共通料(　)

정답

1. (1) 다문　(2) 흉물　(3) 목전　(4) 미상　(5) 문물　(6) 문답
2. (1) 눈 목　(2) 들을 문　(3) 쌀 미　(4) 물을 문
3. (1) 木　(2) 門　(3) 母　(4) 文
4. (1) ①　(2) ⑤　(3) ③　(4) ④

美

6급

아름다울 미(:)

羊 | 3획

당당하게 서있는 사람(大)처럼 살이 찐 양(羊)의 모습에서 아름답다(美)라는 의미이다.

비 米(쌀 미)
羊(양 양)

동 麗(고울 려)

반 醜(추할 추)

읽기한자

美德(미덕) : 아름답고 갸륵한 덕행
美感(미감) : 아름다움에 대한 느낌. 미에 대한 감각
美文(미문) : 아름다운 글귀를 써서 꾸민 문장

활용문

그 여자는 아주 美人(미인)입니다.

필순 丶 丷 䒑 䒑 ⺷ 羊 羊 美 美

民

8급

백성 민

氏 | 1획

여인(女)이 시초(氏)가 되어 많은 사람이 태어나는 것에서 백성, 사람(民)을 의미한다.

반 君(임금 군) 王(임금 왕)
主(임금 주)

읽기한자

民情(민정) : 국민의 사정과 형편. 민심
良民(양민) : 선량한 백성
民本(민본) : 백성을 위주로함
愛民(애민) : 백성을 사랑함

쓰기한자

民軍(민군) : 백성들의 의협과 용기로 모인 군사
民生(민생) : 국민의 생활. 일반 국민
萬民(만민) : 수많은 사람
民家(민가) : 일반 백성이 사는 집
國民(국민) : 그 나라의 백성
大韓民國(대한민국) : 우리나라의 공식 명칭

활용문

民家(민가)에 들러 도움을 청해야겠습니다.

필순 ㇇ ㇇ 尸 尸 民

朴

6급

성 박

木 | 2획

나무(木)의 껍질(卜)이 자연 그대로 꾸밈이 없다는 데서 순박하다(朴)는 의미이다.

비 材(재목 재)

읽기한자

質朴(질박) : 꾸민 데가 없이 수수함
朴實(박실) : 순박하고 진실함
朴野(박야) : 질박하고 촌스러움
朴直(박직) : 순박하고 정직함

활용문

우리나라에는 朴氏(박씨)가 참 많습니다.

필순 一 十 才 木 朩 朴

反

6급II

돌이킬/돌아올 **반:**

又 | 2획

손(又)에 밀려 굽어진 판자(厂)는 손을 떼면 원래 되돌아오기에 돌아오다(反)는 의미이다.

비 友(벗 우)

읽기 한자

反目(반목) : 서로 미워함
反感(반감) : 불쾌하게 생각하여 반항하는 감정
相反(상반) : 서로 반대됨

쓰기 한자

反旗(반기) : 반대의 뜻을 나타내는 행동이나 표시
反對(반대) : 남의 의견이나 언론을 찬성하지 아니하고 뒤집어 거스름
反動(반동) : 한 동작에 대하여 반대로 일어나는 동작
反問(반문) : 물음에 대답하지 아니하고 되받아서 물음

활용문

너는 매번 나에게 反感(반감)을 갖는 이유가 뭐니?

필순 一 厂 万 反

半

6급II

반 **반:**

十 | 3획

소는 농가의 재산으로 소(牛)를 2등분(八)한 한쪽을 의미하여 반쪽분(半)이라는 의미이다.

비 羊(양 양)
美(아름다울 미)

읽기 한자

半島(반도) : 세 면이 바다에 싸이고 한 면은 육지에 연한 땅
過半數(과반수) : 반이 넘는 수

쓰기 한자

半球(반구) : 구의 절반
半旗(반기) : 조의를 표하기 위하여 깃대 끝에서 좀 내려 다는 국기
半白(반백) : 흑백이 서로 반씩 섞인 머리털

활용문

半白(반백)의 아버지를 보면서 마음이 아팠습니다.

필순 丶 丷 䒑 兰 半

班

6급II

나눌 **반**

王(玉) | 6획

구슬(玉)을 구별하여 전체를 몇 개인가로 나누어(刂) 각각의 조직을 반, 그룻(班)을 의미한다.

동 分(나눌 분) 別(나눌 별)
반 合(합할 합)

읽기 한자

班別(반별) : 반마다 따로따로
班種(반종) : 양반의 자손
合班(합반) : 두 학급이상이 합침

쓰기 한자

班長(반장) : 반의 통솔자
同班(동반) : 같은 반
班名(반명) : 반의 이름

활용문

경우에 따라 合班(합반)수업이 필요하기도 합니다.

필순 一 二 千 … 班

發

6급II

필 발

癶 | 7획

활(弓)이나 손에 든 창(殳)을 두 손(癶)으로 쏜다(發)는 의미이다.

- 비 廢(폐할 폐)
- 동 展(펼 전)
- 반 着(붙을 착)
- 약 発

읽기 한자

發見(발견) : 남이 미처 보지 못한 사물을 먼저 찾아냄
開發(개발) : 개척하여 쓸모있게 만듦
告發(고발) : 잘못을 들어내어 알림
發言(발언) : 말을 함

쓰기 한자

發動(발동) : 움직이기 시작함
發明(발명) : 아직까지 없던 어떠한 물건이나 방법을 새로 만들어 냄

활용문

새로운 기계를 發明(발명)하였다.

필순

方

7급II

모 방

方 | 0획

두 척의 배를 나란히 붙인 모양을 본뜬 것으로 모나다(方)는 의미이다.

- 비 放(놓을 방)

읽기 한자

方法(방법) : 어떤 목적을 달성하기 위하여 취하는 수단
近方(근방) : 가까운 곳
多方(다방) : 여러 방면

쓰기 한자

方道(방도) : 일에 대한 방법과 도리
方面(방면) : 전문적으로 뜻을 두거나 생각하는 분야
方物(방물) : 감사나 수령이 임금에게 바치던 그 고장의 산물
前方(전방) : 적군과 마주 대하고 있는 지방 ↔ 後方
後方(후방) : 적군이 있는 곳과 멀리 떨어진 지방 ↔ 前方

활용문

前方(전방)에서 복무하는 군인들은 추워하고도 싸워야 한다.

필순

放

6급II

놓을 방(:)

攵(攴) | 4획

손(方)에 채찍(攵)을 들어 죄인을 때리고 섬으로 유배하는 것에서 떼내다(放)는 의미이다.

- 비 故(연고 고) 政(정사 정) 效(본받을 효)
- 동 釋(풀 석) 解(풀 해)
- 반 防(막을 방) 操(잡을 조)

읽기 한자

放流(방류) : 가두어 놓은 물을 터놓아 흘려 보냄
放任(방임) : 통 상관하지 않고 되는대로 맡겨 둠

쓰기 한자

放生(방생) : 사람에게 잡힌 생물을 놓아서 살려 줌
放心(방심) : 마음을 다잡지 아니하고 풀어놓아 버림
放電(방전) : 축전지에 저장된 전기를 방출하는 현상

활용문

여러분들도 放心(방심)하지 말고 행동해야 합니다.

필순

확·인·학·습 16

1. 다음 한자어(漢字語)의 독음을 쓰세요.

(1) 開發 (　　　)　　(2) 美德 (　　　)
(3) 放任 (　　　)　　(4) 半旗 (　　　)
(5) 反動 (　　　)　　(6) 班長 (　　　)

2. 다음 한자(漢字)의 훈(訓)과 음(音)을 쓰세요.

(1) 反 (　　　)
(2) 美 (　　　)
(3) 發 (　　　)
(4) 班 (　　　)

3. 다음 훈(訓)과 음(音)에 맞는 한자(漢字)를 쓰세요.

(1) 돌이킬 반 (　　　)
(2) 놓을 방 (　　　)
(3) 백성 민 (　　　)
(4) 성 박 (　　　)

4. 다음(　)에 들어갈 한자(漢字)를 예(例)에서 찾아 그 번호를 쓰세요.

예(例)			
	① 反	② 半	③ 方
	④ 美	⑤ 民	⑥ 班

(1) 一(　)通行　　(2) 八方(　)人
(3) 自己(　)省　　(4) 大韓(　)國

정답						
1.	(1) 개발	(2) 미덕	(3) 방임	(4) 반기	(5) 반동	(6) 반장
2.	(1) 돌아올/돌이킬 반		(2) 아름다울 미		(3) 필 발	(4) 나눌 반
3.	(1) 反	(2) 放	(3) 民	(4) 朴		
4.	(1) ③	(2) ④	(3) ①	(4) ⑤		

白

8급

흰 백

白 | 0획

햇빛(日)이 비치면 번쩍번쩍 빛나서(ノ) 밝게 보이는 것에서 희다(白)는 의미이다.

비 百(일백 백)
自(스스로 자)

반 黑(검을 흑)

읽기 한자

白雲(백운) : 흰 구름
獨白(독백) : 혼자서 중얼거림

쓰기 한자

白軍(백군) : 운동회에서 양편으로 가를 때 한 편의 칭호. 이 밖에 청군이나 홍군 등이 있음
白木(백목) : 천을 만드는 재료의 하나인 무명
白水(백수) : 깨끗하고 맑은 물. 깨끗한 마음을 일컬음
白日(백일) : 맑게 갠 날. 대낮

활용문

靑軍(청군)과 白軍(백군)으로 나뉘어서 차전놀이가 진행 중입니다.

필순 丿 亻 白 白 白

百

7급

일백 백

白 | 1획

하나(一)에서 일백까지 세면 크게 외쳐(白) 일단락 지은 데서 그 의미가 된 글자이다.

비 白(흰 백)

읽기 한자

百戰百勝(백전백승) : 싸울 때마다 이김
百科事典(백과사전) : 학술, 기예, 가정, 사회 등 모든 분야에 걸친 사항을 한데 모아 부문별 또는 자모순으로 배열하여 항목마다 풀이한 사전

쓰기 한자

百年(백년) : 일백이나 되는 해. 한 평생의 세월
百萬(백만) : 만의 백곱절. 퍽 많은 수
百物(백물) : 온갖 물건
百方(백방) : 온갖 방법. 여러 방면
百姓(백성) : 국민의 예스러운 말. 국민
百事(백사) : 온갖 일. 만사
百年草(백년초) : 선인장

활용문

百方(백방)으로 뛰어다니니 너무 힘듭니다.

필순 一 丆 丆 百 百 百

番

6급

차례 번

田 | 7획

손(爫)으로 벼(禾)를 논(田)에 차례차례(番) 심는다는 의미이다.

비 留(머무를 류)

동 第(차례 제)
序(차례 서)

읽기 한자

局番(국번) : 전화의 교환국의 국명에 대용되는 번호
當番(당번) : 번드는 차례에 당함
週番(주번) : 한 주일마다 바꿔서 하는 근무
番外(번외) : 차례나 순서와는 별도
番地(번지) : 시, 읍, 면, 동 따위 지역 내의 토지의 소구획 마다에 매긴 번호
番號(번호) : 차례를 나타내는 호수. 순번의 번호를 외치는 일

활용문

番號(번호)대로 줄을 서세요.

필순 一 丶 丷 ㄓ 平 采 采 采 番 番 番 番

法

5급 II

법 **법**

氵(水) | 5획

물(氵)이 높은 곳에서 낮은 곳으로 흐르는(去) 것에서 규칙, 법(法)을 의미한다.

비 注(부을 주) 洋(큰바다 양)
동 規(법 규) 律(법칙 률)
範(법 범) 式(법 식)
度(법 도)

읽기한자

法堂(법당) : 불교에서 불상을 안치하고 설법도 하는 절의 정당
法度(법도) : 법률과 제도
話法(화법) : 말하는 방법

활용문

찬성하시면 어떤 方法(방법)으로 할 것인지에 관하여 발표해 주십시오.

필순 丶 丶 氵 氵 汁 汢 法 法

變

5급 II

변할 **변:**

言 | 16획

실(絲)처럼 약한 아이를 말(言)로 가르쳐서(攵) 옳은 방향으로 변하게(變) 한다는 의미이다.

비 戀(그릴 련) 燮(불꽃 섭)
蠻(오랑캐 만)
동 改(고칠 개)
약 变

읽기한자

變德(변덕) : 이랬다 저랬다 잘 변하는 성질
變速(변속) : 속도를 바꿈
變數(변수) : 어떤 관계에 있어서 어떤 범위 안의 임의의 수 값으로 변할 수 있는 수
變身(변신) : 몸의 모양을 바꿈

활용문

아마도 變(변)치 않을손 바위뿐인가 하노라.

필순 丶 亠 亠 亠 亠 言 言 言 言 結 結 結 結 綍 綍 綍 絲 絲 絲 變 變 變 變

別

6급

다를/나눌 **별**

刂(刀) | 5획

잡아온 동물의 뼈와 고기를 칼(刂)로 갉어 나누는(另) 것에서 나누다(別)는 의미이다.

비 功(공 공)
동 分(나눌 분) 班(나눌 반)
他(다를 타)
반 同(한가지 동) 合(합할 합)

읽기한자

別種(별종) : 다른 종류
告別(고별) : 작별을 고함
別記(별기) : 따로 적음
別堂(별당) : 따로 떨어져 있는집
別名(별명) : 본명 이외에 지어 부르는 이름
別食(별식) : 늘 먹는 것이 아닌 특별한 음식

활용문

일란성 쌍둥이 형제를 서로 區別(구별)하기 어렵습니다.

필순 丨 口 口 另 另 別 別

病

6급

병 **병**:

疒 | 5획

아궁이의 불(丙)처럼 열이 나는 병(疒)이란 데서 병들다(病)란 의미이다.

동 疾(병 질)
患(근심 환)

읽기한자

病害(병해) : 병으로 말미암은 농작물의 피해
病苦(병고) : 병으로 인한 고통
病理(병리) : 병의 원인, 경과, 결과 및 그 변화 따위에 관한 이론
病死(병사) : 병으로 죽음
病席(병석) : 병자가 눕는 자리
病室(병실) : 환자가 드는 방

활용문

病室(병실)을 찾아 위로하였다.

필순 丶 亠 广 广 疒 疒 疔 疠 疠 病 病

兵

5급II

병사 **병**

八 | 5획

전쟁무기인 도끼(斤)를 양손(廾)에 들고, 사람을 치는 것에서 군대, 전쟁(兵)을 의미한다.

동 軍(군사 군)
卒(마칠 졸)
士(선비 사)

읽기한자

工兵(공병) : 군에서 축성, 도하, 교통, 갱도, 건설, 파괴 등 기술적 공사 임무에 종사하는 병과
新兵(신병) : 새로 입영한 병정
勇兵(용병) : 용감한 군사

활용문

무사나 兵士(병사)들이 칼과 활을 들고 시조를 노래하였는가 하면, 선비들이 책을 읽다 말고 시조를 읊조리기도 하였습니다.

필순 ′ 𠂆 F 斤 丘 乒 兵

服

6급

옷 **복**

月 | 4획

몸(月)의 신분(卩)에 알맞도록 손(又)으로 골라서 입은 옷(服)을 의미한다.

비 報(알릴 보)
동 衣(옷 의)

읽기한자

說服(설복) : 알아듣도록 말해 수긍하게 함
着服(착복) : 옷을 입음. 남의 금품을 부당하게 자기 것으로 함
服色(복색) : 신분, 직업 등에 맞춰 차려 입은 옷의 꾸밈새
服藥(복약) : 약을 먹음
服用(복용) : 약을 먹음
感服(감복) : 마음에 깊이 느껴 충심으로 복종함
冬服(동복) : 겨울철에 입는 옷

활용문

겨울이 지났으니 冬服(동복)을 넣어야 되겠다.

필순 丿 刀 月 月 月7 肌 服 服

확·인·학·습 17

1. 다음 한자어(漢字語)의 독음을 쓰세요.

(1) 別種 (　　　)　　(2) 番號 (　　　)
(3) 法度 (　　　)　　(4) 服藥 (　　　)
(5) 變速 (　　　)　　(6) 勇兵 (　　　)

2. 다음 한자(漢字)의 훈(訓)과 음(音)을 쓰세요.

(1) 服 (　　　)
(2) 法 (　　　)
(3) 變 (　　　)
(4) 番 (　　　)

3. 다음 훈(訓)과 음(音)에 맞는 한자(漢字)를 쓰세요.

(1) 놓을 방 (　　　)
(2) 흰 백 (　　　)
(3) 일백 백 (　　　)
(4) 필 발 (　　　)

4. 다음(　)에 들어갈 한자(漢字)를 예(例)에서 찾아 그 번호를 쓰세요.

예(例)			
	① 病	② 變	③ 法
	④ 番	⑤ 百	⑥ 白

(1) 萬古不(　)　　(2) 住民(　)號
(3) (　)戰(　)勝　　(4) 生産方(　)

정답

1. (1) 별종　(2) 번호　(3) 법도　(4) 복약　(5) 변속　(6) 용병
2. (1) 옷 복　(2) 법 법　(3) 변할 변　(4) 차례 번
3. (1) 放　(2) 白　(3) 百　(4) 發
4. (1) ②　(2) ④　(3) ⑤　(4) ③

福

5급II

복 복

示 | 9획

물건이 쌓여있는(畐) 창고처럼 신(示)의 혜택이 풍부한 것에서 행복, 복(福)을 의미한다.

비 副(버금 부) 富(부자 부)
반 災(재앙 재) 禍(재앙 화)

읽기한자

福音(복음) : 기쁜 소식. 그리스도에 의한 인간을 구제하기 위한 길 또는 그리스도의 가르침
多福(다복) : 복이 많음
萬福(만복) : 온갖 복록
食福(식복) : 먹을 복

활용문

이 바가지 福(복)바가지

필순 一 二 亍 亓 示 示 示 示 示 示 祀 福 福 福

本

6급

근본 본

木 | 1획

나무 뿌리에 표시를 해서 굵은 뿌리를 표시한 것에서 근본(本)을 의미한다.

비 木(나무 목)
未(아닐 미)
동 根(뿌리 근)
반 末(끝 말)

읽기한자

本局(본국) : 분국이나 지국에 대하여 주장이 되는 국
本能(본능) : 경험이나 교육이 아닌 외부의 변화에 따라서 나타나는 행동 경향의 특성
本性(본성) : 본디부터 가진 성질
本店(본점) : 영업의 본거지가 되는 점포
本質(본질) : 본바탕. 본래부터 갖고있는 사물의 독자적인 성질
本家(본가) : 본집. 친정
本校(본교) : 분교에 대하여 근간이 되는 학교. 타교에 대한 자기 학교
本國(본국) : 자기의 국적이 있는 나라

활용문

本校(본교)와 分校(분교)에 크게 연연하지 마십시오.

필순 一 十 才 木 本

奉

5급II

받들 봉:

大 | 5획

세(三) 사람(人)이 손(扌)으로 받든다(奉)는 의미이다.

비 春(봄 춘)
동 仕(섬길 사)

읽기한자

奉仕(봉사) : 남을 위하여 자기를 돌보지 않고 노력함. 국가나 사회를 위하여 헌신적으로 일함
奉養(봉양) : 부모나 조부모를 받들어 모심
奉命(봉명) : 윗 사람의 명령을 받듦
信奉(신봉) : 옳다고 믿고 받듦

활용문

다음 어린이회 시간에는 體育部(체육부), 奉仕部(봉사부), 사육 재배부에서 좋은 계획을 내어 주시기 바랍니다.

필순 一 二 三 夫 夫 夫 叁 奉

父

8급

아비 부

父 | 0획

도끼를 갖고 짐승을 잡으러가는 어른의 모습에서, 그 집의 주인이므로 아버지를 의미한다.

반 母(어미 모)
子(아들 자)

읽기 한자

父傳子傳(부전자전) : 대대로 아버지가 아들에게 전함
親父(친부) : 친 아버지
父性(부성) : 아버지로서 가지는 성질

쓰기 한자

父女(부녀) : 아버지와 딸
父母(부모) : 아버지와 어머니. 어버이
父母國(부모국) : 조국
父兄(부형) : 아버지와 형
國父(국부) : 임금을 일컫는 말
學父兄(학부형) : 학생들의 부모 형제
學父母(학부모) : 학생들의 부모

활용문

父母(부모)님에게 효도하는 것은 인간의 도리입니다.

필순 

夫

7급

지아비 부

大 | 1획

갓을 쓴 사내의 모양으로 지아비, 사내(夫)를 의미한다.

반 婦(며느리 부)

읽기 한자

士大夫(사대부) : 문무 양반의 일반적인 총칭
本夫(본부) : 본 남편
野夫(야부) : 시골사람, 시골 농부

쓰기 한자

夫人(부인) : 남의 아내를 일컫는 존칭어
夫子(부자) : 인격이 아주 높아 모든 사람의 거울이 될 만한 사람에 대한 경칭
人夫(인부) : 품삯을 받고 쓰이는 사람. 공역에 부리는 사람
先夫(선부) : 죽은 남편
農夫(농부) : 농사를 짓는 사람

활용문

형님은 입시工夫(공부)에 여념이 없습니다.

필순 

部

6급 II

떼 부

阝(邑) | 8획

나라(阝)를 작게 구획(咅)한 마을에서 나누다 부류(部)을 의미한다.

동 隊(무리 대) 類(무리 류)
반 獨(홀로 독) 孤(외로울 고)
單(홑 단)

읽기 한자

部類(부류) : 종류에 따라 나눈 갈래
部品(부품) : 부분품, 부속품

쓰기 한자

部門(부문) : 갈라놓은 부류
部分(부분) : 전체를 몇 개로 나눈 것의 하나

활용문

닭과 오리는 같은 部類(부류)에 속한다.

필순 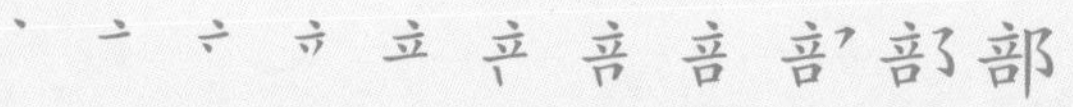

北

8급

북녘 북
달아날 배

匕 | 3획

두 사람이 서로 등을 지고 있는 모양을 본떴다.

비 兆(억조 조)
반 南(남녘 남)

읽기한자

關北(관북) : 마천령 북쪽의 지방
以北(이북) : 어떤 지점을 한계로 한 그 북쪽

쓰기한자

北國(북국) : 북쪽의 나라
北軍(북군) : 북쪽 군대
北門(북문) : 북쪽으로 낸 문
東北(동북) : 동쪽과 북쪽
北韓(북한) : 남북으로 갈린 우리나라의 북쪽
東西南北(동서남북) : 사방. 동서와 남북, 동쪽과 서쪽과 남쪽과 북쪽

활용문

南北(남북)으로 갈린 우리 현실이 너무 안타깝군요.

필순 丨 ㅓ ㅕ 北 北

分

6급 II

나눌 분(:)

刀 | 2획

한 자루의 막대봉을 칼(刀)로서 두 개로 나누는(八) 것에서 나누다(分)는 의미이다.

비 今(이제 금)
동 區(나눌 구) 配(나눌 배)
別(나눌 별)
반 合(합할 합)

읽기한자

分別(분별) : 사물을 구별하여 가름
分野(분야) :나뉘어진 부분
分類(분류) : 종류별로 분리함

쓰기한자

分家(분가) : 가족의 한 부분이 딴 집에 나가 딴살림을 차림
分校(분교) : 본교 소재지 이외의 지역에 따로 부설한 학교
分明(분명) : 흐리지 않고 똑똑함

활용문

그는 分家(분가)해서 살기를 원하고 있습니다.

필순 丿 八 分 分

不

7급 II

아닐 불

一 | 3획

〈~하지 않다. ~이 아니다〉라고 말하는 것처럼 말을 부정하는 의미이다.

동 未(아닐 미)
否(아닐 부)
반 正(바를 정)

읽기한자

不當(부당) : 이치에 맞지 않음
不德(부덕) : 덕이 없음
不實(부실) : 몸이 튼튼하지 못함. 일에 성실하지 못함

쓰기한자

不道(부도) : 도리에 어그러짐
不安(불안) : 마음이 편안하지 못함
不問(불문) : 묻지 않고 그대로 내버려둠
不足(부족) : 넉넉하지 못함. 모자람
不正(부정) : 바르지 않음. 옳지 못함
人事不省(인사불성) : 정신을 잃고 의식을 모름

활용문

별일은 없는지 너무 不安(불안)합니다.

필순 一 ㄱ 不 不

확·인·학·습 18

1. 다음 한자어(漢字語)의 독음을 쓰세요.

(1) 奉養 (　　　)　　(2) 部品 (　　　)
(3) 萬福 (　　　)　　(4) 分野 (　　　)
(5) 不實 (　　　)　　(6) 本局 (　　　)

2. 다음 한자(漢字)의 훈(訓)과 음(音)을 쓰세요.

(1) 奉 (　　　)
(2) 福 (　　　)
(3) 部 (　　　)
(4) 本 (　　　)

3. 다음 훈(訓)과 음(音)에 맞는 한자(漢字)를 쓰세요.

(1) 떼 부 (　　　)
(2) 아비 부 (　　　)
(3) 지아비 부 (　　　)
(4) 아닐 불 (　　　)

4. 다음(　)에 들어갈 한자(漢字)를 예(例)에서 찾아 그 번호를 쓰세요.

예(例)			
	① 福	② 奉	③ 兵
	④ 不	⑤ 部	⑥ 父

(1) 人事(　)省　　(2) (　)仕活動
(3) (　)分集合　　(4) (　)子有親

정답						
1.	(1) 봉양	(2) 부품	(3) 만복	(4) 분야	(5) 부실	(6) 본국
2.	(1) 받들 봉	(2) 복 복	(3) 떼 부	(4) 근본 본		
3.	(1) 部	(2) 父	(3) 夫	(4) 不		
4.	(1) ④	(2) ②	(3) ⑤	(4) ⑥		

四 8급

넉 사:

口 | 2획

막대기 넷을 세로로 놓고 모양을 보기 좋게 변형하였다.

비 匹(짝 필)
西(서녘 서)

읽기한자

四通(사통) : 사방으로 통함
四禮(사례) : 관례, 혼례, 상례, 제례의 4가지

쓰기한자

四大門(사대문) : 서울에 있던 동(東)·서(西)·남(南)·북(北)의 네 대문
四民(사민) : 온 백성
四山(사산) : 사면에 둘러서 있는 산들
四生(사생) : 동물의 태생·난생·습생·화생의 네 가지 생식 상태
四寸(사촌) : 삼촌의 아들·딸
四五月(사오월) : 사월과 오월
四十年生(사십년생) : 사십 년 동안 자란 생물

활용문

四寸(사촌) 형은 이번에 사법시험을 통과했습니다.

필순 丨 冂 门 四 四

事 7급Ⅱ

일 사:

亅 | 7획

역술사는 여러 가지를 점치는 것이 직업이라고 하는 것에서 일, 직업(事)을 의미한다.

비 車(수레 거/차)
동 業(업/일 업)

읽기한자

事情(사정) : 일이 놓여 있는 형편
凶事(흉사) : 불길한 일
當事者(당사자) : 그 일에 직접 관계가 있는 사람
情事(정사) : 남녀 사이의 사랑에 관한 일

쓰기한자

事記(사기) : 사건을 중심으로 쓴 기록
事力(사력) : 일의 형세와 재력
事物(사물) : 일과 물건
事前(사전) : 일이 있기 전. 일을 시작하기 전
農事(농사) : 벼, 보리, 콩 등을 키움
食事(식사) : 밥을 먹음
人事(인사) : 남에게 공경하는 뜻으로 하는 예의

활용문

事前(사전)에 그 일이 있을 것이라고 말을 했어야죠.

필순 一 ㄱ 㔾 ㄹ 写 写 亖 事

社 6급Ⅱ

모일 사

示 | 3획

물건을 낳아주는 흙(土)을 공경해 제사(示)하는 것에서 토지신, 동료, 사회(社)를 의미한다.

비 祈(빌 기)
祀(제사 사)
동 會(모일 회)
集(모을 집)

읽기한자

社告(사고) : 회사, 신문사 등에서 알리는 글
社交(사교) : 여러 사람이 모여 서로 교제함
社說(사설) : 회사의 주장을 써내는 글

쓰기한자

社會(사회) : 같은 무리끼리 모여 이루는 집단
社名(사명) : 회사의 이름
社旗(사기) : 회사를 상징하는 기
入社(입사) : 취직하여 회사에 들어감

활용문

社說(사설)을 자주 읽어보면 시사상식에 도움이 된다.

필순 一 二 亍 亍 示 示 社 社

使

6급

하여금/부릴 사:

亻(人) | 6획

상관인 웃어른(人)이 아전(吏)으로 하여금(使) 어떤 일을 하도록 부린다(使)는 의미이다.

비 史(사기 사)
　 吏(관리 리)
동 令(하여금 령)
반 勞(일할 로)

읽기한자

使臣(사신) : 임금이나 국가의 명령으로 외국에 심부름 가는 신하
勞使(노사) : 노동자와 사용자
使命(사명) : 사자로서 받은 명령
使用(사용) : 물건을 씀

활용문

勞使(노사)분규가 점점 더 심각해지고 있습니다.

필순 丿 亻 亻 仁 佢 佢 使 使

死

6급

죽을 사:

歹 | 2획

사람이 죽으면(歹) 살이 떨어지고 뼈(匕)가 되는 것에서 죽다, 죽이다(死)는 의미이다.

동 殺(죽일 살)
반 生(날 생)
　 活(살 활)

읽기한자

決死(결사) : 죽음을 각오하고 결심함
客死(객사) : 객지에서 죽음
病死(병사) : 병으로 죽음
死別(사별) : 여의어 이별함
死色(사색) : 죽은 사람과 같은 안색

활용문

그 남자는 아내와의 死別(사별)이 믿겨지지 않는 듯한 표정이었다.

필순 一 厂 歹 歹 歹 死

仕

5급II

섬길 사(:)

亻(人) | 3획

사람(人)이 공부를 하여 선비(士)가 되어야 벼슬(仕)을 하고 임금을 섬긴다(仕)는 의미이다.

비 士(선비 사)
　 任(맡길 임)
동 奉(받들 봉)

읽기한자

奉仕(봉사) : 자신의 이해를 돌보지 않고 몸과 마음을 다하여 일함
登仕(등사) : 벼슬에 오름
出仕(출사) : 벼슬하여 관청에 출근함

활용문

이번 참사에서도 자원 奉仕(봉사)자의 도움이 결정적이었다.

필순 丿 亻 仁 什 仕

士 5급Ⅱ

선비 사:

士 | 0획

"하나(一)를 들으면 열(十)을 안다"는 것이 가능한 지혜있는 사람, 선비(士)를 의미한다.

비 土(흙 토)
仕(섬길 사)

반 民(백성 민)

읽기한자

士氣(사기) : 사람이 단결하여 무슨 일을 할 때의 기세
士大夫(사대부) : 문무(文武) 양반의 일반적인 총칭
士農工商(사농공상) : 선비, 농부, 공장, 상인 등 모든 계급의 백성

활용문

무사나 兵士(병사)들이 칼과 활을 들고 시조를 노래하였는가 하면, 선비들이 책을 읽다 말고 시조를 읊조리기도 하였습니다.

필순 一 十 士

史 5급Ⅱ

사기(史記) 사:

口 | 2획

종이에 글자를 쓰는 것에서 어느 쪽으로도 기울지 않고(中) 기록하다(史)는 의미이다.

비 使(하여금 사)

읽기한자

史家(사가) : 역사에 정통한 사람
史觀(사관) : 역사적 현상을 파악하고 해석하는 입장
史記(사기) : 역사를 기록한 책
歷史(역사) : 인류 사회의 변천의 기록

활용문

우리 民族(민족)의 울분을 풀어준 歷史的(역사적)인 통쾌한 순간이었다.

필순 丶 ㄇ 口 史 史

山 8급

메 산

山 | 0획

멀리서 본 산의 모양을 본떴다.

반 川(내 천) 河(물 하)
海(바다 해)

읽기한자

山雲(산운) : 산에 끼어 있는 구름
山野(산야) : 산과 들
山行(산행) : 산길을 걸어감

쓰기한자

山軍(산군) : 나라의 산림을 지키는 사람
山水(산수) : 산에 흐르는 물
南山(남산) : 남쪽에 있는 산. 서울 중심에 있는 산
靑山(청산) : 나무가 무성하여 푸른 산
火山(화산) : 용암이 분출하여 된 산의 형태
先山(선산) : 조상의 무덤이 있는 곳

활용문

아버지는 일요일 마다 登山(등산)을 하십니다.

필순 丨 山 山

확·인·학·습 19

1. 다음 한자어(漢字語)의 독음을 쓰세요.

(1) 奉仕 (　　　　)　　(2) 史觀 (　　　　)
(3) 四通 (　　　　)　　(4) 死別 (　　　　)
(5) 勞使 (　　　　)　　(6) 士氣 (　　　　)

2. 다음 한자(漢字)의 훈(訓)과 음(音)을 쓰세요.

(1) 使 (　　　　)
(2) 史 (　　　　)
(3) 仕 (　　　　)
(4) 士 (　　　　)

3. 다음 훈(訓)과 음(音)에 맞는 한자(漢字)를 쓰세요.

(1) 모일 사 (　　　　)
(2) 넉 사 (　　　　)
(3) 일 사 (　　　　)
(4) 메 산 (　　　　)

4. 다음(　)에 들어갈 한자(漢字)를 예(例)에서 찾아 그 번호를 쓰세요.

예(例)			
	① 社	② 仕	③ 死
	④ 史	⑤ 四	⑥ 士

(1) (　)農工商　　(2) 奉(　)活動
(3) 先(　)時代　　(4) (　)會活動

정답

1. (1) 봉사　(2) 사관　(3) 사통　(4) 사별　(5) 노사　(6) 사기
2. (1) 하여금 /부릴 사　(2) 사기 사　(3) 섬길 사　(4) 선비 사
3. (1) 社　(2) 四　(3) 事　(4) 山
4. (1) ⑥　(2) ②　(3) ④　(4) ①

算

7급

셈 산

竹 | 8획

조개(貝)를 양손(廾)에 갖고 조개 장난을 하듯이 대나무(竹) 막대로 수를 센다(算)는 의미이다.

동 計(셀 계)
數(셈 수)

읽기한자

決算(결산) : 일정한 기간내의 수입과 지출을 마감한 계산
勝算(승산) : 이길 수 있는 가능성　合算(합산) : 합하여 계산함

쓰기한자

算數(산수) : 산술 및 일반 기초적 수학
算入(산입) : 셈에 넣음
算出(산출) : 계산하여 냄
心算(심산) : 속셈
算學(산학) : 셈에 관한 학문

활용문

나는 돈벌이나 할 心算(심산)으로 그 일을 택한 것은 아닙니다.

필순 丿 𠂉 𥫗 𥫗 竺 竺 竺 符 笞 笪 笪 筲 笡 算

産

5급Ⅱ

낳을 산

生 | 6획

벼랑(厂)에서 물이 솟거(立)나 풀이 나거(生)나 여러 광물이 채집되는 것에서 생긴다(産)는 의미이다.

동 生(날 생)

읽기한자

産苦(산고) : 아이를 낳는 괴로움
産物(산물) : 그 지방에서 생산되는 물건. 시대나 환경을 배경으로 하여 나타난 것
産地(산지) : 물건이 생산된 곳
産油國(산유국) : 원유를 생산하는 나라
財産(재산) : 재화나 자산을 통틀어 이르는 말

활용문

놀부는 아버지가 물려준 많은 財産(재산)을 독차지하고, 동생인 흥부를 빈손으로 내쫓았습니다.

필순 丶 亠 亣 立 立 产 产 产 彦 産 産

三

8급

석 삼

一 | 2획

막대기 셋(三)을 가로로 놓은 모양을 본떴다.

동 參(석 삼)

읽기한자

三流(삼류) : 정도나 수준이 낮은 부류
三族(삼족) : 아버지,아들,손자를 통틀어 이르는말

쓰기한자

三國(삼국) : 우리나라의 신라·백제·고구려
三軍(삼군) : 육군·해군·공군의 총칭으로 전체의 군대를 일컬음
三男(삼남) : 셋째 아들 혹은 세 아들
三南(삼남) : 충청도·전라도·경상도의 총칭
三門(삼문) : 대궐 등의 정문과 동과 서로 나 있는 문

활용문

고구려,백제,신라의 三國(삼국)이 있었다.

필순 一 二 三

上

7급 II

윗 상:

一 | 2획

중앙에 선을 한(一) 줄 쓰고 그 위에 표시한 점(卜)의 모양에서 위(上)를 의미한다.

비 土(흙 토)

반 下(아래 하)

읽기 한자

上告(상고) : 항소심 판결에 불복해 판결의 적부 심사를 보다 상급 법원에 청구하는 일
上陸(상륙) : 배에서 육지로 오름
上元(상원) : 음력 정월 보름날의 별칭. 대보름날
切上(절상) : 화폐의 대외 가치를 높임

쓰기 한자

上空(상공) : 높은 하늘
上國(상국) : 작은 나라로부터 조공을 받는 큰 나라
上記(상기) : 위에 적음 또는 그 글귀
上答(상답) : 윗사람에게 대답함
上氣(상기) : 흥분이나 수치감으로 얼굴이 붉어짐

활용문

그녀는 上氣(상기)된 얼굴로 다가왔다.

필순 丨 ⺊ 上

相

5급 II

서로 상

目 | 4획

나무(木)의 무성한 모습을 보는(目) 것에서 모습, 상태, 형태(相)를 의미한다.

비 想(생각 상)

읽기 한자

相見禮(상견례) : 공식적으로 서로 만나 보는 예. 마주 서서 절을 하는 일
相當(상당) : 대단한 정도에 가까움
相對(상대) : 서로 마주 봄
相關(상관) : 서로 관련을 가짐. 또는 그런 관련

활용문

그렇지만 그것은 나하고 相關(상관)없는 일이 아니오?

필순 一 十 才 木 木 相 相 相 相

商

5급 II

장사 상

口 | 8획

사들(六)인 가격을 비밀로 하고, 높은(冏) 가격으로 매매하는 것에서 장사(商)를 의미한다.

비 適(맞을 적)

동 量(헤아릴 량)

읽기 한자

商社(상사) : 상행위를 함을 목적으로 하고 회사법의 규정에 의해 설립된 사단 법인
商店(상점) : 일정한 시설을 갖추고 물건을 파는 곳
商術(상술) : 장사하는 재주
商業(상업) : 상품을 사고 파는 일
通商(통상) : 나라 사이에 물건을 사고 팖

활용문

사람들은 市場(시장)이나 商店(상점)에 직접 가지 않아도 신문을 통하여 새로운 商品(상품) 정보를 얻을 수 있다.

필순 丶 亠 亠 产 产 产 产 产 商 商 商

色

7급

빛 색

色 | 0획

눈표적은 안색이나 의복의 색깔이라는 것에서 색(色)을 의미한다.

비 邑(고을 읍)

동 光(빛 광)

읽기 한자

色相(색상) : 색조. 빛깔의 조화. 색채의 강약, 농담 등의 정도
色情(색정) : 남녀간의 정욕
色調(색조) : 빛깔의 조화
具色(구색) : 여러 가지 물건을 고루 갖춤
色感(색감) : 색에 대한 감각

쓰기 한자

色紙(색지) : 물감을 들인 종이, 색종이
國色(국색) : 나라 안에서 제일 아름다운 여자
氣色(기색) : 감정의 작용으로 나타나는 기분과 얼굴빛
名色(명색) : 어떤 부류에 쓸어 넣어 부르는 말

활용문

名色(명색)이 사장인데 그럴 리는 없을 거야.

필순 ノ ⺈ ⺈ 㔾 乡 色

生

8급

날 생

生 | 0획

흙 속에서 눈이 나오는 모습에서 싹이 트다, 태어나다(生)는 의미이다.

동 出(날 출)
産(낳을 산)

반 死(죽을 사)

읽기 한자

見物生心(견물생심) : 실물을 보고서 욕심이 생김
生必品(생필품) : 일상 생활에 없어서는 안 될 물건
生鮮(생선) : 말리거나 절이지 않은 물고기

쓰기 한자

生女(생녀) : 딸을 낳음
生母(생모) : 자기를 낳은 어머니(친어머니)
生父(생부) : 자기를 낳은 아버지(친아버지)
生水(생수) : 샘구멍에서 나오는 물
生父母(생부모) : 자기를 낳은 아버지와 어머니

활용문

그는 자기 어머니가 生母(생모)가 아닌 것을 알고 있다.

필순 ノ 𠂉 𠂉 牛 生

西

8급

서녘 서

襾 | 0획

해가 서쪽에서 기울 무렵 새가 집으로 들어가는 것에서 서쪽(西)을 의미한다.

비 酉(닭 유)
四(넉 사)

반 東(동녘 동)

읽기 한자

關西(관서) : 평안도
以西(이서) : 기준점의 서쪽
西洋(서양) : 유럽과 아메리카의 여러나라

쓰기 한자

西國(서국) : 서양 나라
西門(서문) : 서쪽의 대문
西山(서산) : 서쪽에 있는 산
西小門(서소문) : 서울에 있던 소의문의 통칭
西大門(서대문) : 서쪽에 있는 큰 문

활용문

東西(동서)간의 화합은 아주 중요합니다.

필순 一 丆 万 丙 两 西

확·인·학·습 20

1. 다음 한자어(漢字語)의 독음을 쓰세요.

(1) 相對 (　　　)　　(2) 具色 (　　　)
(3) 上陸 (　　　)　　(4) 商社 (　　　)
(5) 算數 (　　　)　　(6) 産地 (　　　)

2. 다음 한자(漢字)의 훈(訓)과 음(音)을 쓰세요.

(1) 商 (　　　)
(2) 相 (　　　)
(3) 算 (　　　)
(4) 産 (　　　)

3. 다음 훈(訓)과 음(音)에 맞는 한자(漢字)를 쓰세요.

(1) 빛 색 (　　)
(2) 석 삼 (　　)
(3) 윗 상 (　　)
(4) 셈 산 (　　)

4. 다음(　)에 들어갈 한자(漢字)를 예(例)에서 찾아 그 번호를 쓰세요.

예(例)			
	① 色	② 相	③ 商
	④ 産	⑤ 算	⑥ 生

(1) 大量生(　)　　(2) 教學(　)長
(3) 黄(　)人種　　(4) 見物(　)心

정답						
1.	(1) 상대	(2) 구색	(3) 상륙	(4) 상사	(5) 산수	(6) 산지
2.	(1) 장사 상	(2) 서로 상	(3) 셈 산	(4) 낳을 산		
3.	(1) 色	(2) 三	(3) 上	(4) 算		
4.	(1) ④	(2) ②	(3) ①	(4) ⑥		

사

書

6급Ⅱ

글 서

曰 | 6획

붓(聿)으로 종이(曰)에 글자를 쓰고 있는 형태에서 쓰다, 서적(書)을 의미한다.

비 晝(낮 주)
畫(그림 화)

동 章(글 장)

읽기 한자

書類(서류) : 어떤 내용을 적은 문서
書店(서점) : 책을 파는 가게
決算書(결산서) : 영업의 개황과 재정 상태를 기록한 문서
良書(양서) : 좋은 책
史書(사서) : 역사에 관한 책
書式(서식) : 증서 · 원서 등을 쓰는 일정한 법식
調書(조서) : 조사한 사실을 기록한 문서

쓰기 한자

書記(서기) : 기록을 맡아 보는 사람
書堂(서당) : 글방
書面(서면) : 글씨를 쓴 지면

활용문

지금부터라도 書信(서신)교환을 자주 합시다.

필순 ㇇ ⺕ ⺕ 聿 聿 聿 書 書 書 書

夕

7급

저녁 석

夕 | 0획

해가 저물고 달이 뜨기 시작할 무렵의 모습에서 저녁(夕) 무렵을 의미한다.

반 朝(아침 조)
旦(아침 단)

읽기 한자

夕陽(석양) : 저녁때의 햇빛
一朝一夕(일조일석) : 하루아침과 하루저녁, 아주 짧은 시간

쓰기 한자

夕月(석월) : 저녁에 뜨는 달
夕日(석일) : 저녁 때의 해. 석양
夕後(석후) : 저녁밥을 먹고 난 뒤
一夕(일석) : 하루 저녁, 어느 저녁
夕上食(석상식) : 저녁 상식(上食)

활용문

七夕(칠석)은 음력으로 칠월 초이렛날 밤을 말한다.

필순 ノ ク 夕

石

6급

돌 석

石 | 0획

벼랑(厂) 밑에 흩어져 있는 돌(口)의 모양으로 돌(石)을 나타냈다.

비 古(예 고)
右(오른 우)

읽기 한자

石材(석재) : 다른 제작 재료로 쓰는 돌
望夫石(망부석) : 남편을 기다리다가 죽어서 되었다는 돌
雲石(운석) : 중국 운남 지방에서 나는 옥석
化石(화석) : 동물의 유해 및 유적이 수성암 등의 암석 속에 남아 있는 것
石工(석공) : 돌을 다루어 물건을 만드는 사람
木石(목석) : 나무와 돌
石油(석유) : 천연으로 지하에서 산출되는 가연성 광물성 기름
石山(석산) : 돌산

활용문

이 돌탑에서 石材(석재)를 다듬던 이름없는 石工(석공)들의 숨결이 느껴집니다.

필순 一 丆 丆 石 石

席

6급

자리 석

巾 | 7획

풀로 짠 깔개에 면포(巾)를 씌운 방석을 집안(广)에 두고 자리, 앉는 곳(席)을 의미한다.

비 度(법도 도)
동 座(자리 좌)
位(자리 위)

읽기 한자

客席(객석) : 손님의 자리
首席(수석) : 맨 윗자리
着席(착석) : 자리에 앉음
空席(공석) : 빈 좌석
同席(동석) : 자리를 같이함
病席(병석) : 병자가 눕는 자리
上席(상석) : 윗자리

활용문

病席(병석)에 누워계신 선생님께 병문안을 가야합니다.

필순 丶 亠 广 户 庐 庐 庐 庐 席 席

先

8급

먼저 선

儿 | 4획

풀 눈이 쭉쭉 뻗치는 것(生)과 사람이 걸어서(儿) 앞으로 나가기에 먼저(先)라는 의미이다.

반 後(뒤 후)

읽기 한자

先決(선결) : 다른 문제보다 앞서 해결함
先約(선약) : 먼저 약속함
先任者(선임자) : 먼저 그 임무를 맡은 사람
先入見(선입견) : 고정적인 관념 및 견해
先天性(선천성) : 본래부터 타고 난 성질

쓰기 한자

先金(선금) : 먼저 치르는 값
先山(선산) : 조상의 무덤이 있는 곳
先生(선생) : 스승. 교원에 대한 일컬음
先王(선왕) : 전대의 군왕
先父兄(선부형) : 돌아가신 아버지나 형

활용문

先山(선산)에 성묘를 갔습니다.

필순 丿 𠂉 𠂉 生 牛 先

線

6급II

줄 선

糸 | 9획

샘물(泉)이 솟아올라 실(糸)처럼 가늘고 길게 이어져 가늘고 긴 선(線)을 의미한다.

비 終(마칠 종)

읽기 한자

路線(노선) : 두 지점을 오가는 교통선
死線(사선) : 죽을 고비
線路(선로) : 열차나 전차의 바퀴가 굴러가는 레일의 길

쓰기 한자

線上(선상) : 어떤 일정한 상태에 있음
直線(직선) : 곧은 줄
光線(광선) : 빛의 줄기

활용문

버스 路線(노선)을 확인하였다.

필순 𠃋 幺 幺 糸 糸 糸 糸' 糸' 約 約 絈 綿 線 線 線

사

仙

5급 II

신선 선

亻(人) | 3획

사람(人)이 산(山)에서 도를 닦으면 신선(仙)이 된다는 의미이다.

비 化(될 화)

동 神(귀신 신)

읽기한자

仙女(선녀) : 선경에 사는 여자 신선
仙人(선인) : 신선
神仙(신선) : 도를 닦아서 인간세계를 떠나 자연과 벗하며 산다는 상상의 사람
水仙花(수선화) : 수선화과의 여러해살이풀

활용문

하얀 仙女服(선녀복) 차림을 한 봄바람과 노랑나비 · 흰나비가 몸을 떨며 나온다.

필순 丿 亻 仆 仙 仙

鮮

5급 II

고울 선

魚 | 6획

양(羊)고기처럼 맛있는 물고기(魚)는 생선인데, 맛있는 생선은 싱싱하다(鮮)는 의미이다.

비 漁(고기잡을 어)

동 麗(고울 려)
美(아름다울 미)

읽기한자

鮮明(선명) : 산뜻하고 밝음
鮮度(선도) : 신선한 정도
生鮮(생선) : 말리거나 절이지 아니한 물고기
朝鮮(조선) : 이성계가 고려 뒤에 세운 나라

활용문

때는 朝鮮時代(조선시대) 연산군 10년 상달 스무아흐렛 날이었다.

필순 鮮

雪

6급 II

눈 설

雨 | 3획

비(雨)처럼 하늘에서 내려와서, 손바닥(⺕)에 올릴 수 있는 눈(雪)을 가리키는 말이다.

비 雲(구름 운)

읽기한자

雪夜(설야) : 눈에 덮인 들
雪路(설로) : 눈길
雪害(설해) : 눈이 많이 내려서 입는 피해

쓰기한자

大雪(대설) : 많은 눈
白雪(백설) : 흰 눈

활용문

雪害(설해)대책을 세우다.

필순 雪

확·인·학·습 21

1. 다음 한자어(漢字語)의 독음을 쓰세요.

(1) 雪野 (　　　)　　(2) 路線 (　　　)
(3) 仙女 (　　　)　　(4) 鮮明 (　　　)
(5) 雲石 (　　　)　　(6) 着席 (　　　)

2. 다음 한자(漢字)의 훈(訓)과 음(音)을 쓰세요.

(1) 書 (　　　)
(2) 席 (　　　)
(3) 仙 (　　　)
(4) 鮮 (　　　)

3. 다음 훈(訓)과 음(音)에 맞는 한자(漢字)를 쓰세요.

(1) 눈 설 (　　)
(2) 줄 선 (　　)
(3) 글 서 (　　)
(4) 먼저 선 (　　)

4. 다음(　)에 들어갈 한자(漢字)를 예(例)에서 찾아 그 번호를 쓰세요.

예(例)			
	① 雪	② 鮮	③ 線
	④ 書	⑤ 席	⑥ 仙

(1) 白面(　)生　　(2) 電車路(　)
(3) 朝(　)王朝　　(4) 首(　)代表

정답

1.	(1) 설야	(2) 노선	(3) 선녀	(4) 선명	(5) 운석	(6) 착석
2.	(1) 글 서	(2) 자리 석	(3) 신선 선	(4) 고울 선		
3.	(1) 雪	(2) 線	(3) 書	(4) 先		
4.	(1) ④	(2) ③	(3) ②	(4) ⑤		

說

5급 II

말씀 설

言 | 7획

사람들이 이해하고 기뻐(兌)하도록 말한다(言)는 데서 말씀, 설명하다(說)는 의미이다.

비 設(베풀 설)
稅(세금 세) 脫(벗을 탈)

동 談(말씀 담)
言(말씀 언) 話(말씀 화)

읽기 한자

說敎(설교) : 종교의 교의를 설명함
說明(설명) : 풀어서 밝힘
說法(설법) : 불교의 교의를 들려 줌
說服(설복) : 알아듣도록 말하여 수긍하게 함
說話(설화) : 이야기

활용문

그는 아무런 說明(설명)도 없이 갑자기 집으로 갔다.

필순 丶 亠 亠 亖 言 言 言 言 訁 訁 訁 訁 訁 說

姓

7급 II

성 성:

女 | 5획

여자(女)가 아기를 낳으면(生) 그 아기에게 성(姓)이 붙는다는 의미이다.

비 性(성품 성)

읽기 한자

通姓名(통성명) : 처음 인사할 때 서로의 성과 이름을 알려 줌
族姓(족성) : 같은 문중의 성씨

쓰기 한자

姓名(성명) : 성과 이름
姓字(성자) : 성을 표시하는 글자
國姓(국성) : 성과 본이 임금과 같은 성
大姓(대성) : 겨레붙이가 번성한 성. 지체가 좋은 성

활용문

同姓同本(동성동본)이라고 해서 결혼을 금지하는 것은 문제가 있다.

필순 ㄑ 女 女 女 女 女 姓 姓

成

6급 II

이룰 성

戈 | 3획

도끼(戊)로 몇 번이고 나무를 깎아(丁)서 물건을 만드는 것에서 충분히 완성되다(成)는 의미이다.

비 城(재 성)

동 就(나아갈 취)
達(통달할 달)

반 敗(패할 패)

읽기 한자

結成(결성) : 단체의 조직을 형성함
養成(양성) : 길러 냄

쓰기 한자

成功(성공) : 목적을 이룸
成果(성과) : 이루어진 결과
成長(성장) : 자라서 점점 커짐
成立(성립) : 사물이 이루어짐
成分(성분) : 물체를 이루는 바탕이 되는 원질
育成(육성) : 길러서 키움

활용문

이번 일의 成果(성과)를 말하기는 아직 이르다고 생각합니다.

필순 丿 厂 厂 万 成 成 成

省

6급 II

살필 성
덜 생

目 | 4획

눈(目)을 가늘게(少) 뜨고 잘 본다는 것에서 주의해서 잘 본다, 잘 생각한다(省)는 의미이다.

비 看(볼 간) 劣(못할 렬)
동 察(살필 찰) 略(줄일 략)
반 加(더할 가)

읽기한자

節省(절생) : 절약함

쓰기한자

反省(반성) : 자기의 과거의 행위에 대하여 스스로 그 선악 · 가부를 고찰함
自省(자성) : 스스로 반성함
人事不省(인사불성) : 정신을 잃고 의식을 모름
三省(삼성) : 매일 세 번 자신을 반성함

활용문

反省文(반성문)을 내일까지 제출해라.

필순 

性

5급 II

성품 성:

忄(心) | 5획

자연스럽게 흙 위에 자라나는(生) 식물같은 마음(心)이라는 것에서 천성(性)을 의미한다.

비 姓(성 성)
동 心(마음 심)

읽기한자

性格(성격) : 사물에 구비된 고유의 성질
性能(성능) : 기계의 성질과 능력
性敎育(성교육) : 청소년에게 성에 관한 올바른 지식을 주려는 교육
性質(성질) : 사람이 지닌 마음의 본바탕
人性(인성) : 사람의 성품
根性(근성) : 타고 난 근본적인 성질

활용문

너는 性質(성질)도 급하구나.

필순 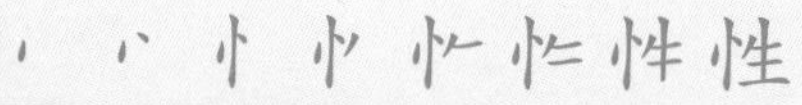

世

7급 II

인간 세:

一 | 4획

옛날 30년을 '일세'라 하여, 년 수가 긴 것을 나타내고, 〈세월의 단락〉의 의미로 사용했다.

비 也(이끼 야)
동 界(지경 계)
代(대신 대)

읽기한자

近世(근세) : 가까운 시대
別世(별세) : 윗사람이 세상을 떠남
舊世代(구세대) : 옛 세대

쓰기한자

世家(세가) : 여러 대를 두고 나라의 중요한 자리에 있는 집안
世道(세도) : 세상을 올바르게 다스리는 도리. 세상의 도의
世母(세모) : 세부 혹은 백부의 아내
世上(세상) : 사람이 살고 있는 온 누리. 사람이 살아가는 동안
世上萬事(세상만사) : 세상에서 일어나는 온갖 일

활용문

全世界(전세계) 사람들이 월드컵에 열광하고 있습니다.

필순 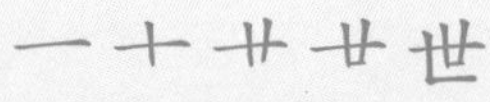

歲 (5급Ⅱ) 해 세:

止 | 9획

도끼(戌), 농기구를 들고 걸으(步)면서 농사를 지으며 해와 세월(歲)을 보낸다는 의미이다.

비 威(위엄 위)
동 年(해 년)
약 岁 嵗

읽기한자

歲時(세시) : 일년 중의 때때
歲月(세월) : 흘러가는 시간
過歲(과세) : 설을 쇰
萬歲(만세) : 영원히 삶

활용문

봄바람 萬歲!(만세)

필순 丨 ⺊ 𠂉 止 产 产 岸 岸 岸 岸 歲 歲 歲

洗 (5급Ⅱ) 씻을 세:

氵(水) | 6획

냇가(氵)에 맨발이 되어 다리(先)의 더러움을 씻어 내려 씻다, 깨끗이 하다(洗)는 의미이다.

비 先(먼저 선)
　 流(흐를 류)
동 濯(씻을 탁)

읽기한자

洗手(세수) : 낯을 씻음
洗車(세차) : 차체에 묻은 먼지나 흙을 씻음
水洗式(수세식) : 변소에 급수 장치를 하여 오물을 물로 씻어 흘러 내려 보내는 방식의 변소

활용문

그 날 아침, 헬렌은 洗手(세수)를 하다가 문득 물을 가리키며 설리반 선생의 손을 두드렸다.

필순 丶 氵 氵 氵 氵 汁 洪 洪 洗

小 (8급) 작을 소:

小 | 0획

칼(亅)로 나누면(八) 크기가 작아진다(小)는 의미이다.

비 少(적을 소)
동 微(작을 미)
반 大(큰 대)　偉(클 위)
　 巨(클 거)　泰(클 태)

읽기한자

小說(소설) : 상상력과 사실의 통일적 표현으로써 인생과 미를 산문체로 나타낸 예술
小兒(소아) : 어린아이
小品(소품) : 작은 제작품
過小(과소) : 너무 작음

쓰기한자

小國(소국) : 작은 나라
小女(소녀) : 키나 몸이 작은 여자 아이
小木(소목) : 나무로 가구 따위를 짜는 일을 업으로 삼는 사람
小門(소문) : 작은 문

활용문

小雪(소설)은 24절기의 하나로 입동과 대설 사이에 있습니다.

필순 亅 小 小

확·인·학·습 22

1. 다음 한자어(漢字語)의 독음을 쓰세요.

(1) 性格 (　　　)　　(2) 成果 (　　　)
(3) 反省 (　　　)　　(4) 洗車 (　　　)
(5) 萬歲 (　　　)　　(6) 說服 (　　　)

2. 다음 한자(漢字)의 훈(訓)과 음(音)을 쓰세요.

(1) 說 (　　　)
(2) 歲 (　　　)
(3) 性 (　　　)
(4) 洗 (　　　)

3. 다음 훈(訓)과 음(音)에 맞는 한자(漢字)를 쓰세요.

(1) 작을 소 (　　　)
(2) 인간 세 (　　　)
(3) 성 성 (　　　)
(4) 이룰 성 (　　　)

4. 다음(　)에 들어갈 한자(漢字)를 예(例)에서 찾아 그 번호를 쓰세요.

예(例)			
	① 洗	② 性	③ 世
	④ 省	⑤ 歲	⑥ 成

(1) 合目的(　)　　(2) 自己反(　)
(3) 門前(　)市　　(4) 太平(　)月

정답						
1.	(1) 성격	(2) 성과	(3) 반성	(4) 세차	(5) 만세	(6) 설복
2.	(1) 말씀 설	(2) 해 세	(3) 성품 성	(4) 씻을 세		
3.	(1) 小	(2) 世	(3) 姓	(4) 成		
4.	(1) ②	(2) ④	(3) ⑥	(4) ⑤		

少

7급

적을 소:

小 | 1획

작은 것(小)을 나누면(丿) 더욱 작아진다는 것에서 적다(少)는 의미이다.

비 小(작을 소)
동 寡(적을 과)
반 多(많을 다)

읽기한자

多少(다소) : 많음과 적음
過少(과소) : 너무 적음

쓰기한자

少女(소녀) : 나이가 어린 계집아이
少年(소년) : 나이가 어린 사내아이
青少年(청소년) : 청년과 소년

활용문

한 少女(소녀)가 서 있었다.

필순 亅 小 小 少

所

7급

바 소:

戶 | 4획

나무를 자르는(斤) 곳(戶)이 소리가 나는 곳을 말하는 것에서 장소(所)를 의미한다.

읽기한자

所見(소견) : 사물을 보고 살펴 인식하는 생각
所望(소망) : 바람직함
所任(소임) : 맡은 바 직책
要所(요소) : 중요한 장소
宿所(숙소) : 머물러 묵는 곳

쓰기한자

所生(소생) : 자기가 낳은 자녀
所食(소식) : 먹는 분량
所有(소유) : 가진 물건, 또 가짐. 소유권을 가지는 물건
所有物(소유물) : 소유하는 물건
所有主(소유주) : 소유권을 가진 사람

활용문

그는 所信(소신)대로 일을 하는 편이다.

필순 丶 ㇇ ㇇ 户 户 戶 所 所 所

消

6급 II

사라질 소

氵(水) | 7획

물(氵)이 점점 줄어가는 것(肖)에서 사라지다, 없어지다(消)라는 의미이다.

반 顯(나타날 현)

읽기한자

消化(소화) : 섭취한 영양 물질을 이용될 수 있는 단순한 형태로 변화시키는 물리적 · 화학적 작용 또는 그 과정
消失(소실) : 사라져 없어짐

쓰기한자

消日(소일) : 하는 일 없이 세월을 보냄
消火(소화) : 불을 끔
消音(소음) : 소리를 없애거나 작게 하여 밖으로 새나가지 않도록 함

활용문

요즘은 무슨 일로 消日(소일)을 하세요?

필순 丶 氵 氵 氵' 氵'' 氵⺌ 消 消 消 消

速

6급

빠를 속

辶(辵) | 7획

땔감을 단단히 꿰매(束)듯이, 마음을 꼭 매고 걸어가(辶)는 것에서 빠르다(速)는 의미이다.

비 束(묶을 속)
동 急(급할 급)

읽기한자

速決(속결) : 속히 처결함
變速(변속) : 속도를 바꿈
過速(과속) : 일정한 표준에서 벗어난 더 빠른 속도
速記(속기) : 빨리 적음
速度(속도) : 빠른 정도
速讀(속독) : 빨리 읽음
速力(속력) : 속도의 크기

활용문

變速(변속)을 너무 급하게 하지 마라.

필순 一 厂 戸 戸 申 東 束 束 涑 涑 速

束

5급II

묶을 속

木 | 3획

나뭇가지(木) 등을 모아 끈으로 말아서 묶은(口) 모양의 다발로 묶다(束)는 의미이다.

비 速(빠를 속)
　東(동녘 동)
동 結(맺을 결)
반 解(풀 해)
　釋(풀 석)

읽기한자

結束(결속) : 덩이가 되게 묶음
團束(단속) : 주의를 기울여 다잡거나 보살핌
約束(약속) : 장래에 할 일에 관해 상대방과 서로 언약하여 정함

활용문

1909년 안중근은 동지 10여 명과 함께 獨立運動(독립운동)에 生命(생명)을 바칠 것을 約束(약속)하고 이등박문을 살해하기로 決意(결의)하였다.

필순 一 厂 戸 戸 申 東 束

孫

6급

손자 손(:)

子 | 7획

인간(子)은 수없이 연결된 실다발처럼 다음에서 다음으로 이어진다(系)는 의미이다.

비 係(맬 계)
반 祖(할아비 조)

읽기한자

順孫(순손) : 조부모를 잘 받들어 모시는 손자
兒孫(아손) : 자기의 아들과 손자를 통틀어 이르는 말. 곧 자손을 이르는 말
孫子(손자) : 아들의 아들
世孫(세손) : 시조로부터 몇 대째의 자손임을 나타내는 말
外孫(외손) : 딸이 낳은 자식
子孫(자손) : 아들과 손자
子子孫孫(자자손손) : 자손의 여러 대

활용문

한 할머니가 孫子(손자)로 보이는 아이를 업고 있었다.

필순 ㇇ 了 子 孑 孑 孖 孫 孫 孫 孫

水

8급

물 수

水 | 0획

냇물의 움직임을 나타낸 모양이다.

비 氷(얼음 빙)
반 火(불 화)
陸(뭍 륙)

읽기한자

水洗式(수세식) : 변소에 급수 장치를 하여 물로 씻어 흘러 내려 보내는 방식의 변소
水質(수질) : 물의 성질
水害(수해) : 홍수로 인한 해
水流(수류) : 물의 흐름

쓰기한자

水國(수국) : 바다의 세계
水軍(수군) : 해군
水門(수문) : 저수지나 수로에 설치하여 수량을 조절하는 문. 물문
水生(수생) : 물 속에서 생활하는 것
水中(수중) : 물 가운데. 물 속

활용문

홍수를 막기 위해 水門(수문)을 열어둘 필요가 있다.

필순 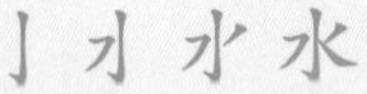

手

7급 II

손 수(:)

手 | 0획

다섯 개의 손가락과 손바닥과 팔의 형태에서 손(手)을 의미한다.

반 足(발 족)

읽기한자

手法(수법) : 수단과 방법
手相(수상) : 손금
洗手(세수) : 낯을 씻음
失手(실수) : 조심하지 못하여 잘못함

쓰기한자

手車(수거) : 손수레. 인력거
手工(수공) : 손으로 만든 공예
手記(수기) : 손수 적은 기록
手旗(수기) : 손에 쥐는 작은 기. 손기
手不足(수부족) : 사람 손이 부족함
手術(수술) : 피부나 기타의 조직을 째거나 자르거나 하여 병을 다스리는 일

활용문

이 글은 그 분이 적은 手記(수기)입니다.

필순 

數

7급

셈 수:

攵(攴) | 11획

드문 드문 흩어져 있는(婁) 물건을 막대기를 들고 돌아다니며 치면서(攵) 하나 둘 셈하는 데서, '셈, 세다(數)'는 의미이다.

비 樓(다락 루)
동 算(셈 산) 計(셀 계)
약 数

읽기한자

數種(수종) : 몇 가지의 종류
過半數(과반수) : 반이 넘는 수
變數(변수) : 변할 수 있는 수

쓰기한자

數年(수년) : 두서너 해
數萬(수만) : 여러 만. 썩 많은 수효
數十(수십) : 이삼십 또는 삼사십 되는 수효
數語(수어) : 두어 마디 말
數百萬(수백만) : 여러 백만

활용문

數萬(수만) 명의 군사가 일제히 포를 쏘아댔다.

필순 

확·인·학·습 23

1. 다음 한자어(漢字語)의 독음을 쓰세요.

(1) 結束 (　　　　)　　(2) 數學 (　　　　)
(3) 祖孫 (　　　　)　　(4) 宿所 (　　　　)
(5) 速力 (　　　　)　　(6) 消失 (　　　　)

2. 다음 한자(漢字)의 훈(訓)과 음(音)을 쓰세요.

(1) 束 (　　　　)
(2) 消 (　　　　)
(3) 孫 (　　　　)
(4) 速 (　　　　)

3. 다음 훈(訓)과 음(音)에 맞는 한자(漢字)를 쓰세요.

(1) 사라질 소 (　　　　)
(2) 적을 소 (　　　　)
(3) 손 수 (　　　　)
(4) 셈 수 (　　　　)

4. 다음(　)에 들어갈 한자(漢字)를 예(例)에서 찾아 그 번호를 쓰세요.

예(例)	① 消	② 速	③ 孫
	④ 束	⑤ 手	⑥ 所

(1) 高(　)道路　　(2) 約(　)時間
(3) 自(　)成家　　(4) 子(　)代代

정답						
1.	(1) 결속	(2) 수학	(3) 조손	(4) 숙소	(5) 속력	(6) 소실
2.	(1) 묶을 속	(2) 사라질 소	(3) 손자 손	(4) 빠를 속		
3.	(1) 消	(2) 少	(3) 手	(4) 數		
4.	(1) ②	(2) ④	(3) ⑤	(4) ③		

樹

6급

나무 수

木 | 12획

북(鼓)을 치듯이 나무(木)가 바람에 흔들리면서 나무, 수목, 세우다(樹) 등의 의미이다.

동 木(나무 목)
林(수풀 림)

읽기한자

有實樹(유실수) : 유용한 열매를 맺는 나무
樹林(수림) : 나무가 우거진 숲
樹立(수립) : 사업이나 공(功)을 이룩하여 세움
樹木(수목) : 살아있는 나무
植樹(식수) : 나무를 심음

활용문

樹木(수목)이 우거진 숲을 헤쳐 나가야 한다.

필순 一 十 才 木 木 木 朩 朩 朩 桔 桔 桔 梪 梪 樹 樹

首

5급II

머리 수

首 | 0획

얼굴과 머리털의 모양을 본떠서 목이나 머리(首)를 의미한다.

동 頭(머리 두)

읽기한자

首相(수상) : 내각의 우두머리
首席(수석) : 맨 윗자리
自首(자수) : 범인이 스스로 범죄 사실을 신고함

활용문

윤선도의 이 노래는 有名(유명)한 '五友歌(오우가)' 중의 한 首(수)입니다.

필순 丶 丷 䒑 䒑 䒑 首 首 首 首

宿

5급II

잘 숙

宀 | 8획

집(宀)에 많은(百) 수의 사람(人)이 와서 묵고 나가는 모습에서 숙소(宿)를 의미한다.

비 縮(줄일 축)

동 寢(잘 침)
眠(잠잘 면)

읽기한자

宿命(숙명) : 선천적으로 타고난 운명
宿所(숙소) : 머물러 묵는 곳
宿食(숙식) : 자고 먹음
合宿(합숙) : 여러 사람이 한 곳에서 같이 잠

활용문

2番(번) 宿題(숙제)는 좀 時間(시간)이 걸렸다.

필순 丶 丶 宀 宀 宀 宀 宀 宿 宿 宿 宿

順

5급 II

순할 순:

頁 | 3획

냇물(川)이 흘러가는 방향으로 순순히 머리(頁)를 돌리는 것에서 따르다(順)는 의미이다.

반 逆(거스를 역)

읽기 한자

順理(순리) : 도리에 순종함
順番(순번) : 차례로 오는 번
順産(순산) : 아이를 아무 탈 없이 순하게 낳음
順調(순조) : 탈 없이 잘 되어 가는 상태

활용문

안중근은 곧 체포되어 旅順(여순)의 감옥에 갇히게 되었다.

필순 丿 川 川 川一 川厂 川丆 川丅 川百 順 順 順 順

術

6급 II

재주 술

行 | 5획

차조(朮) 줄기처럼 쭉 뻗어있는 길(行)에서, 길의 의미이다. 여기에서, '꾀, 재주'의 뜻이 나왔다.

비 述(펼 술)
동 技(재주 기)
藝(재주 예)
才(재주 재)

읽기 한자

術法(술법) : 음양과 복술에 관한 이치
美術(미술) : 아름다움을 표현하는 예술
醫術(의술) : 병을 고치는 기술

쓰기 한자

術數(술수) : 음양과 복서(卜筮) 등에 관한 이치
道術(도술) : 도가나 도사의 조화를 부리는 술법

활용문

그 분은 醫術(의술)이 뛰어나다.

필순 ノ 彳 彳 行 ... 術

習

6급

익힐 습

羽 | 5획

날개(羽)를 퍼덕이며 병아리의 흰(白)털이 보인다는 데서 익히다, 배우다(習)는 의미이다.

동 練(익힐 련)

읽기 한자

見習(견습) : 남의 하는 일을 보고 익힘
習性(습성) : 습관이 되어버린 성질
學習(학습) : 배워서 익힘
風習(풍습) : 풍속과 습관을 아울러 이르는 말

활용문

그런 習性(습성)은 빨리 고치는 것이 좋다.

필순 ㇆ 习 习 羽 ... 習

사

勝

6급

이길 승

力 | 10획

배(舟)에 스며드는 물을 퍼내는 힘(券)의 모습에 위험상태를 이겨내어 견디다(勝)는 의미이다.

반 敗(질 패)
負(질 부)

읽기한자

決勝(결승) : 최후의 승패를 결정함
必勝(필승) : 꼭 이김
勝利(승리) : 겨루어 이김
勝算(승산) : 꼭 이길 가망성
勝者(승자) : 겨루어 이긴 사람
勝戰(승전) : 싸움에 이김

활용문

우리에게도 이번 경기는 勝算(승산)이 있다.

필순 丿 刀 月 月 月' 月` 月⺊ 月⺌ 胖 胅 勝 勝

市

7급 II

저자 시:

巾 | 2획

천(巾)을 사러 가는(亠) 곳이니 저자, 시장(市)이라는 의미이다.

읽기한자

市價(시가) : 시장 가격
開市(개시) : 처음으로 이루어지는 거래

쓰기한자

市國(시국) : 국가가 하나의 도시만으로 형성된 것
市內(시내) : 시의 구역 안
市道(시도) : 시내의 도로로서 시장이 노선을 인정하고 관리, 유지하는 도로
市立(시립) : 시에서 설립하여 관리 유지함

활용문

市內(시내)버스를 타도 그 곳에 갈 수 있습니까?

필순 丶 亠 亠 亢 市

時

7급 II

때 시

日 | 6획

태양(日)이 일한다(寺)는 것은 시간이 경과한다는 것으로 시간의 길이(時)를 의미한다.

동 期(기약할 기)

읽기한자

時價(시가) : 어느 일정한 시기에 있어서의 특정물의 시가(市價)
時局(시국) : 당면한 국내 및 국제적 정세
時節(시절) : 때
當時(당시) : 일이 생긴 그 때

쓰기한자

時間(시간) : 세월의 흐름
時空(시공) : 시간과 공간
時文(시문) : 그 시대에 쓰이는 글
時方(시방) : 지금. 금시

활용문

이 시계는 時間(시간)이 잘 맞습니까?

필순 丨 冂 日 日 日一 日十 日土 日土 時 時

확·인·학·습 24

1. 다음 한자어(漢字語)의 독음을 쓰세요.

(1) 宿命 (　　　)　　(2) 勝利 (　　　)
(3) 首席 (　　　)　　(4) 植樹 (　　　)
(5) 順番 (　　　)　　(6) 學習 (　　　)

2. 다음 한자(漢字)의 훈(訓)과 음(音)을 쓰세요.

(1) 首 (　　　)
(2) 順 (　　　)
(3) 勝 (　　　)
(4) 宿 (　　　)

3. 다음 훈(訓)과 음(音)에 맞는 한자(漢字)를 쓰세요.

(1) 때 시 (　　)
(2) 저자 시 (　　)
(3) 재주 술 (　　)
(4) 셈 수 (　　)

4. 다음(　)에 들어갈 한자(漢字)를 예(例)에서 찾아 그 번호를 쓰세요.

예(例)	① 勝	② 首	③ 時
	④ 順	⑤ 習	⑥ 宿

(1) (　)敗結果　　(2) 學(　)活動
(3) 國家元(　)　　(4) (　)間問題

정답						
1.	(1) 숙명	(2) 승리	(3) 수석	(4) 식수	(5) 순번	(6) 학습
2.	(1) 머리 수	(2) 순할 순	(3) 이길 승	(4) 잘 숙		
3.	(1) 時	(2) 市	(3) 術	(4) 數		
4.	(1) ①	(2) ⑤	(3) ②	(4) ③		

사

始

6급Ⅱ

비로소 시:

女 | 5획

인간은 여인(女)으로부터 태어나 길러(台)지게 되니 시초(始)를 의미한다.

동 初(처음 초)
반 末(끝 말)
終(마칠 종)

읽기 한자

開始(개시) : 행동이나 일 따위를 시작함
元始(원시) : 시작하는 처음

쓰기 한자

始動(시동) : 처음으로 움직임
始作(시작) : 처음으로 함
始發(시발) : 맨 처음의 출발이나 발차

활용문

차가 고장이 났는지 始動(시동)이 자꾸 꺼집니다.

필순 ㄑ 女 女 女' 女ᐩ 女ᐩ 始 始

食

7급Ⅱ

밥/먹을 식

食 | 0획

밥(皀)을 그릇에 모아(亼) 담은 모양에서 밥, 먹다(食)는 의미이다.

비 良(어질 량)

읽기 한자

食客(식객) : 하는 일 없이 남의 집에 얹혀 얻어먹고 지내는 사람
食福(식복) : 먹을 복
食性(식성) : 음식에 대하여 좋아하고 싫어하는 성미
食品(식품) : 사람이 일상 섭취하는 음식물
過食(과식) : 지나치게 많이 먹음
宿食(숙식) : 자고 먹음

쓰기 한자

食口(식구) : 한 집안에서 같이 살며 끼니를 함께 하는 사람
會食(회식) : 여럿이 모여 함께 음식을 먹는 일

활용문

過食(과식)을 하는 것은 건강에 좋지 않습니다.

필순 丿 人 亼 今 今 今 食 食 食

植

7급

심을 식

木 | 8획

10인의 눈 앞에선 순수해지듯이 나무(木)를 똑바로(直) 세워서 키우는 것에서 심다(植)는 의미이다.

비 直(곧을 직)
반 拔(뽑을 발)

읽기 한자

植種(식종) : 심음
植樹(식수) : 나무를 심음

쓰기 한자

植物(식물) : 생물계에서 동물과 둘로 크게 구분되는 일군의 생물의 총칭
植木日(식목일) : 나무를 아껴 가꾸고 많이 심기를 권장할 목적으로 제정된 날. 4월 5일
植民地(식민지) : 본국 밖에 있어서 본국의 특수 통치를 받는 지역

활용문

4월 5일은 植木日(식목일)입니다.

필순 一 十 才 木 木' 木ᐩ 村 枯 枯 植 植 植

式

6급

법 식

弋 | 3획

도구(弋)를 사용해서 작업(工)을 하는 것에서 작업의 정해진 방식, 방법(式)을 의미한다.

동 規(법 규)
律(법칙 률)
法(법 법)
則(법칙 칙)

읽기 한자

式順(식순) : 의식 진행의 순서
式典(식전) : 의식
格式(격식) : 격에 맞는 법식
舊式(구식) : 옛 양식이나 방식
記念式(기념식) : 어떤 일을 기념하기 위하여 행하는 식
法式(법식) : 법도와 양식
式場(식장) : 식을 올리는 장소
定式(정식) : 일정한 방식
開所式(개소식) : 사무소·출장소 등의 기관을 설치하여 사무를 시작하며 치르는 식

활용문

신랑, 신부가 式場(식장)을 빠져 나왔다.

필순 一 二 亍 亍 式 式

識

5급 II

알 식
기록할 지

言 | 12획

소리(音)를 내어 말하(言)는 것을 확실히 새기(戈)고 깨닫게 하는 것에서 표시(識)를 의미한다.

비 職(직분 직)
織(짤 직)
동 知(알 지)

읽기 한자

識見(식견) : 학식과 견문
識別(식별) : 알아서 구별함
識字(식자) : 글자를 아는 일
記識(기지) : 기록함
知識(지식) : 어떤 대상에 대하여 이해하고 앎
學識(학식) : 배워서 얻은 앎

활용문

學識(학식)도 깊고 事理(사리)도 밝아서 男便(남편)에게도 항상 자기 분에 넘치는 일은 하지 말고 옳은 길만 걷도록 권고했다.

필순 丶 亠 亠 亠 言 言 言 言 言 言 言 諳 諳 諳 諳 諳 識 識 識

信

6급 II

믿을 신:

亻(人) | 7획

사람(人) 말(言)에는 거짓말이 없어야 하며 이를 신령에게 맹세한다고 해서 믿다(信)는 의미이다.

비 計(셀 계)
동 仰(우러를 앙/믿을 앙)

읽기 한자

信念(신념) : 굳게 믿는 마음
信奉(신봉) : 믿고 받듦
信任(신임) : 믿고 일을 맡기는 일
過信(과신) : 지나치게 믿음
不信任(불신임) : 신임하지 않음

쓰기 한자

信用(신용) : 믿고 씀
自信(자신) : 자기의 능력이나 가치를 확신함
短信(단신) : 간략한 편지나 뉴스

활용문

은행거래에서는 信用(신용)이 아주 중요합니다.

필순 丿 亻 亻 亻 亻 亻 信 信 信

身

6급 II

몸 신

身 | 0획

아기를 갖게 되면 몸을 소중히 보살피는 것에서 몸, 알맹이(身)를 의미한다.

동 體(몸 체)

반 心(마음 심)

읽기 한자

變身(변신) : 몸의 모양을 바꿈
獨身(독신) : 배우자가 없는 사람
身病(신병) : 몸의 병

쓰기 한자

身分(신분) : 개인의 사회적 지위
身上(신상) : 개인에 관한 일
身長(신장) : 사람의 키
身體(신체) : 사람의 몸

활용문

이번 일을 身分(신분)상승의 기회로 삼는 것은 좋지 않다.

필순 ′ 亻 亣 白 自 自 身

新

6급 II

새 신

斤 | 9획

도끼(斤)로 막 자른(立) 생나무(木)의 모양에서 새롭다, 처음(新)을 의미한다.

비 親(친할 친)

반 舊(예 구)
古(예 고)

읽기 한자

新兵(신병) : 새로 입영한 병정
新鮮(신선) : 새롭고 깨끗함
新種(신종) : 새로운 종류
新綠(신록) : 늦봄이나 초여름의 초목이 띤 푸른 빛

쓰기 한자

新車(신차) : 새로운 차
新年(신년) :새 해
新聞(신문) : 새로운 소식

활용문

이 가게에서는 新鮮(신선)한 야채를 판다.

필순 丶 亠 亠 立 立 辛 辛 辛 亲 亲 新 新 新

神

6급 II

귀신 신

示 | 5획

번개처럼 일어(申)나는 힘을 두려워해 신령님을 제사(示)하는 것에서 신(神)을 의미한다.

비 祖(할아비 조)

동 鬼(귀신 귀)

읽기 한자

神格(신격) : 신으로서의 자격
神仙(신선) : 선도를 닦아 도에 통한 사람
神筆(신필) : 아주 잘 쓴 글씨

쓰기 한자

神童(신동) : 재주와 슬기가 남달리 썩 뛰어난 아이
神明(신명) : 하늘과 땅의 신령

활용문

그 약을 먹었더니 神通(신통)하게도 말끔히 치유됐다.

필순 一 二 亍 亍 示 示 和 和 袒 神

확·인·학·습 25

1. 다음 한자어(漢字語)의 독음을 쓰세요.

(1) 識別 (　　　)　　(2) 身體 (　　　)
(3) 信奉 (　　　)　　(4) 開始 (　　　)
(5) 式順 (　　　)　　(6) 神童 (　　　)

2. 다음 한자(漢字)의 훈(訓)과 음(音)을 쓰세요.

(1) 始 (　　　)
(2) 識 (　　　)
(3) 信 (　　　)
(4) 式 (　　　)

3. 다음 훈(訓)과 음(音)에 맞는 한자(漢字)를 쓰세요.

(1) 먹을 식 (　　　)
(2) 심을 식 (　　　)
(3) 새 신 (　　　)
(4) 몸 신 (　　　)

4. 다음(　)에 들어갈 한자(漢字)를 예(例)에서 찾아 그 번호를 쓰세요.

예(例)			
	① 式	② 信	③ 識
	④ 始	⑤ 植	⑥ 神

(1) 問題意(　)　　(2) 口傳(　)話
(3) (　)前行事　　(4) (　)物人間

정답	
1.	(1) 식별　(2) 신체　(3) 신봉　(4) 개시　(5) 식순　(6) 신동
2.	(1) 비로소 시　(2) 알 식 / 기록할 지　(3) 믿을 신　(4) 법 식
3.	(1) 食　(2) 植　(3) 新　(4) 身
4.	(1) ③　(2) ⑥　(3) ①　(4) ⑤

臣

5급II

신하 신

臣 | 0획

눈을 들어 위를 보는 모양으로 주인 앞에 부복하고 있는 사람, 부하(臣)를 의미한다.

비 巨(클 거)
반 君(임금 군) 王(임금 왕) 帝(임금 제) 皇(임금 황) 主(임금 주) 民(백성 민)

읽기 한자

臣下(신하) : 임금을 섬기어 벼슬하는 사람
家臣(가신) : 정승의 집안일을 맡아보던 사람
功臣(공신) : 국가에 공로가 있는 신하
使臣(사신) : 임금이나 국가의 명령으로 외국에 심부름 가는 신하

활용문

君臣(군신) 사이의 도리는 의리에 있습니다.

필순 一 丅 ㄷ 포 芧 臣

室

8급

집 실

宀 | 6획

사람이 잠자는 침실은 집(宀) 안쪽에 있는(至) 것에서 방, 거처(室)를 의미한다.

비 空(빌 공)
동 家(집 가) 堂(집 당) 屋(집 옥) 宅(집 택) 宇(집 우) 宙(집 주)

읽기 한자

客室(객실) : 손님이 거처하게 하거나 응접하는 방
室溫(실온) : 방안의 온도
畵室(화실) :화가가 작업하는 방

쓰기 한자

室長(실장) : 실(室)의 명칭으로 된 기관의 우두머리
室外(실외) : 교실 밖 ↔ 室內(실내)
教室(교실) : 학생들이 공부하는 넓은 방
王室(왕실) : 임금의 집안

활용문

매일매일 教室(교실)청소를 해야 합니다.

필순 丶 丷 宀 宀 宝 宝 室 室 室

失

6급

잃을 실

大 | 2획

사람(人)이 큰(大) 실수를 하여 물건을 잃었다(失)는 의미이다.

비 矢(화살 시) 夫(지아비 부)
동 敗(패할 패)
반 得(얻을 득)

읽기 한자

失格(실격) : 자격을 잃음
失望(실망) : 희망을 잃어버림
過失(과실) : 잘못. 허물
失禮(실례) : 언행이 예의에 벗어남
失利(실리) : 손해를 봄

활용문

失手(실수)하지 않도록 정신 바짝 차리고 일해라.

필순 ノ 𠂉 二 牛 失

實

5급Ⅱ

열매 실

宀 | 11획

집(宀) 안에 보물(貝)이 가득 채워져 있는(毋) 것에서 가득차다, 정말, 알맹이(實)를 의미한다.

동 果(실과 과)
반 虛(빌 허)
空(빌 공)
약 実

읽기한자

果實(과실) : 과수에 생기는 열매
實感(실감) : 실제의 느낌
實科(실과) : 실제 업무에 필요한 과목
實力(실력) : 실제의 역량
實行(실행) : 실제로 행함

활용문

이렇게 우리들이 스스로가 상상의 날개를 펴서 實行(실행)해 볼 수 있는 놀이로는 연극이 제일이다.

필순 丶 丶 宀 宀 宀 宀 宀 宀 宀 宀 宀 宀 宀 實

心

7급

마음 심

心 | 0획

옛날 사람은 무언가를 생각하는 마음의 활용이 심장에 있다고 생각하여 마음(心)을 나타낸다.

동 情(뜻 정)
반 身(몸 신)
體(몸 체)

읽기한자

心性(심성) : 마음과 성품
心情(심정) : 마음과 정
觀心(관심) : 마음의 본성을 관찰하여 밝게 함

쓰기한자

中心(중심) : 가운데
心氣(심기) : 마음으로 느끼는 기분
心事(심사) : 마음에 새기는 일
重心(중심) : 중력의 중심

활용문

아버지의 心氣(심기)가 많이 불편하십니다.

필순 丶 心 心 心

十

8급

열 십

十 | 0획

1에서 10까지의 전부를 한 자루에 쥔 모양을 본떴다.

읽기한자

聞一知十(문일지십) : 하나를 들으면 열가지를 앎
十年知己(십년지기) : 오래전부터 사귀어 잘 아는 사람

쓰기한자

十長生(십장생) : 장생불사한다는 열 가지의 물건
十中八九(십중팔구) : 열 가운데 여덟이나 아홉이 됨. 거의 다 됨
十分(십분) : 아주 충분히
十全(십전) : 모두 갖추어져서 결점이 없음

활용문

우리는 농구 경기에서 실력을 十分(십분) 발휘했다.

필순 一 十

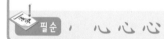

兒

5급 II

아이 **아**

儿 | 6획

아이(兒)의 머리(臼)와 다리(儿)의 모양을 합친 글자이다.

- 동 童(아이 동)
- 반 長(어른 장)
- 약 児

읽기 한자

兒童(아동) : 어린아이
育兒(육아) : 어린아이를 기름
幸運兒(행운아) : 좋은 운수를 만난 사람
小兒(소아) : 어린아이

활용문

이 두 연극을 구별하기 위해서 앞의 것을 學校劇(학교극), 뒤의 것을 兒童劇(아동극)이라고 할 수도 있다.

필순 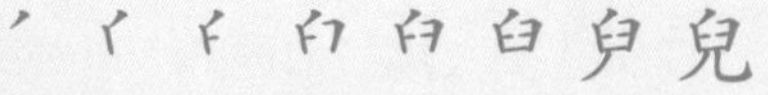

惡

5급 II

악할 **악**
미워할 **오**

心 | 8획

비뚤어진 마음은 보기 싫은(亞) 마음(心)으로 좋지 않다, 나쁘다, 악하다(惡)는 의미이다.

- 비 恩(은혜 은) 悲(슬플 비)
- 동 憎(미울 증)
- 반 善(착할 선) 愛(사랑 애)
- 약 悪

읽기 한자

害惡(해악) : 해가 되는 나쁜 일
交惡(교오) : 서로 미워함
惡質(악질) : 성질이 모질고 나쁨
惡法(악법) : 사회에 해를 끼치는 나쁜 법

활용문

사임당이 마흔여덟이 되던 해, 전부터 앓고 있던 病(병)이 惡化(악화)되어 조용히 눈을 감게 되니, 때는 1551年(년) 5月(월) 17日(일) 새벽이었다.

필순 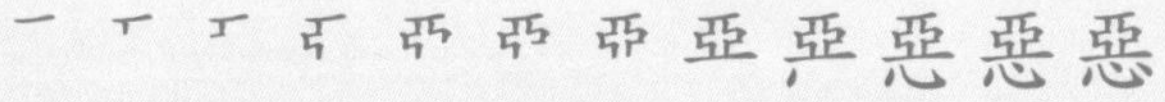

安

7급 II

편안 **안**

宀 | 3획

집안(宀)에 여인(女)이 있어 집을 지키면 가정이 평화롭다는 데서 편안하다(安)는 의미이다.

- 비 案(책상 안)
- 동 寧(편안 녕) 全(온전 전) 便(편할 편) 平(평평할 평)

읽기 한자

安着(안착) : 무사히 도착함
奉安(봉안) : 신주(神主)나 화상(畫像)을 받들어 모심

쓰기 한자

安心(안심) : 마음을 편안히 가라앉힘
安全(안전) : 평안하여 위험이 없음
安住(안주) : 자리 잡고 편히 삶
問安(문안) : 웃어른께 안부를 여쭘

활용문

철수는 서울에 계신 부모님께 問安(문안) 편지를 썼다.

필순 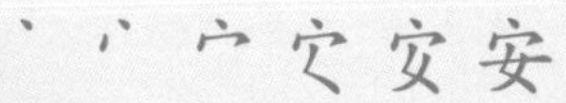

확·인·학·습 26

1. 다음 한자어(漢字語)의 독음을 쓰세요.

(1) 實感 (　　　　)　　(2) 惡質 (　　　　)
(3) 失禮 (　　　　)　　(4) 育兒 (　　　　)
(5) 功臣 (　　　　)　　(6) 便安 (　　　　)

2. 다음 한자(漢字)의 훈(訓)과 음(音)을 쓰세요.

(1) 惡 (　　　　)
(2) 兒 (　　　　)
(3) 實 (　　　　)
(4) 臣 (　　　　)

3. 다음 훈(訓)과 음(音)에 맞는 한자(漢字)를 쓰세요.

(1) 열 십 (　　　　)
(2) 집 실 (　　　　)
(3) 마음 심 (　　　　)
(4) 편안 안 (　　　　)

4. 다음(　)에 들어갈 한자(漢字)를 예(例)에서 찾아 그 번호를 쓰세요.

예(例)			
	① 兒	② 臣	③ 惡
	④ 安	⑤ 失	⑥ 實

(1) (　)童文學　　(2) 開國功(　)
(3) (　)質分子　　(4) 有名無(　)

정답						
1.	(1) 실감	(2) 악질	(3) 실례	(4) 육아	(5) 공신	(6) 편안
2.	(1) 악할 악 / 미워할 오		(2) 아이 아	(3) 열매 실	(4) 신하 신	
3.	(1) 十	(2) 室	(3) 心	(4) 安		
4.	(1) ①	(2) ②	(3) ③	(4) ⑥		

愛

6급

사랑 애(:)

心 | 9획

님을 빨리 만나고 싶으면(心), 배를 움직여(受)도 성급해 배가 나아가지 않는다 하여 사랑하다(愛)는 의미이다.

반 惡(미워할 오)
憎(미워할 증)

읽기 한자

愛情(애정) : 사랑하는 마음
敬愛(경애) : 공경하고 사랑함
友愛(우애) : 형제 사이의 사랑
愛校(애교) : 학교를 사랑함
愛國(애국) : 자기 나라를 사랑함
愛讀(애독) : 즐겨서 읽음
愛社(애사) : 자기가 근무하는 회사를 아끼고 사랑함

활용문

나라에 愛國(애국)하는 마음을 항상 지녀라.

필순

野

6급

들 야:

里 | 4획

사람이 살고 있는 마을(里)에서 쭉 뻗어간(子) 곳의 풍경에서 넓은 들판(野)이란 의미이다.

비 豫(미리 예)
반 與(더불 여)

읽기 한자

野望(야망) : 분에 훨씬 넘치는 희망
野性(야성) : 자연 또는 본능 그대로의 성질
廣野(광야) : 너른 들
野生(야생) : 동식물이 산이나 들에서 저절로 남
野球(야구) : 공과 글러브, 배트를 가지고 하는 경기

활용문

이 곳은 野生(야생)동물의 낙원이다.

필순

夜

6급

밤 야:

夕 | 5획

사람(人)들이 집(亠)에서 휴식하는 것은 달(月)이 뜨는 밤(夜)이라는 의미이다.

비 液(진 액)
반 晝(낮 주)
午(낮 오)

읽기 한자

夜光(야광) : 밤에 빛나는 빛
夜學(야학) : 밤에 공부함
夜行(야행) : 밤에 길을 감
夜戰(야전) : 야간전투
白夜(백야) : 밤에도 어두워지지 않는 현상
晝夜(주야) : 밤낮

활용문

부엉이는 夜行性(야행성) 동물입니다.

필순

弱

6급II

약할 약

弓 | 7획

새끼 새가 날개를 펼친 모양을 본떠서 약하다, 어리다(弱)는 의미이다.

비 羽(깃 우)
반 強(강할 강)

읽기 한자

弱化(약화) : 세력이 약해짐
強弱(강약) : 강함과 약함

쓰기 한자

弱體(약체) : 약한 몸
老弱(노약) : 늙은 사람과 약한사람
弱小(약소) : 약하고 작음

활용문

우리 팀은 弱體(약체)팀으로 분류됐다.

필순 ㄱ ㄱ 弓 弓 弓 弓' 弓' 弱 弱 弱

藥

6급II

약 약

++(艸) | 15획

병으로 열이 날 때 먹이면 편해지(樂)는 풀(++)에서 약(藥)을 의미한다.

비 樂(즐길 락)
약 薬

읽기 한자

藥局(약국) : 약사가 약을 판매하는 곳
藥材(약재) : 약을 짓는 재료
藥品(약품) : 약

쓰기 한자

藥果(약과) : 감당하기 어렵지 않은 일. 기름에 지진 과자
藥物(약물) : 약제가 되는 물질
藥水(약수) : 약물
藥草(약초) : 약으로 쓰는 풀

활용문

병원에서 藥物(약물)치료를 받았다.

필순 一 十 艹 艹 艹 艹 芇 芇 苩 苩 茲 茲 茲 茲 茲 藥 藥 藥 藥

約

5급II

맺을 약

糸 | 3획

실(糸)을 꾸러미(丶)에 감아(勹) 묶는다(約)는 의미이다.

비 給(줄 급)
級(등급 급)
동 束(묶을 속)
반 解(풀 해)

읽기 한자

約束(약속) : 장래의 할 일에 관해 상대방과 서로 언약하여 정함
約定(약정) : 일을 약속하여 정함
公約(공약) : 사회에 대한 언약
言約(언약) : 말로 약속함
和約(화약) : 화목하게 지내자는 약속

활용문

1909년 안중근은 동지 10여 명과 함께 獨立運動(독립운동)에 生命(생명)을 바칠 것을 約束(약속)하고 이등박문을 살해하기로 決意(결의)하였다.

필순 ㄥ 幺 幺 糸 糸 糸 糸' 約 約

아

洋

6급

큰바다 양

氵(水) | 6획

양(羊) 몸에 나 있는 털처럼 강(氵)이 갈래갈래 나눴다가 흘러가는 넓은 바다(洋)를 의미한다.

비 羊(양 양)
注(부울 주)

읽기한자

洋屋(양옥) : 서양식으로 지은 집
洋式(양식) : 서양식
洋洋(양양) : 바다가 한없이 넓음
洋銀(양은) : 구리·아연·니켈을 합금하여 만든 쇠
大洋(대양) : 큰 바다

활용문

東洋人(동양인)들은 서양인들보다 키가 작습니다.

필순 丶 冫 氵 氵' 氵'' 洋 洋 洋 洋

陽

6급

볕 양

阝(阜) | 9획

절벽(阝)에 온화한 해(日)가 비추고 있는 것(勿)에서 양지, 양달(陽)을 의미한다.

비 揚(날릴 양)
楊(버들 양)
場(마당 장)
동 景(볕 경)
반 陰(그늘 음)

읽기한자

陽性(양성) : 적극적인 성질. 활발한 성질
陽氣(양기) : 만물이 움직이거나 또는 살아나려고 하는 기운
夕陽(석양) : 저녁때의 해
陽地(양지) : 볕이 바로 드는 곳

활용문

강아지를 陽地(양지)바른 곳에 묻어주세요.

필순 ⁷ 阝 阝 阝' 阝ᄆ 阝日 阝旦 阝旦 陽 陽 陽 陽

養

5급 II

기를 양:

食 | 6획

양(羊)은 풀을 먹여(食) 기른다(養)는 의미이다.

동 育(기를 육)

읽기한자

養女(양녀) : 수양딸
養成(양성) : 길러 냄
養育(양육) : 부양하여 기름
養子(양자) : 입양에 의해서 자식의 자격을 얻은 사람
敎養(교양) : 가르쳐 기름

활용문

신문이 해야 할 일의 하나는 文化發展(문화발전)을 위하고 國民(국민)들의 敎養(교양)을 높이는 것이다.

필순 丶 丷 䒑 䒑 羊 羊 美 美 美 养 养 養 養 養 養

확·인·학·습 27

1. 다음 한자어(漢字語)의 독음을 쓰세요.

(1) 約束 (　　　)　　(2) 強弱 (　　　)
(3) 野外 (　　　)　　(4) 洋式 (　　　)
(5) 藥局 (　　　)　　(6) 養育 (　　　)

2. 다음 한자(漢字)의 훈(訓)과 음(音)을 쓰세요.

(1) 約 (　　　)
(2) 藥 (　　　)
(3) 養 (　　　)
(4) 弱 (　　　)

3. 다음 훈(訓)과 음(音)에 맞는 한자(漢字)를 쓰세요.

(1) 약할 약 (　　　)
(2) 약 약 (　　　)
(3) 집 실 (　　　)
(4) 귀신 신 (　　　)

4. 다음(　)에 들어갈 한자(漢字)를 예(例)에서 찾아 그 번호를 쓰세요.

예(例)			
	① 弱	② 養	③ 夜
	④ 藥	⑤ 約	⑥ 洋

(1) (　)小國家　　(2) 醫(　)分業
(3) 敎(　)科目　　(4) 東(　)醫學

정답						
1.	(1) 약속	(2) 강약	(3) 야외	(4) 양식	(5) 약국	(6) 양육
2.	(1) 맺을 약	(2) 약 약	(3) 기를 양	(4) 약할 약		
3.	(1) 弱	(2) 藥	(3) 室	(4) 神		
4.	(1) ①	(2) ④	(3) ②	(4) ⑥		

語

7급

말씀 어:

言 | 7획

너와 내(吾)가 서로 입으로 말(言)을 나눈다는 것에서 얘기하다, 말(語)을 의미한다.

동 言(말씀 언)
談(말씀 담)
話(말씀 화)

읽기 한자

語法(어법) : 말의 조직에 관한 법칙
語不成說(어불성설) : 말이 조금도 사리에 맞지 않음
語順(어순) : 주어 · 술어 · 목적어 등의 위치 관계
語調(어조) : 말의 가락
敬語(경어) : 공경하는 뜻을 나타내는 말

쓰기 한자

語氣(어기) : 말하는 솜씨. 말하는 기세. 어투
語文(어문) : 말과 글. 언어와 문장
語中(어중) : 말속
語文學(어문학) : 어학과 문학

활용문

나는 語文學(어문학)을 전공하고 싶습니다.

필순 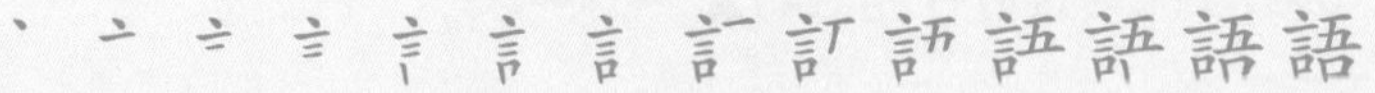

言

6급

말씀 언

言 | 0획

마음(忄)에 있는 바를 입(口)으로 말한다(言)는 의미이다.

동 語(말씀 어)
說(말씀 설)
談(말씀 담)
話(말씀 화)

반 行(다닐 행)

읽기 한자

言約(언약) : 말로 약속함
言質(언질) : 어떤 일을 약속하는 말의 꼬투리
過言(과언) : 지나친 말
傳言(전언) : 말을 전함
言動(언동) : 언어와 행동
言文(언문) : 말과 글
言明(언명) : 말로써 의사를 분명히 나타냄

활용문

나는 담배를 피우지 않기로 言約(언약)하였다.

필순 

業

6급 II

업 업

木 | 9획

북을 올려놓은 받침대를 본떴는데, 받침대를 조각하는 것을 일삼는다 하여 일(業)을 의미한다.

읽기 한자

業種(업종) : 영업의 종류
課業(과업) : 꼭 해야 할 일이나 업무

쓰기 한자

業界(업계) : 동일한 산업이나 상업에 종사하고 있는 사람의 세계
業主(업주) : 영업의 책임과 권한을 가진 주인
業體(업체) : 사업이나 기업의 주체

활용문

業種(업종)을 전환할 필요까지는 없을 것 같은데.

필순 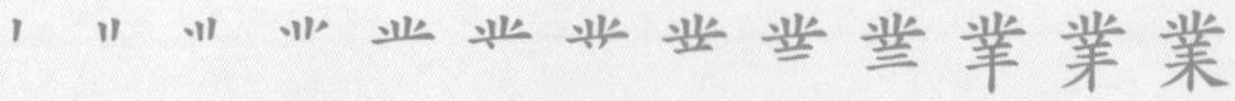

然

7급

그럴 **연**

灬(火) | 8획

불(灬)로 개(犬)고기(肉)를 그을려 태워(然) 먹는 일은 당연(然)하기에 그러하다(然)는 의미이다.

읽기 한자

當然(당연) : 이치로 보아 마땅함
必然(필연) : 그리 되는 수밖에 다른 도리가 없음

쓰기 한자

然後(연후) : 그러한 뒤
自然(자연) : 꾸밈없이. 산천초목과 같은 자연물
同然(동연) : 똑같이 그러함. 서로 마찬가지임
不然(불연) : 그렇지 아니함

활용문

自然(자연)의 소중함을 알아야 합니다.

필순 ノ ク タ タ タ 𠂊 ... 然

英

6급

꽃부리 **영**

艹(艸) | 5획

풀(艹)이 성장하여 한복판(央)에 멋있는 꽃이 피는 형상에서 꽃부리(英)라는 의미이다.

동 特(특별할 특)

읽기 한자

英材(영재) : 뛰어난 재주를 지닌 사람
英主(영주) : 뛰어나게 훌륭한 임금
英文(영문) : 영어로 쓴 글
英語(영어) : 영국의 언어
英特(영특) : 영걸스럽고 특별함

활용문

나는 수학보다 英語(영어)를 더 잘 합니다.

필순 一 十 艹 艹 艹 芢 苎 英 英

永

6급

길 **영**:

水 | 1획

강물의 흐름이 지류에 합치기도 하면서 흘러내려 바다로 가는 형태에서 길다(永)는 의미이다.

비 水(물 수) 氷(얼음 빙)
동 長(긴 장) 遠(멀 원)
반 短(짧을 단)

읽기 한자

永福(영복) : 길이길이 계속되는 복
永宅(영택) : 영구히 사는 주택
永生(영생) : 영원토록 삶
永遠(영원) : 한없이 오래 계속 되는 일
永世(영세) : 세월이 오램. 또는 그런 세월이나 세대
永日(영일) : 아침부터 저녁 늦게까지의 하루 종일

활용문

아름다운 추억은 永遠(영원)토록 잊혀지지 않는다.

필순 丶 亅 j 升 永

午

7급Ⅱ

낮 오:

十 | 2획

열두 시(十二)를 가리키는 시계 바늘 모양으로 정오의 낮(午)을 의미한다.

비 牛(소 우)　年(해 년)
동 晝(낮 주)
반 夜(밤 야)

읽기한자

午夜(오야) : 밤 12시

쓰기한자

午前(오전) : 밤 0시부터 낮 12시까지의 사이
正午(정오) : 낮의 열두 시
午後(오후) : 정오부터 밤 열두시까지의 시간
子午線(자오선) : 어떤 지점에서 정북과 정남을 통해 천구에 상상으로 그은 선

활용문

오늘 午前(오전)과 午後(오후)동안 아무것도 먹지 못했다.

필순 ノ ㅗ 𠂉 午

五

8급

다섯 오:

二 | 2획

한쪽 손의 손가락을 전부 편 모양을 본떴다.

읽기한자

五福(오복) : 다섯 가지 복
五感(오감) : 다섯 가지 감각
五目(오목) : 바둑놀이의 하나
五苦(오고) : 인생의 다섯가지 괴로움

쓰기한자

五角(오각) : 각이 다섯 개 있는 것
五萬(오만) : 매우 종류가 많음
五色(오색) :다섯 가지 빛깔

활용문

쉬는 시간에 五目(오목) 한판 두는 게 어때?

필순 一 丅 万 五

溫

6급

따뜻할 온

氵(水) | 10획

찬 음식을 쪄서 따뜻하게(昷) 하듯 물(氵)을 데우는 것에서 따뜻하다(溫)는 의미이다.

동 暖(따뜻할 난)
반 冷(찰 랭)　寒(찰 한)
약 温

읽기한자

溫順(온순) : 성질 · 마음씨가 온화하고 양순함
溫情(온정) : 따뜻한 인정
溫氣(온기) : 따뜻한 기운
溫度(온도) : 덥고 찬 정도
溫水(온수) : 따뜻한 물
溫室(온실) : 난방장치를 한 방

활용문

溫水(온수)가 준비됐으니 샤워를 해라.

필순 丶 冫 氵 氵 沪 沪 沪 泗 泗 淐 淐 溫 溫

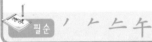

확·인·학·습 28

1. 다음 한자어(漢字語)의 독음을 쓰세요.

(1) 課業 (　　　)　(2) 傳言 (　　　)
(3) 英特 (　　　)　(4) 永遠 (　　　)
(5) 正午 (　　　)　(6) 溫室 (　　　)

2. 다음 한자(漢字)의 훈(訓)과 음(音)을 쓰세요.

(1) 永 (　　　)
(2) 英 (　　　)
(3) 言 (　　　)
(4) 溫 (　　　)

3. 다음 훈(訓)과 음(音)에 맞는 한자(漢字)를 쓰세요.

(1) 낮 오 (　　　)
(2) 다섯 오 (　　　)
(3) 그럴 연 (　　　)
(4) 업 업 (　　　)

4. 다음(　)에 들어갈 한자(漢字)를 예(例)에서 찾아 그 번호를 쓰세요.

예(例)			
	① 英	② 午	③ 溫
	④ 語	⑤ 言	⑥ 永

(1) (　)室效果　(2) (　)不成說
(3) (　)語能力　(4) (　)才教育

정답

1.	(1) 과업	(2) 전언	(3) 영특	(4) 영원	(5) 정오	(6) 온실
2.	(1) 길 영	(2) 꽃부리 영	(3) 말씀 언	(4) 따뜻할 온		
3.	(1) 午	(2) 五	(3) 然	(4) 業		
4.	(1) ③	(2) ④	(3) ⑤	(4) ①		

王

8급

임금 왕

王(玉) | 0획

하늘과 땅과 인간(三)을 통치하(丨)는 임금(王)을 의미한다.

비 玉(구슬 옥)
동 君(임금 군)
帝(임금 제)
皇(임금 황)
반 臣(신하 신)

읽기 한자

王孫(왕손) : 임금의 손자나 후손
王朝(왕조) : 같은 왕의 집안에서 대대로 다스리는 시대
王族(왕족) : 임금의 일가

쓰기 한자

王家(왕가) : 왕의 집안
王國(왕국) : 왕을 통치자로 하는 나라
王道(왕도) : 왕이 마땅히 지켜야 할 일
王命(왕명) : 임금의 명령

활용문

어학공부에 王道(왕도)는 없습니다.

필순 一 二 干 王

外

8급

바깥 외:

夕 | 2획

저녁(夕)때 거북이 등을 두드려서 점(卜)을 치면 줄금이 바깥쪽에 생겨 바깥(外)을 의미한다.

반 內(안 내)

읽기 한자

外觀(외관) : 겉보기
課外(과외) : 정한 과정 이외에 하는 공부
野外(야외) : 시가지에서 멀리 떨어진 들판
外交(외교) : 다른 나라와의 사귐

쓰기 한자

外界(외계) : 바깥 세계
外面(외면) : 보기를 꺼려 얼굴을 돌려 버림
外出(외출) : 밖에 나감
意外(의외) : 뜻밖

활용문

外出(외출) 후에 집에 들어오면 손발을 꼭 씻어야 한다.

필순 ⺈ ⺈ 夕 夘 外

要

5급 II

요긴할 요(:)

襾 | 3획

여자(女)가 두 손으로 허리(腰)를 잡고 있는 모양을 본 뜬 글자로 중요하다(要)라는 의미이다.

읽기 한자

要路(요로) : 가장 긴요한 길
要望(요망) : 구하여 바람
要所(요소) : 중요한 장소

활용문

더 重要(중요)한 일이 있습니다.

필순 一 ㄧ 襾 襾 襾 襾 覀 要 要

勇

6급II

날랠 용:

力 | 7획

힘(力)이 용솟음(甬) 쳐서 행동이 날래고 용감하다(勇)는 의미이다.

비 男(사내 남)
동 猛(사나울 맹)

읽기 한자

勇士(용사) : 용맹스러운 사람

쓰기 한자

勇氣(용기) : 씩씩한 의기
勇名(용명) : 용감하고 사납다는 명성

활용문

군인들은 모두 진정한 勇士(용사)입니다.

필순 勇

用

6급II

쓸 용:

用 | 0획

무엇인가 물건을 만들 때 산산히 흩어지지 않도록 못을 사용하여 이용하다(用)는 의미이다.

동 費(쓸 비)

읽기 한자

用具(용구) : 무엇을 하거나 만드는 데 쓰는 기구
用度(용도) : 씀씀이
流用(유용) : 원래 목적과 다르게 다른 데로 돌려 씀
實用(실용) : 실제로 씀

쓰기 한자

用語(용어) : 일정한 전문 분야에서 주로 사용하는 말
共用(공용) : 함께 씀
利用(이용) : 이롭게 씀

활용문

이 물건의 用度(용도)를 알려주세요.

필순 丿 冂 月 月 用

右

7급II

오를
오른(쪽) 우:

口 | 2획

밥을 먹을 때 음식물을 입(口)으로 나르(厂)는 손의 모습에서 오른쪽(右)을 의미한다.

비 古(예 고)
石(돌 석)
반 左(왼 좌)

읽기 한자

右相(우상) : 우의정을 이르는 말

쓰기 한자

右軍(우군) : 부대 또는 대오를 좌우로 나누어 친 진에서 오른쪽에 있는 군사
右記(우기) : 오른쪽에 기록된 것. 본문의 오른쪽에 씀
右面(우면) : 오른쪽 면
右文(우문) : 무(武)보다 문(文)을 숭상함

활용문

左右(좌우)를 살피면서 조심스럽게 접근했다.

필순 ノ ナ 右

雨

5급Ⅱ

비 우:

雨 | 0획

드리워져 있는 구름에서 비(雨)가 내린다는 의미이다.

비 兩(두 량)

읽기한자

雨天(우천) : 비가 오는 날
雨水(우수) : 빗물, 24절기의 하나
雨衣(우의) : 비옷
雨中(우중) : 비가 내리는 가운데

활용문

雨衣(우의)를 입은 농부가 보였다.

필순 一 冂 冂 帀 帀 雨 雨 雨

友

5급Ⅱ

벗 우:

又 | 2획

두 사람이 손을 서로 잡고 서로 돕는 것에서 벗(友)을 의미한다.

비 反(돌이킬 반)
동 朋(벗 붕)

읽기한자

友軍(우군) : 자기편의 군대
友愛(우애) : 형제 사이의 사랑
友情(우정) : 벗 사이의 정
交友(교우) : 벗을 사귐

활용문

형제간의 友愛(우애)와 친척간의 화목을 強調(강조)하여 知德(지덕)을 겸한 높은 人格者(인격자)가 되도록 이끌어갔다.

필순 一 ナ 方 友

運

6급Ⅱ

옮길 운:

辶(辵) | 9획

병사(軍)들이 전차를 끌면서 걸어가(辶)는 모습에서 나르다(運)는 의미이다.

비 連(이을 련)
동 移(옮길 이)
動(움직일 동)

읽기한자

勝運(승운) : 이길 운수
運筆(운필) : 붓을 움직임
運行(운행) : 차 따위를 움직여 다님

쓰기한자

運動(운동) : 돌아다니며 움직임
運命(운명) : 운수와 명수
運數(운수) : 천명으로 당하는 선악·행·불행의 상
運動場(운동장) : 운동 경기를 하기 위해 여러 가지 설비를 갖춘 광장

활용문

아침 運動(운동)은 건강에 좋습니다.

필순 ' 冖 冖 冖 冐 冐 冐 冝 軍 軍 渾 渾 運

확·인·학·습 29

1. 다음 한자어(漢字語)의 독음을 쓰세요.

(1) 要望 (　　　　)　　(2) 勇氣 (　　　　)
(3) 雨衣 (　　　　)　　(4) 勝運 (　　　　)
(5) 友愛 (　　　　)　　(6) 野外 (　　　　)

2. 다음 한자(漢字)의 훈(訓)과 음(音)을 쓰세요.

(1) 要 (　　　　)
(2) 勇 (　　　　)
(3) 運 (　　　　)
(4) 雨 (　　　　)

3. 다음 훈(訓)과 음(音)에 맞는 한자(漢字)를 쓰세요.

(1) 쓸 용 (　　　　)
(2) 오른 우 (　　　　)
(3) 옮길 운 (　　　　)
(4) 날랠 용 (　　　　)

4. 다음(　)에 들어갈 한자(漢字)를 예(例)에서 찾아 그 번호를 쓰세요.

예(例)			
	① 運	② 要	③ 用
	④ 右	⑤ 勇	⑥ 友

(1) 女性(　)動　　(2) 上下左(　)
(3) 主(　)事實　　(4) 生活(　)品

정답						
1.	(1) 요망	(2) 용기	(3) 우의	(4) 승운	(5) 우애	(6) 야외
2.	(1) 요긴할 요	(2) 날랠 용	(3) 옮길 운	(4) 비 우		
3.	(1) 用	(2) 右	(3) 運	(4) 勇		
4.	(1) ①	(2) ④	(3) ②	(4) ③		

雲

5급Ⅱ

구름 운

雨 | 4획

비(雨)를 내리게 하는 뭉게뭉게 구름(云)의 형태에서 구름(雲)을 의미한다.

비 雪(눈 설)

읽기한자

雲集(운집) : 구름처럼 많이 모임
雲海(운해) : 구름이 덮인 바다
白雲(백운) : 색깔이 흰 구름
戰雲(전운) : 전쟁이 벌어지려는 살기를 띤 형세

활용문

많은 사람들이 시청 앞 광장에 雲集(운집)했다.

필순

園

6급

동산 원

口 | 10획

밭의 과일(袁)을 품안에 감추려는 듯한 기분으로 울타리(口)를 하여 정원(園)을 의미한다.

비 圓(둥글 원)
團(둥글 단)

읽기한자

園兒(원아) : 유치원에 다니는 아이
公園(공원) : 일반 사람들의 보건·휴양·유락 등을 위하여 자유로이 놀 수 있도록 조성된 사회시설
樂園(낙원) : 안락하게 살 수 있는 즐거운 곳
果樹園(과수원) : 과수를 기업적으로 재배하는 곳

활용문

이곳이 바로 地上樂園(지상낙원)이로구나.

필순

遠

6급

멀 원

辶(辵) | 10획

품안에 물건을 넣고(袁) 멀리에 보내는(辶) 것에서 멀다(遠)는 의미이다.

반 近(가까울 근)
약 逺

읽기한자

遠近(원근) : 멀고 가까움
遠大(원대) : 규모가 큼
遠心力(원심력) : 물체가 원운동을 할 때 구심력에 반대하여 바깥쪽으로 작용하는 힘

활용문

이 그림은 遠近法(원근법)을 잘 살렸습니다.

필순

元

5급II

으뜸 원

儿 | 2획

사람(儿)의 가장 위(二)에 있는 머리이며, 머리가 근원이라는 것에서 처음(元)을 의미한다.

비 完(완전할 완)

읽기한자

元氣(원기) : 본디 타고난 기운
元來(원래) : 본디
元老(원로) : 연령 · 덕망 · 관직이 높은 공신
元利金(원리금) : 원금과 이자를 합친 돈
元金(원금) : 이자를 제외한 원래의 액수

활용문

각 분야의 元老(원로)들이 한 자리에 모였다.

필순 一 二 テ 元

月

8급

달 월

月 | 0획

산의 저편에서 나오는 초승달의 모습을 본떴다.

비 日(날 일)
目(눈 목)

반 日(날 일)

읽기한자

歲月(세월) : 흘러가는 시간
月別(월별) : 달을 단위로 나누는 구별
月例(월례) : 매월 행하는 정례(定例)

쓰기한자

月食(월식) : 지구가 태양과 달의 사이에 들어가 달의 일부 또는 전부가 지구의 그림자에 가려 안 보이게 되는 현상
明月(명월) : 밝은 달
月刊(월간) : 한 달 동안

활용문

來月(내월)이면 벌써 2년 째 되는 달이다.

필순 丿 刀 月 月

偉

5급II

클 위

亻(人) | 9획

사람(人)들이 둘레에 모여드니(韋) 뛰어난(偉) 사람이란 의미이다.

동 大(큰 대)
巨(클 거)
太(클 태)

반 小(작을 소)

읽기한자

偉大(위대) : 뛰어나고 훌륭함
偉力(위력) : 위대한 힘
偉業(위업) : 위대한 사업이나 업적
偉人(위인) : 위대한 사람

활용문

安重根(안중근) 의사와 같은 偉人(위인)이나 존경하는 인물, 혹은 가난과 어려움 속에서도 희망을 잃지않는 꿋꿋한 少年(소년)의 이야기라도 좋다.

필순 丿 亻 亻 亻 亻 侑 侑 偣 偣 偉 偉

아

有 (7급)

있을 유:

月 | 2획

손(厂)에 고기(月)를 가지고 있다(有)는 의미이다.

비 右(오른 우)
동 存(있을 존)
在(있을 재)
반 無(없을 무)

읽기한자

有能(유능) : 재능이 있음
有望(유망) : 희망이 있음
有實樹(유실수) : 유용한 열매를 맺는 나무
有情(유정) : 정이 있음

쓰기한자

有年(유년) : 농사가 잘된 해
有道(유도) : 덕행이 있음. 올바른 도리를 행하는 일
有力(유력) : 세력이 있음. 목적에 달할 가능성이 많음
有事時(유사시) : 비상한 일이 생겼을 때. 급한 일이 생겼을 때

활용문

이번에는 당선이 有力(유력)할 것입니다.

필순 丿 ナ 才 冇 有 有

由 (6급)

말미암을 유

田 | 0획

나무 가지에 달린 열매의 모양으로, 열매가 나무 가지로 말미암아(由) 달린다는 의미이다.

비 田(밭 전)
申(펼 신)
甲(갑옷 갑)

읽기한자

由來(유래) : 사물의 연유하여 온 바
事由(사유) : 일의 까닭
理由(이유) : 까닭
自由(자유) : 남에게 구속을 받거나 무엇에 얽매이지 않고 제 마음대로 행동함

활용문

왜 그랬는지 理由(이유)나 한 번 들어보자.

필순 丨 冂 冃 由 由

油 (6급)

기름 유

氵(水) | 5획

나무 열매를 짜내 받은 액체(由)로 물(氵)보다 진하고 끈끈한 상태인 것을 기름(油)이라 한다.

비 由(말미암을 유)
동 脂(기름 지)

읽기한자

産油國(산유국) : 원유를 생산하는 나라
石油(석유) : 천연으로 지하에서 산출되는 가연성 광물성 기름
注油(주유) : 자동차 등에 기름을 넣음
油畫(유화) : 기름을 사용하여 그림

활용문

注油所(주유소)에 들러 기름을 넣어야 합니다.

필순 丶 丶 氵 氵 汩 汩 油 油

확·인·학·습 30

1. 다음 한자어(漢字語)의 독음을 쓰세요.

(1) 偉人 (　　　　)　　(2) 注油 (　　　　)
(3) 雲集 (　　　　)　　(4) 園兒 (　　　　)
(5) 元來 (　　　　)　　(6) 遠近 (　　　　)

2. 다음 한자(漢字)의 훈(訓)과 음(音)을 쓰세요.

(1) 由 (　　　　)
(2) 偉 (　　　　)
(3) 油 (　　　　)
(4) 元 (　　　　)

3. 다음 훈(訓)과 음(音)에 맞는 한자(漢字)를 쓰세요.

(1) 있을 유 (　　　　)
(2) 옮길 운 (　　　　)
(3) 달 월 (　　　　)
(4) 날랠 용 (　　　　)

4. 다음(　)에 들어갈 한자(漢字)를 예(例)에서 찾아 그 번호를 쓰세요.

예(例)			
	① 雲	② 油	③ 遠
	④ 偉	⑤ 元	⑥ 園

(1) (　)人傳記　　(2) 石(　)化學
(3) 國家(　)首　　(4) 國立公(　)

정답

1. (1) 위인　(2) 주유　(3) 운집　(4) 원아　(5) 원래　(6) 원근
2. (1) 말미암을 유　(2) 클 위　(3) 기름 유　(4) 으뜸 원
3. (1) 有　(2) 運　(3) 月　(4) 勇
4. (1) ④　(2) ②　(3) ⑤　(4) ⑥

育

7급

기를 육

月(肉) | 4획

물구나무선 어린이(子)는 약한 아이로 건강하게 하기 위해 고기(肉)를 먹여서 키운다(育)는 의미이다.

비 骨(뼈 골)
동 養(기를 양)
飼(기를 사)

읽기 한자

育兒(육아) : 어린아이를 기름
養育(양육) : 부양하여 기름

쓰기 한자

教育(교육) : 가르쳐 지식을 주고 기름
事育(사육) : 부모를 섬기고 자식을 기름
生育(생육) : 낳아서 기름. 생물이 자라서 성장함
教育長(교육장) : 교육청의 우두머리

활용문

예비군 教育場(교육장)에서도 간간히 사고가 일어난다.

필순 丶 亠 𠫓 𠫔 育 育 育 育

銀

6급

은 은

金 | 6획

금(金)에 비교해 조금 값어치가 떨어지는 금속을 가르켜 은, 흰금(銀)을 의미한다.

비 根(뿌리 근)

읽기 한자

銀行(은행) : 저축자로부터 예금을 맡아 관리하는 금융기관
水銀(수은) : 상온에서 유일하게 액체상태로 있는 은백색의 금속 원소
洋銀(양은) : 구리, 아연, 니켈 따위를 합금하여 만든 금속
銀漢(은한) : 은하수

활용문

銀行(은행)에서 통장을 만들었다.

필순 丿 𠂉 𠆢 亼 全 全 金 金 釒 鈤 鈤 鉙 銀 銀

音

6급 II

소리 음

音 | 0획

해(日)가 뜨면(立) 사람들이 일어나서 소리(音)를 내기 시작한다는 의미이다.

비 意(뜻 의)
동 聲(소리 성)
반 訓(가르칠 훈)

읽기 한자

音節(음절) : 소리 마디
頭音(두음) : 음절의 첫 소리
福音(복음) : 기쁜 소식
音速(음속) : 소리의 속도

쓰기 한자

音讀(음독) : 한자를 음으로 읽음
短音(단음) : 짧은 소리
發音(발음) : 소리를 냄

활용문

이 비행기는 音速(음속)의 속도로 비행할 수 있다.

필순 丶 亠 亠 立 立 产 音 音 音

飮

6급Ⅱ

마실 음(:)

食 | 4획

물이나 국(食)을 큰 입을 벌려서(欠) 마셔 넘기는 것에서 마시다(飮)는 의미이다.

비 飯(밥 반)
飾(꾸밀 식)

읽기 한자

過飮(과음) : 술을 지나치게 마심
米飮(미음) : 입쌀이나 좁쌀에 물을 충분히 붓고 푹 끓여 걸러낸 걸쭉한 음식

쓰기 한자

飮食(음식) : 먹고 마시는 물건
飮水(음수) : 마시는 물

활용문

어머니가 만들어 주신 飮食(음식)을 맛있게 먹었다.

필순 丿 𠂉 𠂉 今 今 今 飠 飠 飠 飠 飲 飲 飮

邑

7급

고을 읍

邑 | 0획

인구(口)가 모여 사는 지역(巴)이란 데서 고을(邑)을 의미한다.

비 色(빛 색)
동 郡(고을 군)
洞(골 동)

읽기 한자

近邑(근읍) : 가까운 고을
京邑(경읍) : 수도. 서울

쓰기 한자

邑內(읍내) : 지방 관청이 있던 부락 또는 고을 안
邑里(읍리) : 읍과 촌락을 아울러 이르는 말
邑民(읍민) : 읍내에 사는 사람
邑子(읍자) : 읍내에 살던 유생

활용문

邑長(읍장)은 지방행정구역인 읍의 우두머리를 말한다.

필순 丶 口 口 吕 吕 邑 邑

意

6급Ⅱ

뜻 의:

心 | 9획

마음(心) 속에서 우러나는 소리(音)가 뜻(意)이란 의미이다.

비 章(글 장)
音(소리 음)
동 志(뜻 지) 思(뜻 사)
情(뜻 정)

읽기 한자

意見(의견) : 마음에 느낀 바. 생각
決意(결의) : 뜻을 정하여 굳게 마음 먹음
惡意(악의) : 나쁜 마음

쓰기 한자

意圖(의도) : 장차 하려는 계획
同意(동의) : 같은 의미
意外(의외) : 생각 밖
意中(의중) : 마음 속

활용문

그 사람의 意圖(의도)를 모르겠습니다.

필순 丶 亠 亠 立 立 产 产 音 音 音 意 意 意

아

醫

6급

의원 의

酉 | 11획

화살(矢)과 창(殳)에 맞아 움푹 패인 상처(匚)를 술(酉)로 소독하여 고치는 사람에서, '의원, 병 고치다'는 뜻이다.

약 医

읽기한자

醫藥品(의약품) : 의료에 쓰는 약품
醫術(의술) : 병을 고치는 기술
名醫(명의) : 병을 잘 고쳐 이름난 의사

활용문

그 의사는 이 동네의 名醫(명의)로 소문이 자자하다.

필순

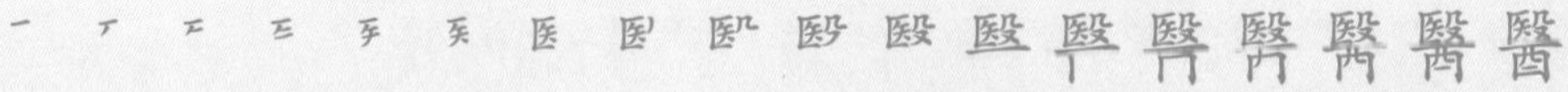

衣

6급

옷 의

衣 | 0획

의복의 형태에서 옷, 의복(衣)의 의미를 나타냈다.

동 服(옷 복)

읽기한자

衣類(의류) : 옷 등속의 총칭
法衣(법의) : 중이 입는 옷
衣服(의복) : 옷
白衣(백의) : 흰 옷
衣食住(의식주) : 인간 생활의 세 가지 요소. 옷과 음식과 집

활용문

스님 한 분이 法衣(법의)를 가지런히 입고 나왔다.

필순

二

8급

두 이:

二 | 0획

一에 一을 포개서 둘, 다음, 배(二)를 의미한다.

읽기한자

一口二言(일구이언) : 한 입으로 두 가지 말을 함
二級(이급) : 둘째 등급
二兵(이병) : 군대계급, 이등병

쓰기한자

二重(이중) : 두 겹
二十四時(이십사시) : 하루를 스물넷으로 나누어 각각 이십사방위의 이름을 붙여 이르는 스물네 시

활용문

그 사람은 二重生活(이중생활)을 하고 있다.

필순

확·인·학·습 31

1. 다음 한자어(漢字語)의 독음을 쓰세요.

(1) 飮食 (　　　　)　　(2) 意外 (　　　　)
(3) 銀漢 (　　　　)　　(4) 衣類 (　　　　)
(5) 醫術 (　　　　)　　(6) 養育 (　　　　)

2. 다음 한자(漢字)의 훈(訓)과 음(音)을 쓰세요.

(1) 育　(　　　　)
(2) 醫　(　　　　)
(3) 銀　(　　　　)
(4) 飮　(　　　　)

3. 다음 훈(訓)과 음(音)에 맞는 한자(漢字)를 쓰세요.

(1) 마실 음 (　　　　)
(2) 고을 읍 (　　　　)
(3) 뜻 의　(　　　　)
(4) 기를 육 (　　　　)

4. 다음(　　)에 들어갈 한자(漢字)를 예(例)에서 찾아 그 번호를 쓰세요.

예(例)			
	① 邑	② 意	③ 醫
	④ 衣	⑤ 銀	⑥ 飮

(1) 表(　　)文字　　(2) 東洋(　　)學
(3) 白(　　)民族　　(4) 韓國(　　)食

정답						
1.	(1) 음식	(2) 의외	(3) 은한	(4) 의류	(5) 의술	(6) 양육
2.	(1) 기를 육	(2) 의원 의	(3) 은 은	(4) 마실 음		
3.	(1) 飮	(2) 邑	(3) 意	(4) 育		
4.	(1) ②	(2) ③	(3) ④	(4) ⑥		

以

5급Ⅱ

써 이:

人 | 3획

쟁기를 본뜬 글자로 받갈 때 쟁기를 가지고 쓰는데서, '쓰다, 가지다'는 뜻이 나왔다.

읽기한자

以實直告(이실직고) : 사실 그대로 고함
以心傳心(이심전심) : 마음과 마음으로 전달됨
自古以來(자고이래) : 예로부터 내려오면서
以下(이하) : 기준점으로부터 아래
以南(이남) : 기준점으로부터 남쪽

활용문

지금까지 배운 漢字(한자)는 3百(백) 字(자) 以上(이상)은 된다.

필순 丨 𠄌 𠃊 以 以

人

8급

사람 인

人 | 0획

사람이 옆을 향한 모양을 본떴다.

비 入(들 입)
반 天(하늘 천)

읽기한자

人格(인격) : 사람의 품격
人情(인정) : 남을 동정하는 마음씨
人質(인질) : 볼모
知識人(지식인) : 지식 계급에 속하는 사람
人性(인성) : 사람의 성품
人種(인종) : 사람의 씨

쓰기한자

人氣(인기) : 세상 사람의 좋은 평판
人工(인공) : 사람이 하는 일
人物(인물) : 생김새나 됨됨이로 본 사람
人生(인생) : 사람이 세상을 살아가는 일
人才(인재) : 재주가 놀라운 사람
人體(인체) : 사람의 몸

활용문

'人體(인체)의 신비'라는 다큐멘터리를 시청했습니다.

필순 丿 人

一

8급

한 일

一 | 0획

막대기 하나(一)를 가로로 놓은 모양이다.

읽기한자

一念(일념) : 한결같은 생각
一當百(일당백) : 한 사람이 백 사람을 당해냄
一定(일정) : 하나로 고정되어 변동이 없음
一口二言(일구이언) : 한 입으로 두 가지 말을 함
一例(일례) : 하나의 보기, 또는 하나의 실례
一說(일설) : 하나의 설

쓰기한자

一方(일방) : 어느 한쪽, 또는 어느 한편
同一(동일) : 어떤 것과 비교하여 똑같음
萬一(만일) : 있을지도 모르는 뜻 밖의 일

활용문

一定(일정)금액을 내시면 바로 등록이 됩니다.

필순 一

日

8급

날 일

日 | 0획

해의 모양을 본떴다.

비 日(가로 왈)
目(눈 목)

반 月(달 월)

읽기 한자

日課(일과) : 날마다 규칙적으로 하는 일정한 일
日當(일당) : 하루에 얼마씩 정해서 주는 급료

쓰기 한자

日氣(일기) : 날씨
日出(일출) : 해가 뜸
今日(금일) : 오늘
日食(일식) : 달이 해의 일부나 전부를 가림
生日(생일) : 세상에 태어난 날

활용문

日課(일과)시간을 잘 지키지 않는 사람이 누구지?

필순 丨 冂 月 日

任

5급 II

맡길 임(:)

亻(人) | 4획

사람(亻)이 중요한 물건을 등져 중요한 직책에 근무(壬)하여 근무, 직책(任)을 의미한다.

비 仕(섬길 사)
件(물건 건)

읽기 한자

任命(임명) : 관직에 명함
任用(임용) : 직무를 맡겨 등용함
信任(신임) : 믿고 일을 맡기는 일
歷任(역임) : 차례로 여러 벼슬을 지냄

활용문

오늘날 신문은 그 힘이 매우 크기 때문에 반드시 사실만을 올바르게 써야 하는 責任(책임)을 지닌다.

필순 丿 亻 亻 仁 仟 任

入

7급

들 입

入 | 0획

동굴에 들어가는 형태에서 입구에서 들어가다(入)는 의미이다.

비 人(사람 인)

반 出(날 출)

읽기 한자

入團(입단) : 어떤 단체에 가입함
入養(입양) : 양친과 양자로서 친자 관계를 맺는 법률 행위
先入見(선입견) : 애초부터 머리 속에 들어가 있는 고정적인 관념 및 견해

쓰기 한자

入門(입문) : 어떤 학문에 처음으로 들어감
入住(입주) : 새로 지은 집 등에 들어가 삶
入室(입실) : 방에 들어감
入社(입사) : 회사 따위에 취직하여 들어감

활용문

이 서류에 필요한 사항들을 記入(기입)해 주세요.

필순 丿 入

自

7급Ⅱ

스스로 자

自 | 0획

자기의 코를 가리키면서 나(自)라고 한 것에서 자기(自)를 의미한다.

비 白(흰 백)
동 己(몸 기)
반 他(다를 타)

읽기 한자

自決(자결) : 자기의 일을 스스로 해결함
自首(자수) : 범인이 자진하여 범죄 사실을 신고함
自責(자책) : 제 자신을 스스로 책망함
自害(자해) : 자기 몸을 해침
自宅(자택) : 자기의 집
自古以來(자고이래) : 예로부터 지금까지

쓰기 한자

自動(자동) : 스스로 움직임
自力(자력) : 혼자의 힘
自然(자연) : 저절로 그러한 존재나 상태
自白(자백) : 스스로의 죄를 고백함
自問自答(자문자답) : 제가 묻고 제가 답함

활용문

범인이 自白(자백)을 했기 때문에 수사가 빨리 끝났다.

필순 ′ ｨ 𠂎 白 自 自

子

7급Ⅱ

아들 자

子 | 0획

갓난 아기(子)의 모양을 본떴다.

반 女(계집 녀)

읽기 한자

父傳子傳(부전자전) : 대대로 아버지가 아들에게 전함
養子(양자) : 입양에 의해서 자식의 자격을 얻은 사람
種子(종자) : 씨
子孫(자손) : 아들과 손자

쓰기 한자

子午線(자오선) : 어떤 지점에서 정북과 정남을 통해 천구에 상상으로 그은 선
弟子(제자) : 스승의 가르침을 받는 사람
孝子(효자) : 부모를 잘 섬기는 아들

활용문

이 집 아들은 孝子(효자)라고 소문이 자자합니다.

필순 ㇇ 了 子

字

7급

글자 자

子 | 3획

집에서(宀) 아이(子)가 차례차례 태어나듯이 글자에서 글자가 생겨나므로 문자(字)를 의미한다.

비 子(아들 자)

읽기 한자

字典(자전) : 한자를 모아 그 뜻을 풀어 놓은 책
習字(습자) : 글자 쓰기를 익힘

쓰기 한자

活字(활자) : 활판 인쇄에서 쓰이는 자형
正字(정자) : 바르고 또박또박 쓴 글자
千字文(천자문) : 중국 양나라의 주흥사가 한자 천 자를 모아 지은 책

활용문

방학동안 千字文(천자문)을 열심히 공부하세요.

필순 ˋ ˊ 宀 字 字 字

확·인·학·습 32

1. 다음 한자어(漢字語)의 독음을 쓰세요.

(1) 任命 (　　　)　　(2) 子孫 (　　　)
(3) 活字 (　　　)　　(4) 以下 (　　　)
(5) 人質 (　　　)　　(6) 自省 (　　　)

2. 다음 한자(漢字)의 훈(訓)과 음(音)을 쓰세요.

(1) 以 (　　　)
(2) 任 (　　　)
(3) 自 (　　　)
(4) 字 (　　　)

3. 다음 훈(訓)과 음(音)에 맞는 한자(漢字)를 쓰세요.

(1) 날 일 (　　　)
(2) 스스로 자 (　　　)
(3) 들 입 (　　　)
(4) 아들 자 (　　　)

4. 다음(　)에 들어갈 한자(漢字)를 예(例)에서 찾아 그 번호를 쓰세요.

예(例)			
	① 字	② 以	③ 子
	④ 自	⑤ 任	⑥ 日

(1) 四(　)成語　　(2) (　)實直告
(3) 作心三(　)　　(4) (　)古以來

정답						
1.	(1) 임명	(2) 자손	(3) 활자	(4) 이하	(5) 인질	(6) 자성
2.	(1) 써 이	(2) 맡길 임	(3) 스스로 자	(4) 글자 자		
3.	(1) 日	(2) 自	(3) 入	(4) 子		
4.	(1) ①	(2) ②	(3) ⑥	(4) ④		

자

者

6급

놈 자

耂(老) | 5획

노인(耂)이 젊은 사람에게 말할(白) 때 이 놈(者) 저 놈(者) 한다는 의미이다.

비 孝(효도 효)
老(늙을 로)

약 者

읽기 한자

勝者(승자) : 이긴 사람
讀者(독자) : 책, 신문 따위를 읽는 사람
病者(병자) : 병을 앓고 있는 사람
近者(근자) : 요새
記者(기자) : 기사를 집필·편집하는 사람

활용문

이 번 경기의 勝者(승자)가 되었다.

필순 一 十 土 耂 耂 者 者 者 者

昨

6급Ⅱ

어제 작

日 | 5획

하루 해(日)가 잠깐(乍) 사이에 휙 지나가 버리니 어제(昨)란 의미이다.

비 作(지을 작)

반 今(이제 금)

읽기 한자

昨夜(작야) : 어젯밤
昨週(작주) : 지난주

쓰기 한자

昨今(작금) : 어제와 오늘
昨年(작년) : 지난해
昨日(작일) : 어제

활용문

昨今(작금)의 현실이 너무 안타깝습니다.

필순 丨 冂 日 日 日' 日⺈ 昨 昨 昨

作

6급Ⅱ

지을 작

亻(人) | 5획

사람(亻)이 나뭇가지를 구부려서 담장을 만들고, 그 안에 집을 만드는(乍) 것에서 만들다(作)라는 의미이다.

비 昨(어제 작)

동 造(지을 조)
創(비롯할 창)

읽기 한자

多作(다작) : 작품 따위를 많이 지어냄
勞作(노작) : 애써서 만든 작품
凶作(흉작) : 농작물의 수확이 적음

쓰기 한자

作家(작가) : 예술품의 제작자
作文(작문) : 글을 지음
作動(작동) : 기계의 운동 부분의 움직임

활용문

이 소설의 作家(작가)는 누구입니까?

필순 丿 亻 亻' 亻⺈ 作 作 作

長

8급

긴 장(:)

長 | 0획

지팡이를 짚은 노인의 모습을 본떴다.

동 永(길 영)

반 短(짧을 단)

幼(어릴 유)

읽기한자

課長(과장) : 관청 · 회사 등의 한 과의 장
局長(국장) : 한 국(局)의 책임자
團長(단장) : 단체의 우두머리

쓰기한자

長短(장단) : 긴 것과 짧은 것
家長(가장) : 집안의 어른
長足(장족) : 빠르게 나아가는 걸음

활용문

아버지는 家長(가장) 이십니다.

필순 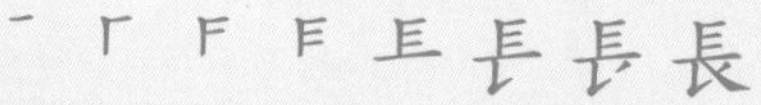

場

7급Ⅱ

마당 장

土 | 9획

깃발(勿)위로 높이 해(日)가 떠 오르듯이 높게 흙(土)을 돋운 장소를 빗대 곳, 장소(場)를 의미한다.

비 陽(볕 양)

腸(창자 장)

읽기한자

廣場(광장) : 여러 갈랫길이 모이는 곳에 만드는 너른 마당
當場(당장) : 무슨 일이 일어난 바로 그 곳
洗面場(세면장) : 세면 시설을 갖추어 놓은 곳

쓰기한자

場內(장내) : 장소의 안. 회장의 내부
場面(장면) : 어떤 사건이 벌어지는 광경이나 경우
登場(등장) : 무슨 일에 어떤 인물이 나타남
場外(장외) : 어떠한 처소의 바깥

활용문

이 장면이 정말로 멋있는 場面(장면)입니다.

필순 

章

6급

글 장

立 | 6획

소리와 음(音)을 구별하여, 음악의 끝(十)이라든가 문장의 한 단락, 글(章)을 의미한다.

비 意(뜻 의)

동 文(글월 문)

읽기한자

國章(국장) : 국가의 권위를 나타내는 휘장의 총칭
旗章(기장) : 국기 · 군기 · 깃발 · 교기 등의 총칭
文章(문장) : 한 줄거리의 생각이나 느낌을 글자로 기록해 나타낸 것

활용문

文章(문장) 구사 능력이 참 대단하십니다.

필순 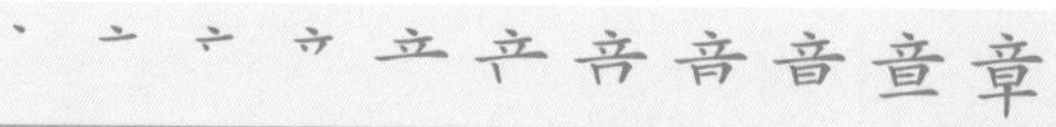

자

才

6급Ⅱ

재주 재

扌(手) | 0획

풀이 지면에 싹텄을 때의 형태로 소질, 지혜(才)를 의미한다.

비 寸(마디 촌)
丈(어른 장)
木(나무 목)

동 技(재주 기)
術(재주 술)
藝(재주 예)

읽기한자

才能(재능) : 재주와 능력
才質(재질) : 재능이 있는 자질
英才(영재) : 탁월한 재주를 지닌 사람
多才多能(다재다능) : 재주가 많고 능력이 풍부함

쓰기한자

文才(문재) : 글 재능
人才(인재) : 재주가 놀라운 사람
天才(천재) : 타고난 재주가 뛰어난 사람

활용문

英才(영재)교육도 상당히 중요합니다.

필순 一 十 才

在

6급

있을 재:

土 | 3획

땅(土)이 있으면 어디서나 반드시 식물의 싹(才)이 움트는 데서, '있다'는 의미이다.

비 布(베 포)

동 有(있을 유)
存(있을 존)

반 無(없을 무)

읽기한자

在京(재경) : 서울에 있음
在野(재야) : 벼슬길에 오르지 않고 민간에 있음
在中(재중) : 속에 들어 있음
在所者(재소자) : 어떤 곳에 있는 사람

활용문

내일 在京(재경) 동문회가 있습니다.

필순 一 ナ 𠂇 𠂇 存 在

財

5급Ⅱ

재물 재

貝 | 3획

싹을 띤 식물(才)이 크게 되듯이, 값어치가 나가는 돈과 재산(貝), 즉 재물(財)을 의미한다.

읽기한자

財界(재계) : 실업가 및 금융업자의 사회
財團(재단) : 일정한 목적을 위해 결합된 재산의 집단
財物(재물) : 돈이나 그 밖의 온갖 값나가는 물건

활용문

놀부는 아버지가 물려준 많은 財産(재산)을 독차지하고, 동생인 흥부를 빈손으로 내쫓았습니다.

필순 丨 冂 冃 月 目 貝 貝 貝一 財 財

확·인·학·습 33

1. 다음 한자어(漢字語)의 독음을 쓰세요.

(1) 登場 (　　　)　　(2) 敎材 (　　　)
(3) 財物 (　　　)　　(4) 旗章 (　　　)
(5) 昨年 (　　　)　　(6) 在野 (　　　)

2. 다음 한자(漢字)의 훈(訓)과 음(音)을 쓰세요.

(1) 者 (　　　)
(2) 章 (　　　)
(3) 財 (　　　)
(4) 昨 (　　　)

3. 다음 훈(訓)과 음(音)에 맞는 한자(漢字)를 쓰세요.

(1) 긴 장 (　　　)
(2) 마당 장 (　　　)
(3) 재주 재 (　　　)
(4) 지을 작 (　　　)

4. 다음(　)에 들어갈 한자(漢字)를 예(例)에서 찾아 그 번호를 쓰세요.

예(例)	① 財	② 者	③ 章
	④ 作	⑤ 在	⑥ 昨

(1) 人命(　)天　　(2) (　)心三日
(3) 公共(　)産　　(4) 文(　)作成

정답						
1.	(1) 등장	(2) 교재	(3) 재물	(4) 기장	(5) 작년	(6) 재야
2.	(1) 놈 자	(2) 글 장	(3) 재물 재	(4) 어제 작		
3.	(1) 長	(2) 場	(3) 才	(4) 作		
4.	(1) ⑤	(2) ④	(3) ①	(4) ③		

材

5급 II

재목 재

木 | 3획

판자나 기둥을 하기 위해 쓰러뜨린 나무(木)는 도움(才)이 된다 하여 재목(材)을 의미한다.

비 林(수풀 림)
村(마을 촌)

읽기 한자

教材(교재) : 가르치거나 학습하는 데 쓰이는 재료
人材(인재) : 학식, 능력이 뛰어난 사람
木材(목재) : 건축이나 가구 따위에 쓰는, 나무로 된 재료

활용문

이 教材(교재)는 우리 교수님께서 직접 쓰신 것입니다.

필순 一 十 才 木 木一 村 材

的

5급 II

과녁 적

白 | 3획

흰(白) 바탕의 과녁(勺) 모양으로 과녁, 목표(的)를 의미한다.

읽기 한자

的中(적중) : 목표에 어김없이 들어맞음
的當(적당) : 꼭 들어맞음
目的(목적) : 일을 이루려 하는 목표
心的(심적) : 마음에 관한
知的(지적) : 지식 있는

활용문

안중근은 동지 우덕순을 만나 具體的(구체적)인 計劃(계획)을 세웠다.

필순 ′ 亻 𠂉 白 白 白′ 的 的

電

7급 II

번개 전:

雨 | 5획

비가 내릴 때 일어나는 번개불에서 번개, 전기(電)를 의미한다.

비 雲(구름 운)
雪(눈 설)

읽기 한자

電流(전류) : 전기의 흐름
節電(절전) : 전기를 아껴 씀
電光石火(전광석화) : 극히 짧은 시간
充電(충전) : 전기를 축적하는 일
感電(감전) : 전기가 통한 도체에 몸의 일부가 닿아 충격을 받음

쓰기 한자

電線(전선) : 전기를 통하는 도체로 쓰는 금속선
發電(발전) : 전기를 일으킴
電光(전광) : 번갯불
電話(전화) : 전류를 이용하여 말을 주고받음

활용문

우리 몸 속에도 電氣(전기)가 흐르고 있다.

필순 一 𠂉 ⺈ 币 币 雨 雨 雨 雨 雨 雷 雷 電

全

7급 II

온전 **전**

入 | 4획

흠이 없는 쪽으로 넣는(入) 구슬(玉)이니 온전한(全) 구슬이란 의미이다.

비 金(쇠 금)

동 完(완전할 완)

읽기 한자

全能(전능) : 어떤 일이든 하지 못하는 것이 없음
全知全能(전지전능) : 무엇이나 다 알고 무엇이나 행하는 신의 능력
全勝(전승) : 모두 이김
全課(전과) : 모든 공부 과목

쓰기 한자

全力(전력) : 모든 힘
全部(전부) : 사물의 모두
安全(안전) : 평안하여 위험이 없음

활용문

그는 100m 달리기에서 全力(전력)을 다해서 뛰었다.

필순 ノ 入 亼 亼 仝 全

前

7급 II

앞 **전**

刂(刀) | 7획

배에 매어있는 끈을 칼(刂)로 자르고 배(月)가 나아가는 쪽을 뱃머리 즉 앞(前)을 의미한다.

반 後(뒤 후)

읽기 한자

前歷(전력) : 현재에 이르기까지의 행적
目前(목전) : 눈 앞
前過(전과) : 이전에 저지른 잘못

쓰기 한자

前軍(전군) : 전방의 군대. 앞장에 서는 군대
前記(전기) : 앞에 적힌 기록
前年(전년) : 지난 해. 작년
前方(전방) : 중심의 앞쪽
生前(생전) : 살아있는 동안

활용문

前年(전년)에 비해 생산량이 많이 늘었습니다.

필순 丶 丷 䒑 广 肻 肻 肻 前 前

戰

6급 II

싸움 **전**

戈 | 12획

사람마다 한명씩(單) 창(戈)을 들고 있는 데서, '싸우다'는 뜻이다.

비 單(홑 단)

동 競(다툴 경) 爭(다툴 쟁) 鬪(싸움 투)

반 和(화할 화)

약 战, 戦

읽기 한자

觀戰(관전) : 전쟁의 실황을 시찰함
決戰(결전) : 승부를 결정하는 싸움
苦戰(고전) : 힘들고 어려운 싸움
勝戰(승전) : 싸움에서 이김
戰史(전사) : 전쟁의 역사

쓰기 한자

戰功(전공) : 싸움에서의 공로
戰力(전력) : 싸우는 힘
戰術(전술) : 전쟁 실시의 방책

활용문

김상병은 이번 戰功(전공)으로 진급을 했습니다.

필순 丨 𠃍 口 吅 吅 吅 吅 罒 罒 罒 單 單 單 戰 戰 戰

자

典

5급Ⅱ

법 전:

八 | 6획

종이가 만들어지기 전, 대나무에 쓰여진 것에서 서책, 가르침, 본보기(典)를 의미한다.

비 曲(굽을 곡)

동 法(법 법) 例(법식 례) 式(법 식)

읽기한자

古典(고전) : 옛날의 의식이나 법식
法典(법전) : 특정한 사항에 관한 법규를 체계를 세워서 편별로 조직한 성문법규
字典(자전) : 한자를 모아 그 뜻을 풀어 놓은 책

활용문

法典(법전)을 공부해야 사법시험에 합격할 수 있다.

필순 丨 冂 日 由 曲 曲 典 典

傳

5급Ⅱ

전할 전

亻(人) | 11획

고지식한 사람(人)은 오로지(專) 자기가 들은 대로만 전한다(傳)는 의미이다.

약 伝

읽기한자

傳來(전래) : 전해 내려옴
傳說(전설) : 예로부터 전해 내려오는 이야기
口傳(구전) : 입으로 전함
父傳子傳(부전자전) : 대대로 아버지가 아들에게 전함

활용문

극본 속에 나오는 인물로 꾸미고 그가 맡은 역을 몸짓과 말로 표현하여 관객에게 직접 感動(감동)을 傳(전)하게 된다.

필순 丿 亻 亻 亻 亻 亻 亻 亻 亻 亻 亻 傳 傳

展

5급Ⅱ

펼 전:

尸 | 7획

사람(尸)이 옷(衣)을 입고 누우면 옷이 흐트러지는 것에서 퍼지다, 열리다(展)는 의미이다.

비 屋(집 옥)

읽기한자

展開(전개) : 눈앞에 벌어짐
展望(전망) : 멀리 바라봄
發展(발전) : 널리 뻗어 나감

활용문

신문이 해야 할 일의 하나는 文化發展(문화발전)을 위하고 國民(국민)들의 敎養(교양)을 높이는 것이다.

필순 ㇇ ㇇ 尸 尸 尸 屏 屈 展 展

확·인·학·습 34

1. 다음 한자어(漢字語)의 독음을 쓰세요.

(1) 教材 (　　　)　　(2) 充電 (　　　)
(3) 全課 (　　　)　　(4) 前歷 (　　　)
(5) 目的 (　　　)　　(6) 法典 (　　　)

2. 다음 한자(漢字)의 훈(訓)과 음(音)을 쓰세요.

(1) 展 (　　　)
(2) 傳 (　　　)
(3) 典 (　　　)
(4) 的 (　　　)

3. 다음 훈(訓)과 음(音)에 맞는 한자(漢字)를 쓰세요.

(1) 번개 전 (　　　)
(2) 온전 전 (　　　)
(3) 앞 전 (　　　)
(4) 싸움 전 (　　　)

4. 다음(　)에 들어갈 한자(漢字)를 예(例)에서 찾아 그 번호를 쓰세요.

예(例)			
	① 材	② 展	③ 電
	④ 傳	⑤ 戰	⑥ 典

(1) 上陸作(　)　　(2) (　)光石火
(3) 以心(　)心　　(4) 古(　)文學

정답

1. (1) 교재　(2) 충전　(3) 전과　(4) 전력　(5) 목적　(6) 법전
2. (1) 펼 전　(2) 전할 전　(3) 법 전　(4) 과녁 적
3. (1) 電　(2) 全　(3) 前　(4) 戰
4. (1) ⑤　(2) ③　(3) ④　(4) ⑥

節

5급II

마디 절

竹 | 9획

대나무(竹)가 자라면서(卽) 마디마디로 나뉘어져 있는 것에서 마디, 일단락(節)을 의미한다.

동 寸(마디 촌)

약 節

읽기한자

節度(절도) : 일이나 행동을 똑똑 끊어 맺는 마디
節電(절전) : 전기를 아껴 씀
時節(시절) : 철, 때
調節(조절) : 사물을 정도에 맞추어 잘 고르게 함

활용문

節電(절전)하는 습관을 길러야 합니다.

필순

切

5급II

끊을 절
온통 체

刀 | 2획

칼(刀)로 막대봉(七)을 자르는 것에서 자르다, 새기다(切)는 의미이다.

동 斷(끊을 단)

반 連(이을 련)
結(맺을 결)

읽기한자

切感(절감) : 절실히 느낌
切實(절실) : 아주 긴요함
親切(친절) : 매우 정답고 고분고분함
一切(일체) : 모든 것, 전부, 완전히
(일절) : 아주, 전혀, 절대로(부인하거나 금지할 때 쓰는 말)

활용문

옷차림도 단정히 하고 格式(격식)에 맞는 바른 말을 쓰며 누구에게나 親切(친절)히 對(대)하여야 하겠습니다.

필순 一 七 切 切

店

5급II

가게 점:

广 | 5획

점(占)칠 때 여러 것을 얘기 하듯이 집안(广)에 물품을 진열해 파는 가게(店)를 의미한다.

읽기한자

開店(개점) : 새로 가게를 엶
本店(본점) : 영업의 본거지가 되는 점포
商店(상점) : 물건을 파는 가게
書店(서점) : 책을 파는 가게

활용문

사람들은 市場(시장)이나 商店(상점)에 직접 가지 않아도 신문을 통하여 새로운 商品(상품) 정보를 얻을 수 있다.

필순 丶 亠 广 庀 庐 庐 店 店

正

7급 II

바를 정(:)

止 | 1획

목표로 한(一) 곳에 정확히 가서 거기서 딱 멈추는(止) 것에서 올바르다(正)는 의미이다.

반 反(돌이킬 반)
否(아닐 부)

읽기한자

正品(정품) : 진짜이거나 바른 물품
正當(정당) : 정상적이고 당연함
質正(질정) : 묻거나 따져서 바로 잡음

쓰기한자

正答(정답) : 옳은 답
正道(정도) : 올바른 길
公正(공정) : 공평하고 올바름
正書(정서) : 글씨를 또박또박 바르게 씀

활용문

글씨를 쓸 때는 正書法(정서법)에 맞게 쓰는 습관이 중요하다.

필순 一 丅 下 正 正

庭

6급 II

뜰 정

广 | 7획

길고 평평하게 만든 정원(廷)이 있는 관청(广)의 건물 사이에 있는 안쪽 정원(庭)을 의미한다.

읽기한자

法庭(법정) : 소송을 판결하는 곳
親庭(친정) : 결혼한 여자의 본집
庭園(정원) : 집 안의 뜰

쓰기한자

庭球(정구) : 무른 고무공을 사용하여 테니스처럼 경기를 하는 구기 종목
校庭(교정) : 학교의 마당
家庭(가정) : 한 가족이 살림하고 있는 집안

활용문

庭園(정원)이 있는 집으로 이사를 갑니다.

필순 丶 亠 广 广 庀 庄 庄 庭 庭 庭

定

6급

정할 정:

宀 | 5획

한 집(宀)에 정착하여 움직이지(疋) 않는 것에서 결정하다, 정하다(定)는 의미이다.

비 宅(집 택)
약 㝎

읽기한자

定價(정가) : 정해진 값
定說(정설) : 일정한 분야에서 옳다고 확정된 설
決定(결정) : 결단하여 정함
約定(약정) : 일을 약속하여 정함
安定(안정) : 안전하게 자리 잡음
定例(정례) : 일정하게 정하여진 규칙이나 관례

활용문

4월부터 책이 定價(정가)에 판매된다고 합니다.

필순 丶 丶 宀 宀 宁 宇 宇 定

情

5급 II

뜻 정

忄(心) | 8획

풀처럼 파랗게(靑) 투명한 물같은 마음(心)이라고 하는 것에서 진심, 정(情)을 의미한다.

비 精(정할 정)

동 意(뜻 의)

읽기 한자

感情(감정) : 느끼어 일어나는 심정
物情(물정) : 세상의 형편이나 인심
友情(우정) : 벗 사이의 정
人情(인정) : 남을 동정하는 마음씨

활용문

동네 어른들께는 물론 우리 동무들끼리도 서로 情(정)답게 웃으며 人事(인사)를 나누면 생활은 더욱 밝고 明朗(명랑)해질 것입니다.

필순 丶 丶丶 忄 忄 忄 忄 忄 忄 情 情 情

弟

8급

아우 제ː

弓 | 4획

끈을 위에서 밑으로 빙빙 감듯이 차례차례 태어나는 남동생(弟)을 의미한다.

비 第(차례 제)

반 兄(형 형)

읽기 한자

首弟子(수제자) : 여러 제자 중 가장 뛰어난 제자
親兄弟(친형제) : 같은 부모에게서 난 형제

쓰기 한자

子弟(자제) : 남의 아들의 총칭
兄弟(형제) : 형과 아우

활용문

兄弟(형제)끼리 사이좋게 지내야지.

필순 丶 丷 当 当 弓 弟 弟

第

6급 II

차례 제ː

竹 | 5획

대나무(竹)에 풀줄기가 말아 올라간 형태(弟)에서 사물의 순서(第)를 의미한다.

비 弟(아우 제)

동 序(차례 서)
秩(차례 질)

읽기 한자

本第(본제) : 고향에 있는 본집
第三者(제삼자) : 일정한 일에 직접 관계가 없는 사람

쓰기 한자

第一(제일) : 첫 째
等第(등제) : 과거 시험에 합격함

활용문

나는 수학을 第一(제일) 좋아한다.

필순 丿 𠂉 ⺮ ⺮ ⺮ ⺮ 竺 笃 笃 第 第

확·인·학·습 35

1. 다음 한자어(漢字語)의 독음을 쓰세요.

(1) 友情 (　　　)　(2) 切感 (　　　)
(3) 節度 (　　　)　(4) 親庭 (　　　)
(5) 登第 (　　　)　(6) 書店 (　　　)

2. 다음 한자(漢字)의 훈(訓)과 음(音)을 쓰세요.

(1) 情 (　　　)
(2) 切 (　　　)
(3) 店 (　　　)
(4) 節 (　　　)

3. 다음 훈(訓)과 음(音)에 맞는 한자(漢字)를 쓰세요.

(1) 아우 제 (　　　)
(2) 바를 정 (　　　)
(3) 뜰 정 (　　　)
(4) 차례 제 (　　　)

4. 다음(　)에 들어갈 한자(漢字)를 예(例)에서 찾아 그 번호를 쓰세요.

예(例)			
	① 切	② 店	③ 庭
	④ 情	⑤ 節	⑥ 正

(1) 多(　)多感　(2) 少年時(　)
(3) 家(　)通信　(4) 萬物商(　)

정답						
1.	(1) 우정	(2) 절감	(3) 절도	(4) 친정	(5) 등제	(6) 서점
2.	(1) 뜻 정	(2) 끊을 절/온통 체		(3) 가게 점	(4) 마디 절	
3.	(1) 弟	(2) 正	(3) 庭	(4) 第		
4.	(1) ④	(2) ⑤	(3) ③	(4) ②		

題

6급II

제목 제

頁 | 9획

옛날 머리털을 깎아 이마(頁)가 훤하게(是) 한 후 문신을 한 사례에서 기초해 이마가 제목(題)을 의미한다.

비 類(무리 류)

동 目(눈 목)

읽기 한자

課題(과제) : 부과된 문제
宿題(숙제) : 학교에서 배운 것의 예습과 복습을 위해 내주는 문제
題目(제목) : 겉장에 쓴 책의 이름
題言(제언) : 서적·화폭 등의 위에 적은 글　題號(제호) : 책 따위의 제목

쓰기 한자

題名(제명) : 표제의 이름　問題(문제) : 해답을 요구하는 물음
主題(주제) : 중심이 되는 문제
表題(표제) : 책의 겉에 쓰는 책의 이름

활용문

이 글에 題目(제목)을 추가해주십시오.

필순 丨 ㄇ ㅂ 日 旦 早 早 昰 是 是 是 是 題 題 題 題 題 題

祖

7급

할아비 조

示 | 5획

이미(且) 이 세상에 없는 몇 대 이전의 선조를 제사(示)하는 것에서 조상(祖)을 의미한다.

반 孫(손자 손)

읽기 한자

祖訓(조훈) : 조상이 남겨 놓은 가르침
元祖(원조) : 어떤 일을 시작한 사람

쓰기 한자

祖國(조국) : 조상 적부터 살던 나라
祖母(조모) : 할머니
祖父(조부) : 할아버지
祖上(조상) : 자기 세대 이전의 모든 세대. 한 갈래의 혈통을 받아오는 할아버지 이상의 어른

활용문

祖國(조국)의 품으로 다시 돌아왔구나.

필순 一 二 亍 亓 示 礻 礽 祁 祖 祖

朝

6급

아침 조

月 | 8획

해가 돋고(卓) 달(月)이 서쪽으로 기울어가며 오는 아침(朝)이란 의미이다.

반 夕(저녁 석)
夜(밤 야)

읽기 한자

朝禮(조례) : 학교 등에서 직원과 학생이 수업하기 전에 모여 행하는 아침 인사
朝野(조야) : 조정과 민간
朝夕(조석) : 아침과 저녁

활용문

朝禮(조례)시간에 떠드는 사람이 누구지?

필순 一 十 𠂇 古 古 杏 查 卓 朝 朝 朝 朝

調

5급 II

고를 조

言 | 8획

말(言)이나 행동이 전체에 두루(周) 전해지도록 하는 것에서 조정하다(調)는 의미이다.

동 和(화할 화)

읽기 한자

調練(조련) : 훈련을 거듭하여 쌓음
調和(조화) : 이것저것을 서로 잘 어울리게 함
強調(강조) : 강력히 주장함
順調(순조) : 탈 없이 잘 되어가는 상태
語調(어조) : 말의 가락

활용문

형제간의 우애와 친척간의 화목을 強調(강조)하여 知德(지덕)을 겸한 높은 人格者(인격자)가 되도록 이끌어갔다.

필순 … 調

足

7급 II

발 족

足 | 0획

발전체의 모양을 본떴다.

비 定(정할 정)
반 手(손 수)

읽기 한자

充足(충족) : 일정한 분량에 차거나 채움
洗足(세족) : 발을 씻음

쓰기 한자

發足(발족) : 무슨 일이 시작됨
力不足(역부족) : 힘, 기량 등이 모자람
手足(수족) : 손과 발

활용문

이번 일은 나에게는 力不足(역부족)입니다.

필순 … 足

族

6급

겨레 족

方 | 7획

깃발(方)아래 사람(人)들이 화살(矢)을 들고 모인 겨레, 무리(族)를 의미한다.

비 旅(나그네 려)
施(베풀 시)

읽기 한자

種族(종족) : 조상과 문화가 같은 겨레
族長(족장) : 일족의 우두머리
家族(가족) : 부부를 기초로 하여 한 가정을 이루는 사람들
同族(동족) : 같은 겨레
親族(친족) : 촌수가 가까운 일가

활용문

우리 家族(가족)은 모두 10명입니다.

필순 … 族

卒

5급 II

마칠 졸

十 | 6획

똑같은 옷(衣)을 입은 열(十) 명의 군사(卒)라는 의미이다.

동 兵(병사 병)　終(마칠 종)

반 初(처음 초)

약 卆

읽기한자

卒業(졸업) : 규정된 교과 혹은 교육 과정을 마침
卒兵(졸병) : 직위가 낮은 병사
卒年(졸년) : 어떤 사람이 죽은해

활용문

설리반 선생은 1886年(년) 여름에 퍼킨스 학원을 卒業(졸업)하고 나서 이듬해 2월까지는 헬렌을 가르칠 充分(충분)한 준비를 하고 3월에 온 것이다.

필순 丶 亠 广 六 亣 亣 亣 卒

種

5급 II

씨 종(:)

禾 | 9획

거둔 벼(禾)를 다음 해에 뿌릴 종자로서 많이(重) 쌓아놓은 것에서 종자, 씨(種)를 의미한다.

읽기한자

種類(종류) : 사물의 부문을 나누는 갈래
各種(각종) : 갖가지
變種(변종) : 종류가 바뀜
特種(특종) : 특별한 종류

활용문

이런 種類(종류)의 시조는 대개 아름다운 자연을 보았을 때, 혹은 따뜻한 人情(인정)을 느꼈을 때의 흥을 노래하고 있습니다.

필순 ノ 二 千 才 禾 禾 禾 禾 秆 秆 稍 稙 種 種

左

7급 II

왼 좌:

工 | 2획

무언가를 만들 때 가늠자 등을 들고 오른 손을 돕는 손의 형태에서 왼쪽(左)을 의미한다.

비 在(있을 재)

반 右(오른 우)

읽기한자

左相(좌상) : 좌의정을 이르는 말

쓰기한자

左記(좌기) : 세로쓰기에서 본문의 왼편에 적음
左道(좌도) : 자기가 믿는 종교 이외의 종교를 가리키는 말
左方(좌방) : 왼편
左手(좌수) : 왼손
左右(좌우) : 왼쪽과 오른쪽

활용문

左右(좌우)를 잘 살펴서 건너 가세요.

필순 一 ナ 𠂇 左 左

확·인·학·습 36

1. 다음 한자어(漢字語)의 독음을 쓰세요.

(1) 卒業 (　　　)　　(2) 特種 (　　　)
(3) 表題 (　　　)　　(4) 調練 (　　　)
(5) 朝野 (　　　)　　(6) 親族 (　　　)

2. 다음 한자(漢字)의 훈(訓)과 음(音)을 쓰세요.

(1) 題 (　　　)
(2) 卒 (　　　)
(3) 種 (　　　)
(4) 調 (　　　)

3. 다음 훈(訓)과 음(音)에 맞는 한자(漢字)를 쓰세요.

(1) 발 족 (　　　)
(2) 할아비 조 (　　　)
(3) 제목 제 (　　　)
(4) 왼 좌 (　　　)

4. 다음(　)에 들어갈 한자(漢字)를 예(例)에서 찾아 그 번호를 쓰세요.

예(例)			
	① 種	② 終	③ 右
	④ 卒	⑤ 調	⑥ 題

(1) 有色人(　)　　(2) 現代時(　)
(3) (　)業式場　　(4) 問(　)意識

정답						
1.	(1) 졸업	(2) 특종	(3) 표제	(4) 조련	(5) 조야	(6) 친족
2.	(1) 제목 제	(2) 마칠 졸	(3) 씨 종	(4) 고를 조		
3.	(1) 足	(2) 祖	(3) 題	(4) 左		
4.	(1) ①	(2) ⑤	(3) ④	(4) ⑥		

자

主

7급

임금/주인 주

丶 | 4획

움직이지 않고 타오르는 촛불처럼 중심이 되어있는 사람을 빗대어 주인, 중심(主)을 의미한다.

비 王(임금 왕)
동 王(임금 왕)
반 客(손 객)
賓(손 빈)

읽기한자

主觀(주관) : 자기대로의 생각
主流(주류) : 사상의 주된 경향
客主(객주) : 상인의 물건을 팔거나 매매를 거간하며, 그 상인의 숙박을 치르는 영업

쓰기한자

主體(주체) : 성질, 상태, 작용의 주(主)
自主(자주) : 남의 보호나 간섭을 받지 않고 독립적으로 행함
地主(지주) : 토지의 소유자

활용문

문제를 自主(자주)적으로 해결하는 것이 좋다.

필순 丶 亠 亠 丰 主

住

7급

살 주:

亻(人) | 5획

타고 있는 불(主)처럼 사람(人)이 한 곳에서 꼼짝 않고 머무는 것에서 살다(主)는 의미이다.

비 主(주인 주)
동 居(살 거)

읽기한자

住宅(주택) : 사람들이 들어 사는 집

쓰기한자

住民(주민) : 그 땅에 사는 사람
住所(주소) : 생활의 본거인 장소
安住(안주) : 자리 잡고 편히 삶

활용문

住所(주소)를 정확히 기입해 주세요.

필순 丿 亻 亻 亻 亻 住 住

注

6급 II

부을 주:

氵(水) | 5획

물(氵)이 주(主)로 하는 일은 물대는(注) 일이란 의미이다.

비 住(살 주)

읽기한자

傳注(전주) : 책의 주석
注目(주목) : 눈을 한 곳에 쏟음
注油(주유) : 자동차 등에 휘발유 따위를 주입함

쓰기한자

注文(주문) : 품종·모양·크기 등을 일러주고 만들어 달라고 맞추거나 보내 달라고 하는 일
注意(주의) : 마음에 새겨 두어 조심함

활용문

注油所(주유소)에 들러서 기름을 넣어야 되겠습니다.

필순 丶 丶 氵 氵 氵 汁 注 注

晝

6급

낮 주

日 | 7획

해가 뜨고(旦) 학교에 가니 글(書) 공부를 하는 낮(晝)이란 의미이다.

비 畫(그림 화)
동 午(낮 오)
반 夜(밤 야)
약 昼

읽기 한자

晝間(주간) : 낮
晝夜(주야) : 낮과 밤
白晝(백주) : 대낮
晝夜長川(주야장천) : 밤낮으로 쉬지 아니하고 연달아

활용문

晝間(주간)이든 夜間(야간)이든 신경 쓰지 않습니다.

필순 ㄱ ㅋ ㅋ ㅋ 聿 聿 聿 書 書 書 晝

週

5급 II

주일 주

辶(辵) | 8획

모두에게 무언가를 두루(周) 알리기 위해 쭉 걸어 돌기(辶)에 한 주(週)를 의미한다.

비 調(고를 조)

읽기 한자

週間(주간) : 한 주일 동안
週番(주번) : 한 주간마다 바꾸어 하는 근무
今週(금주) : 이번 주

활용문

다음은 學習部(학습부)에서 來週(내주) 계획을 발표해 주시기 바랍니다.

필순 丿 冂 月 円 用 用 周 周 周 调 调 週

州

5급 II

고을 주

巛 | 3획

하천 안에 흙과 모래가 쌓여 섬이 만들어지는 모습에서 토지, 섬, 대륙(州)을 의미한다.

비 川(내 천)
동 郡(고을 군)
邑(고을 읍)
洞(골 동)

읽기 한자

州郡(주군) : 주와 군의 뜻으로 지방을 일컬음
州里(주리) : 큰 도시에서 떨어져 있는 시골이나 마을
全州(전주) : 전라북도 중앙부에 있는 시

활용문

우리 부모님 고향은 全州(전주)입니다.

필순 丶 丿 小 州 州 州

中

8급

가운데 중

丨 | 3획

돌아가는 팽이의 중심은 어느 쪽도 기울지 않게 한복판을 지키기에 가운데(中)라는 의미이다.

동 央(가운데 앙)

반 外(바깥 외)

읽기한자

的中(적중) : 목표에 어김없이 들어 맞음
中古(중고) : 약간 낡은 물건

쓰기한자

命中(명중) : 겨냥한 곳에 바로 맞음
集中(집중) : 한 곳으로 모임
中間(중간) : 두 사물의 사이

활용문

中古(중고) 텔레비전을 한대 구입했습니다.

필순 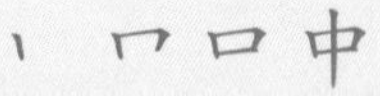

重

7급

무거울 중ː

里 | 2획

천(千) 리(里)를 걸으면 발이 무겁다(重)는 의미이다.

반 輕(가벼울 경)

읽기한자

重要(중요) : 귀중함
重任(중임) : 중대한 임무
重責(중책) : 무거운 책임

쓰기한자

重力(중력) : 지구가 지구 위에 있는 물체를 잡아당기는 힘
重心(중심) : 무게 중심
重大(중대) : 매우 중요함

활용문

이 현상이 重力(중력)이라는 거야.

필순 

紙

7급

종이 지

糸 | 4획

섬유질(糸)을 근원, 원료(氏)로 하여 종이(紙)를 생산한다는 의미이다.

읽기한자

紙質(지질) : 종이의 품질
紙價(지가) : 종이의 값
紙筆(지필) : 종이와 붓

쓰기한자

紙面(지면) : 신문에 글이 쓰인 겉면
紙物(지물) : 온갖 종이의 총칭
休紙(휴지) : 못 쓰게 된 종이
紙上(지상) : 지면. 신문 잡지의 기사면
用紙(용지) : 어떤 일에 쓰는 종이

활용문

공공장소에 休紙(휴지)를 버리면 안 됩니다.

필순 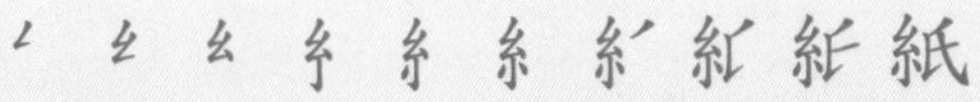

확·인·학·습 37

1. 다음 한자어(漢字語)의 독음을 쓰세요.

(1) 週間 (　　　)　　(2) 重要 (　　　)
(3) 晝夜 (　　　)　　(4) 州郡 (　　　)
(5) 注油 (　　　)　　(6) 紙面 (　　　)

2. 다음 한자(漢字)의 훈(訓)과 음(音)을 쓰세요.

(1) 週 (　　　)
(2) 晝 (　　　)
(3) 州 (　　　)
(4) 注 (　　　)

3. 다음 훈(訓)과 음(音)에 맞는 한자(漢字)를 쓰세요.

(1) 살 주 (　　　)
(2) 부을 주 (　　　)
(3) 무거울 중 (　　　)
(4) 종이 지 (　　　)

4. 다음(　)에 들어갈 한자(漢字)를 예(例)에서 찾아 그 번호를 쓰세요.

예(例)			
	① 週	② 州	③ 晝
	④ 注	⑤ 紙	⑥ 重

(1) 讀書(　)間　　(2) 新聞(　)上
(3) (　)大發表　　(4) (　)文生産

정답						
1.	(1) 주간	(2) 중요	(3) 주야	(4) 주군	(5) 주유	(6) 지면
2.	(1) 주일 주	(2) 낮 주	(3) 고을 주	(4) 부을 주		
3.	(1) 住	(2) 注	(3) 重	(4) 紙		
4.	(1) ①	(2) ⑤	(3) ⑥	(4) ④		

地

7급

따(땅) 지

土 | 3획

뱀은 논밭의 두렁처럼 구불구불 한 것에서 지면(土)과 뱀(也)의 형태에서 땅(地)을 의미한다.

반 天(하늘 천)

읽기 한자

地質(지질) : 지각을 구성하는 암석 · 지층의 성질
客地(객지) : 자기 고장을 떠나 임시로 있는 곳
局地(국지) : 한정된 일정한 지역
基地(기지) : 군대의 보급 · 수송 · 통신 등의 기점이 되는 곳
團地(단지) : 주택 · 공장 등이 집단을 이루고 있는 일정 구역
要地(요지) : 정치 · 문화 등의 핵심이 되는 곳
任地(임지) : 관원이 부임하는 곳

쓰기 한자

地形(지형) : 땅의 생긴 모양
地圖(지도) : 지구 표면의 상태를 축소된 평면에 나타낸 그림

활용문

아시아의 地形的(지형적) 특징에 대해 알아 보도록 하자.

필순 

知

5급 II

알 지

矢 | 3획

화살(矢)처럼 곧바로 날아가 맞추(口)는 것을 나타내는 글자로 알다(知)는 의미이다.

동 識(알 식)
認(알 인)
반 行(다닐 행)

읽기 한자

知能(지능) : 두뇌의 작용
通知(통지) : 기별하여 알림
知行合一(지행합일) : 지식과 행위가 하나 됨

활용문

형제간의 우애와 친척간의 화목을 強調(강조)하여 知德(지덕)을 겸한 높은 人格者(인격자)가 되도록 이끌어갔다.

필순 

直

7급 II

곧을 직

目 | 3획

숨어(乚) 있어도 열(十) 사람의 눈(目)이 보면 나쁜 짓은 할 수 없기에 바로(直)라는 의미이다.

반 曲(굽을 곡)

읽기 한자

直觀(직관) : 대상을 직접적으로 파악하는 작용
直流(직류) : 곧게 흐르는 흐름
宿直(숙직) : 직장에서 잠자며 밤을 지킴

쓰기 한자

直立(직립) : 똑바로 섬. 높이 솟아오름
直面(직면) : 어떤 사물에 직접 대면함
正直(정직) : 거짓, 허식이 없이 마음이 바르고 곧음

활용문

直觀的(직관적)으로 그 사실을 알 수 있었다.

필순 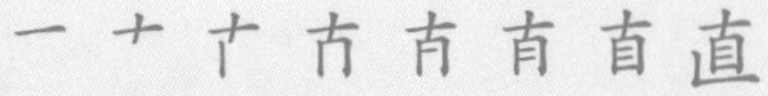

質

5급 II

바탕 질

貝 | 8획

돈(貝)을 빌린 표시로 도끼(斤) 두 자루를 상대에게 건넨다 하여 약속 표시(質)를 의미한다.

동 本(근본 본)
朴(성 박)

약 貭

읽기한자

質問(질문) : 의문, 이유를 캐물음
變質(변질) : 성질이나 물질이 변함
性質(성질) : 사물이 본디부터 가지고 있는 고유한 특성
惡質(악질) : 성질이 모질고 나쁨
體質(체질) : 몸의 성질

활용문

너는 性質(성질)도 급하구나.

필순

集

6급 II

모을 집

隹 | 4획

나무(木) 위에 새(隹)가 많이 무리지어 모여드는 것에서 모이다(集)는 의미이다.

동 會(모일 회)
社(모일 사)

반 散(흩을 산)
離(떠날 리)

읽기한자

集結(집결) : 한 군데로 모임
集約(집약) : 한데 모아서 요약함
雲集(운집) : 구름처럼 많이 모임

쓰기한자

集計(집계) : 모아서 합계함
集中(집중) : 한 곳으로 모으게 함

활용문

최종 集計(집계)가 조금 있으면 나옵니다.

필순

着

5급 II

붙을 착

目 | 7획

양(羊)털이 자라면 눈(目)에 달라붙어 보이지 않을 정도가 되는 것에서 몸에 붙는다(着)는 의미이다.

동 到(이를 도)

반 發(필 발)

읽기한자

着陸(착륙) : 비행기가 육지에 내림
着手(착수) : 일에 손을 대어 시작함
定着(정착) : 한 곳에 자리 잡아 떠나지 않음
土着(토착) : 대대로 그 땅에서 삶

활용문

9시 30분, 열차가 到着(도착)하자 환영이 대단하였다.

필순

參

5급Ⅱ

참여할 참
석 삼

厶 | 9획

머리(㐱)에 비녀를 꽂고 여러 장식품(厽)을 갖추어 의식에 참가한다(參)는 의미이다.

동 三(석 삼)

약 参

읽기한자

參觀(참관) : 어떤 곳에 나아가서 봄
參席(참석) : 자리에 참여함
參戰(참전) : 전쟁에 참가함
古參(고참) : 오래 전부터 한 직장이나 직위에 머물러 있는 일

활용문

살구꽃 1·2·3이 각각 살구나무 뒤에서 고개를 내밀어 參見(참견)한다.

필순

窓

6급Ⅱ

창 창

穴 | 6획

벽에 창(厶)으로 구멍(穴)을 뚫어 마음(心)이 시원하고 밝도록 창문(窓)을 만든다는 의미이다.

비 密(빽빽할 밀)

읽기한자

旅窓(여창) : 나그네가 거처하는 방
獨窓(독창) : 문짝이 한쪽만 달린 창
學窓時節(학창시절) : 학생으로서 학교에서 공부하던 시절

쓰기한자

窓口(창구) : 창을 뚫어 놓은 곳
窓門(창문) : 공기나 빛이 들어올 수 있도록 벽에 놓은 작은 문
同窓(동창) : 같은 학교에서 배움
車窓(차창) : 기차나 자동차 따위에 달려있는 창문

활용문

내일 同窓會(동창회)가 있으니 꼭 참석하세요.

필순

責

5급Ⅱ

꾸짖을 책

貝 | 4획

쿡쿡 가시로 찔러(主) 대듯이 돈(貝)을 돌려주라고 볶아 대는 것에서 추궁하다(責)는 의미이다.

비 貴(귀할 귀)

동 任(맡을 임)

읽기한자

責望(책망) : 허물을 들어 꾸짖음
責任(책임) : 도맡아 해야 할 임무나 의무
問責(문책) : 잘못을 캐묻고 추궁함
自責(자책) : 제 자신을 스스로 책망함

활용문

오늘날 신문은 그 힘이 매우 크기 때문에 반드시 사실만을 올바르게 써야 하는 責任(책임)을 지닌다.

필순

확·인·학·습 38

1. 다음 한자어(漢字語)의 독음을 쓰세요.

(1) 旅窓 (　　　)　　(2) 責任 (　　　)
(3) 參觀 (　　　)　　(4) 土着 (　　　)
(5) 質問 (　　　)　　(6) 通知 (　　　)

2. 다음 한자(漢字)의 훈(訓)과 음(音)을 쓰세요.

(1) 知 (　　　)
(2) 參 (　　　)
(3) 質 (　　　)
(4) 着 (　　　)

3. 다음 훈(訓)과 음(音)에 맞는 한자(漢字)를 쓰세요.

(1) 창 창 (　　　)
(2) 곧을 직 (　　　)
(3) 모을 집 (　　　)
(4) 따 지 (　　　)

4. 다음(　)에 들어갈 한자(漢字)를 예(例)에서 찾아 그 번호를 쓰세요.

예(例)			
	① 參	② 知	③ 質
	④ 責	⑤ 着	⑥ 紙

(1) 聞一(　)十　　(2) 法的(　)任
(3) 到(　)時間　　(4) 合(　)木部

정답

1. (1) 여창　(2) 책임　(3) 참관　(4) 토착　(5) 질문　(6) 통지
2. (1) 알 지　(2) 참여할 참 / 석 삼　(3) 바탕 질　(4) 붙을 착
3. (1) 窓　(2) 直　(3) 集　(4) 地
4. (1) ②　(2) ④　(3) ⑤　(4) ①

川

7급

내 천

川(巛) | 0획

양 쪽 기슭 사이를 물이 흐르고 있는 모양에서 내, 하천(川)을 의미한다.

동 水(물 수)

반 山(메 산)

읽기 한자

野川(야천) : 들 가운데로 흐르는 내
川流(천류) : 내의 흐름
晝夜長川(주야장천) : 밤낮으로 쉬지 아니하고 연달아

쓰기 한자

山川(산천) : 산과 내라는 뜻으로 자연을 일컬음
山川草木(산천초목) : 산과 내, 풀과 나무

활용문

우리 고향에는 山川(산천)이 매우 아름답습니다.

필순 丿 川 川

千

7급

일천 천

十 | 1획

사람이 앞으로 나아가는 모습과 十자를 포개 놓아, 十의 백 배, 百의 열 배의 것을 말한다.

읽기 한자

千古(천고) : 아주 먼 옛적
千變(천변) : 여러 가지로 변함
千歲(천세) : 천년 세월 오랜세월
千萬多幸(천만다행) : 매우 다행스러움

쓰기 한자

千金(천금) : 많은 돈
千軍(천군) : 많은 군사

활용문

이번 홍수에 그만하길 千萬多幸(천만다행)이다.

필순 ノ 二 千

天

7급

하늘 천

大 | 1획

양손·양발을 벌리고 서있는 사람(大)의 머리 위에 크게 펼쳐 있는 (一) 하늘(天)을 의미한다.

비 夫(지아비 부)

반 地(따 지)

읽기 한자

天性(천성) : 타고난 성격
天福(천복) : 하늘이 주는 행복
天質(천질) : 타고난 성질

쓰기 한자

天國(천국) : 하늘 나라
天命(천명) : 타고난 수명
天才(천재) : 선천적으로 타고난 뛰어난 재주를 지닌 사람
天文學(천문학) : 우주의 구조를 연구하는 학문

활용문

형은 天文學(천문학)을 연구하고 있습니다.

필순 一 二 チ 天

靑

8급

푸를 청

靑 | 0획

풀잎의 색깔처럼 파랗게 맑은 우물의 물색에서 파랗게(靑) 투명한 색깔을 의미한다.

비 淸(맑을 청)
동 綠(푸를 록)

읽기 한자

靑史(청사) : 역사상의 기록
靑山流水(청산유수) : 말을 썩 잘함을 비유
靑信號(청신호) : 푸른 등이나 기로 통행을 표시하는 교통 신호

쓰기 한자

靑春(청춘) : 새싹이 파랗게 돋아나는 봄철. 젊은 나이
靑果(청과) : 신선한 채소, 과일
靑年(청년) : 신체적, 정신적으로 한창 성장하거나 무르익은 시기에 있는 사람

활용문

그 靑年(청년)은 내 제자입니다.

필순 一 二 丰 主 丰 靑 靑 靑

淸

6급II

맑을 청

氵(水) | 8획

푸릇푸릇한 풀잎처럼, 파랗게(靑) 맑은 물(氵)의 아름다움에서 맑다(靑)는 의미이다.

동 澹(맑을 담)
淑(맑을 숙)
晶(맑을 정)

읽기 한자

淸朗(청랑) : 맑고 명랑함
淸州(청주) : 충청북도 중앙에 있는 시

쓰기 한자

淸明(청명) : 날씨가 맑고 밝음
淸江(청강) : 물이 맑은 강

활용문

비온 후에 날씨가 淸明(청명)하고 햇살이 더 밝은 이유는?

필순 丶 冫 氵 氵 氵 汁 浐 淸 淸 淸 淸

體

6급II

몸 체

骨 | 13획

뼈(骨)를 중심으로 내장과 같이 풍성하게(豊) 붙어서 된 것이 몸(體)이란 의미이다.

비 禮(예도 례)
동 身(몸 신)
반 心(마음 심)
약 体

읽기 한자

體格(체격) : 몸의 골격. 근육, 골격, 영양 상태로 나타나는 몸의 외관적 형상의 전체
體質(체질) : 몸의 성질. 몸의 바탕
客體(객체) : 객지에 있는 몸
團體(단체) : 공동의 목적을 달성하기 위하여 의식적으로 결합한 조직체
體感(체감) : 몸에 느끼는 감각

쓰기 한자

體內(체내) : 몸의 안
體面(체면) : 남을 대하는 체제와 면목
身體(신체) : 사람의 몸

활용문

體感(체감) 온도는 거의 영하 30도에 이릅니다.

필순 丨 冂 冂 冂 冂 凪 骨 骨 骨 骨 骨 骨 骨 骨 骨 骨 體 體 體 體 體 體 體

차

草

7급

풀 초

艹(艸) | 6획

해가 아침 일찍(早) 물 위로 나오듯이 빠르게 무성(++)해지는 모습에서 잡풀(草)을 의미한다.

읽기한자

草綠同色(초록동색) : 이름은 다르나 따지고 보면 한 가지 것이라는 말
草根(초근) : 풀 뿌리

쓰기한자

草食(초식) : 식물성의 먹이만 먹음
花草(화초) : 꽃이 피는 풀과 나무
不老草(불로초) : 먹으면 늙지 않는 풀

활용문

草食(초식) 동물들은 대체적으로 온순하다고 합니다.

필순 一 十 艹 艹 艹 节 苔 苩 茸 草

寸

8급

마디 촌:

寸 | 0획

손(十) 바닥에서 맥을 짚는 곳(丶)까지의 거리는 대개 한 치(寸) 전후라는 의미이다.

비 才(재주 재)
동 節(마디 절)

읽기한자

近寸(근촌) : 가까운 촌수
寸言(촌언) : 짤막한 말

쓰기한자

寸數(촌수) : 겨레붙이 사이의 멀고 가까운 정도가 얼마라는 수
寸分(촌분) : 매우 짧은 시간
三寸(삼촌) : 아버지의 형제, 특히 결혼하지 않은 남자형제

활용문

三寸(삼촌)은 사법시험에 합격해서 검사가 됐습니다.

필순 一 十 寸

村

7급

마을 촌:

木 | 3획

나무(木)가 조금(寸) 자라고 있는 곳에 사람이 모여 산다는 것에서 마을(村)이라는 의미이다.

비 林(수풀 림)
동 里(마을 리)

읽기한자

遠村(원촌) : 멀리 떨어져 있는 마을
村客(촌객) : 시골에서 온 나그네

쓰기한자

山村(산촌) : 산 속에 있는 마을
農村(농촌) : 주민 대부분이 농업에 종사하는 마을
村民(촌민) : 촌 백성

활용문

農村(농촌)으로 이사를 갔습니다.

필순 一 十 才 木 木 村 村

확·인·학·습 39

1. 다음 한자어(漢字語)의 독음을 쓰세요.

(1) 靑史 (　　　)　　(2) 淸明 (　　　)
(3) 草綠 (　　　)　　(4) 村客 (　　　)
(5) 體格 (　　　)　　(6) 天命 (　　　)

2. 다음 한자(漢字)의 훈(訓)과 음(音)을 쓰세요.

(1) 寸 (　　　)
(2) 川 (　　　)
(3) 淸 (　　　)
(4) 體 (　　　)

3. 다음 훈(訓)과 음(音)에 맞는 한자(漢字)를 쓰세요.

(1) 내 천 (　　　)
(2) 일천 천 (　　　)
(3) 푸를 청 (　　　)
(4) 하늘 천 (　　　)

4. 다음(　)에 들어갈 한자(漢字)를 예(例)에서 찾아 그 번호를 쓰세요.

예(例)			
	① 淸	② 寸	③ 靑
	④ 川	⑤ 體	⑥ 天

(1) 一心同(　)　　(2) (　)風明月
(3) 山(　)草木　　(4) 二八(　)春

정답						
1.	(1) 청사	(2) 청명	(3) 초록	(4) 촌객	(5) 체격	(6) 천명
2.	(1) 마디 촌	(2) 내 천	(3) 맑을 청	(4) 몸 체		
3.	(1) 川	(2) 千	(3) 靑	(4) 天		
4.	(1) ⑤	(2) ①	(3) ④	(4) ③		

秋

7급

가을 추

禾 | 4획

벼(禾)가 불(火)빛 같은 태양에 익는 계절이니 가을(秋)이란 의미이다.

반 春(봄 춘)

읽기 한자

秋節(추절) : 가을 철
秋夜(추야) :가을 밤

쓰기 한자

秋冬(추동) : 가을과 겨울
秋山(추산) : 가을철의 산
秋色(추색) : 가을철의 맑은 색

활용문

날씨가 더워졌으니 이제는 秋冬服(추동복)을 넣어야겠습니다.

필순 ㇒ 二 千 千 禾 禾 禾' 秒 秋

春

7급

봄 춘

日 | 5획

따뜻한 햇살(日)에 초목의 새순이 돋아나기 시작하는 계절, 봄(春)을 의미한다.

비 奉(받들 봉)
반 秋(가을 추)

읽기 한자

春雨(춘우) : 봄비
春樹(춘수) : 봄철의 나무

쓰기 한자

春秋服(춘추복) : 봄철과 가을철에 입는 옷
春分(춘분) : 이십사절기의 하나로 양력 3월 21일 무렵이다.

활용문

백화점 마다 春秋服(춘추복) 세일이 한창입니다.

필순 一 二 三 夫 夫 夫 春 春 春

出

7급

날 출

凵 | 3획

풀이 여기저기 어우러져 만들어진 모양에서 나오다, 내다(出)는 의미이다.

동 生(날 생)
반 入(들 입)

읽기 한자

出兵(출병) : 군대를 싸움터로 보냄
出席(출석) : 어떤 자리에 참석함
出品(출품) : 전람회, 전시회, 품평회, 진열장 같은 곳에 물건을 내어 놓음
流出(유출) : 흘러 나감. 흘러 나옴. 화폐가 외국으로 나감

쓰기 한자

出發(출발) : 길을 떠나 나감
出場(출장) : 어떤 장소에 나감
出身(출신) : 출생당시 가정이 속하여 있던 사회적 신분
出世(출세) : 숨었던 사람이 세상에 나옴
放出(방출) : 한꺼번에 내어 놓음

활용문

전람회에 신제품을 出品(출품)하였습니다.

필순 丨 ㇗ 屮 出 出

充

5급 II

채울 충

儿 | 4획

아이를 낳아 기를(育) 때, 해가 차면 스스로 걸을 수 있는 사람(儿)이 되는 데서, '차다, 가득하다'는 의미이다.

동 滿(찰 만)

읽기한자

充當(충당) : 모자라는 것을 채워 메움
充分(충분) : 분량이 넉넉하여 모자람이 없음
充實(충실) : 몸이 굳세어서 튼튼함
充足(충족) : 일정한 분량에 차거나 채움

활용문

설리반 선생은 1886年(년) 여름에 퍼킨스 학원을 卒業(졸업)하고 나서 이듬해 2월까지는 헬렌을 가르칠 充分(충분)한 준비를 하고 3월에 온 것이다.

필순 丶 亠 亡 云 产 充

親

6급

친할 친

見 | 9획

서(立) 있는 나무(木) 옆에서 언제나 눈을 떼지 않고 봐(見)주는 어버이(親)를 의미한다.

비 新(새 신)
視(볼 시)

읽기한자

親切(친절) : 남을 대하는 태도가 성의가 있으며 정답고 고분고분함
親舊(친구) : 가깝게 사귀는 벗
親交(친교) : 친하게 사귀는 교분
親近(친근) : 사귀어 지내는 사이가 매우 가까움

활용문

진정한 親舊(친구) 한 명은 허울 좋은 열 親舊(친구) 부럽지 않다.

필순 丶 亠 ㅜ ㅠ 立 立 辛 亲 亲 亲 亲 親 親 親 親 親

七

8급

일곱 칠

一 | 1획

다섯 손가락에 두 손가락을 십사영으로 포개서 일곱을 나타냈다.

읽기한자

七情(칠정) : 사람의 일곱 가지 감정
七大洋(칠대양) : 일곱 개의 큰 바다

쓰기한자

七夕(칠석) : 음력 칠월 초이렛날의 밤
七月(칠월) : 일곱째 달
七十(칠십) : 십의 일곱배가 되는 수

활용문

내 생일은 七月(칠월) 七日(칠일)입니다.

필순 一 七

차

太

6급

클 태

大 | 1획

큰 대(大) 두 개를 써서 아주 크다(太)는 뜻을 나타냈다.

비 大(큰 대)
　犬(개 견)
동 大(큰 대)
　巨(클 거)
반 小(작을 소)

읽기 한자

太古(태고) : 아주 오랜 옛날
太半(태반) : 절반이 지남. 보통 3분의 2이상을 가리킴
太祖(태조) : 한 왕조의 첫 대의 임금

활용문

이 동네 사람들 太半(태반)이 그 사실을 모르고 있었다.

필순 一 ナ 大 太

宅

5급Ⅱ

집 택

宀 | 3획

집(宀)안에 꼼짝 않고 안정을 취하(乇)는 것에서 안정된 집, 주거, 저택(宅)을 의미한다.

비 完(완전할 완)
동 戶(집 호)　室(집 실)
　堂(집 당)　屋(집 옥)
　舍(집 사)　家(집 가)

읽기 한자

宅地(택지) : 집터
社宅(사택) : 회사가 사원들을 위하여 마련한 집
自宅(자택) : 자기의 집
住宅(주택) : 사람들이 들어 사는 집

활용문

그 분은 마음이 어질지 못하여 훌륭한 선비를 많이 害(해)쳤으니 그 宅(댁)에는 가지 마십시오.

필순 丶 丶 宀 宀 空 宅

土

8급

흙 토

土 | 0획

초목이 새눈을 내미는 것에서 흙(土)을 의미한다.

비 士(선비 사)
동 地(따 지)
　壤(흙덩이 양)

읽기 한자

土質(토질) : 땅의 성질. 흙을 구성하고 있는 물질
土産品(토산품) : 그 지방 특유의 물건
客土(객토) : 딴 곳에서 가져오는 흙

쓰기 한자

出土(출토) : 고대의 유물이나 유적이 땅 속에서 나옴
風土(풍토) : 기후와 토지의 상태

활용문

빗살무늬 토기가 出土(출토)된 곳이 어디죠?

필순 一 十 土

확·인·학·습 40

1. 다음 한자어(漢字語)의 독음을 쓰세요.

(1) 秋節 (　　　　)　　(2) 充當 (　　　　)
(3) 親切 (　　　　)　　(4) 七情 (　　　　)
(5) 太祖 (　　　　)　　(6) 社宅 (　　　　)

2. 다음 한자(漢字)의 훈(訓)과 음(音)을 쓰세요.

(1) 充 (　　　　)
(2) 親 (　　　　)
(3) 宅 (　　　　)
(4) 秋 (　　　　)

3. 다음 훈(訓)과 음(音)에 맞는 한자(漢字)를 쓰세요.

(1) 가을 추 (　　　　)
(2) 봄 춘 (　　　　)
(3) 날 출 (　　　　)
(4) 흙 토 (　　　　)

4. 다음(　)에 들어갈 한자(漢字)를 예(例)에서 찾아 그 번호를 쓰세요.

예(例)			
	① 充	② 出	③ 宅
	④ 親	⑤ 秋	⑥ 太

(1) (　)發信號　　(2) 萬事(　)平
(3) 春風(　)雨　　(4) 父子有(　)

정답

1.	(1) 추절	(2) 충당	(3) 친절	(4) 칠정	(5) 태조	(6) 사택
2.	(1) 채울 충	(2) 친할 친	(3) 집 택	(4) 가을 추		
3.	(1) 秋	(2) 春	(3) 出	(4) 土		
4.	(1) ②	(2) ⑥	(3) ⑤	(4) ④		

通 6급

통할 통

辶(辵) | 7획

판지에 못을 박았(甬)듯이 도로(辶)가 어디까지나 계속되고 있는 것에서 통하다(通)는 의미이다.

비 痛(아플 통)

동 達(통달할 달)
徹(통할 철)

읽기 한자

通告(통고) : 서면이나 말로 통지하여 알림
通念(통념) : 일반 사회에 널리 통하는 개념
通知(통지) : 기별하여 알림
能通(능통) : 사물에 환히 통달함
變通(변통) : 일의 경우에 따라서 막힘이 없이 잘 처리함
相通(상통) : 서로 막힘 없이 길이 통함
流通(유통) : 막히는 데 없이 널리 통함
通讀(통독) : 처음부터 끝까지 내리 읽음
通路(통로) : 통하여 다니는 길

활용문

그 학생은 국어책을 通讀(통독)하기 시작했습니다.

필순 ㇇ ㇇ 了 乃 內 甬 甬 甬 涌 涌 通

特 6급

특별할 특

牛 | 6획

관청(寺)에서 특별한 일이 있으면 소(牛)를 잡아 제사를 지낸다는 데서 특별하다(特)는 의미이다.

비 待(기다릴 대)
持(가질 지)

읽기 한자

特産物(특산물) : 그 지방의 특별한 산물
特性(특성) : 그것에만 있는 특수한 성질
特約店(특약점) : 제조원이나 판매원과 특별한 편이의 계약을 맺고 거래하는 상점
特種(특종) : 특별한 종류
獨特(독특) : 특별하게 다름
特級(특급) : 특별한 등급
特等(특등) : 특별히 뛰어난 등급
特使(특사) : 특별한 임무를 띠고 파견하는 사절

활용문

그 분이 우리나라 特使(특사)로 파견됐습니다.

필순 ′ ⺈ 牛 牛 牜 牪 牯 特 特 特

八 8급

여덟 팔

八 | 0획

엄지손가락 둘을 구부린 여덟(八)개의 손가락의 모양을 본떴다.

비 入(들 입)
人(사람 인)

읽기 한자

望八(망팔) : 여든을 바라보는 나이, 일흔 한 살
八方美人(팔방미인) : 온갖 방면의 일에 능통한 사람

쓰기 한자

上八字(상팔자) : 썩 좋은 팔자
十中八九(십중팔구) : 열 가운데 여덟이나 아홉이 그러하다는 뜻
八等身(팔등신) : 키가 얼굴 길이의 여덟 배가 되는 몸

활용문

그 사람이 한 말은 十中八九(십중팔구)로 맞는다.

필순 ノ 八

便

7급

편할 편(:)
똥오줌 변

亻(人) | 7획

사람(人)은 불편한 것을 고쳐서(更) 편해(便)지려고 한다는 의미이다.

동 安(편안 안)

읽기한자

便法(편법) : 간편하고 손쉬운 방법
宿便(숙변) : 오래묵은 대변

쓰기한자

便利(편리) : 편하고 이로우며 이용하기가 쉬움
車便(차편) : 차가 오고가고 하는 편
形便(형편) : 일이 되어가는 모양, 경로

활용문

고향에 갈 때 車便(차편)은 기차로 할 예정입니다.

필순 丿 亻 亻 仁 仨 佰 佰 便 便

平

7급Ⅱ

평평할 평

干 | 2획

부초가 물에 떠 있는 모양에서 평평하다, 평지, 평온(平)을 의미한다.

비 年(해 년)
午(낮 오)

읽기한자

太平(태평) : 아무 걱정 없고 평안함
平野(평야) : 평평하고 너른 들
平價(평가) : 물건의 값이 싸지도 않고 비싸지도 않은 보통의 값

쓰기한자

平等(평등) : 차별이 없이 고르고 한결같음
公平(공평) : 어느 한쪽으로 치우치지 않고 똑같이 나눔
和平(화평) : 마음이 기쁘고 평안함

활용문

모든 국민은 법 앞에 平等(평등)하다.

필순 一 ㇀ 〒 亚 平

表

6급Ⅱ

겉 표

衣 | 3획

털(毛-土) 옷(衣)을 겉(表)에 입고 밖으로 나타난다(表)는 의미이다.

비 衣(옷 의)
반 裏(속 리)

읽기한자

表決(표결) : 투표로 결정함
表情(표정) : 마음 속에 있는 감정, 정서의 심리 상태를 밖으로 드러낸 것
情表(정표) : 간곡한 정을 나타내기 위하여 물품을 줌

쓰기한자

表記(표기) : 겉으로 표시하여 기록함
表出(표출) : 겉으로 나타내거나 나타남

활용문

그는 늘 表情(표정)이 밝다.

필순 一 二 キ 主 声 耒 表 表

타

品

5급 II

물건 품:

口 | 6획

입(口)이 셋으로 많은 사람을 의미하고, 그 의미가 넓어져서 많은 물건, 물품(品)을 의미한다.

동 物(물건 물)
件(물건 건)

읽기한자

品切(품절) : 물건이 생산되지 않아 없음
部品(부품) : 기계 따위의 어떤 부분에 쓰이는 물건
特産品(특산품) : 어느 지방에서 특별히 생산하는 물품
生必品(생필품) : 생활에 꼭 필요한 물건

활용문

그 선생님은 자신은 자신이 作品(작품)을 쓰고 배역은 부잣집 아이는 가난한 집 아이로, 가난한 집 아이는 부잣집 아이로 그 환경을 바꿔서 역을 맡겼다.

필순 丨 ㄇ 口 口 吕 吕 品 品 品

風

6급 II

바람 풍

風 | 0획

보통(凡) 벌레(虫)들은 햇볕보다 바람(風)을 싫어한다는 의미이다.

읽기한자

美風(미풍) : 아름다운 풍속
順風(순풍) : 순하게 부는 바람
風速(풍속) : 바람이 부는 속도

쓰기한자

風力(풍력) : 바람의 세기
風物(풍물) : 농악에 쓰이는 악기들을 일컬음
風車(풍차) : 바람의 힘을 기계적인 힘으로 바꾸는 장치

활용문

風車(풍차)는 風力(풍력)의 힘으로 움직인다.

필순 丿 几 凡 凡 凨 凨 風 風 風

必

5급 II

반드시 필

心 | 1획

삐뚤어진(丿) 마음(心)은 반드시(必) 고칠 필요(必)가 있다는 의미이다.

비 心(마음 심)

읽기한자

必勝(필승) : 반드시 이김
必讀書(필독서) : 반드시 읽어야 하는 책
必要惡(필요악) : 좋지 않은 일이지만 어쩔 수 없이 필요한 일
生必品(생필품) : 생활에 꼭 필요한 물건

활용문

학교극은 극장이 따로 必要(필요) 없다.

필순 丶 ソ 必 必 必

확·인·학·습 41

1. 다음 한자어(漢字語)의 독음을 쓰세요.

(1) 望八 (　　　)　　(2) 便利 (　　　)
(3) 通念 (　　　)　　(4) 平野 (　　　)
(5) 特使 (　　　)　　(6) 必勝 (　　　)

2. 다음 한자(漢字)의 훈(訓)과 음(音)을 쓰세요.

(1) 品 (　　　)
(2) 必 (　　　)
(3) 通 (　　　)
(4) 特 (　　　)

3. 다음 훈(訓)과 음(音)에 맞는 한자(漢字)를 쓰세요.

(1) 편할 편 (　　　)
(2) 겉 표 (　　　)
(3) 평평할 평 (　　　)
(4) 바람 풍 (　　　)

4. 다음(　)에 들어갈 한자(漢字)를 예(例)에서 찾아 그 번호를 쓰세요.

예(例)			
	① 特	② 品	③ 便
	④ 板	⑤ 八	⑥ 表

(1) 首席代(　)　　(2) (　)用作物
(3) 天下一(　)　　(4) (　)道江山

정답

1. (1) 망팔 (2) 편리 (3) 통념 (4) 평야 (5) 특사 (6) 필승
2. (1) 물건 품 (2) 반드시 필 (3) 통할 통 (4) 특별할 특
3. (1) 便 (2) 表 (3) 平 (4) 風
4. (1) ⑥ (2) ① (3) ② (4) ⑤

筆

5급II

붓 필

竹 | 6획

붓대(聿)로는 옛날부터 대나무(竹)를 사용했는데, 그 붓을 손에 든 형태에서 붓(筆)을 의미한다.

읽기 한자

筆記(필기) : 글씨를 씀
代筆(대필) : 대신하여 글씨를 씀
名筆(명필) : 글씨를 썩 잘 쓰는 사람
惡筆(악필) : 아주 서투른 글씨
親筆(친필) : 손수 쓴 글씨

활용문

親筆(친필)로 '獨立(독립) 自由(자유)' 라고 쓴 태극기를 꺼내어 펼쳤다.

필순

下

7급II

아래 하:

一 | 2획

가로선을 한 줄 긋고, 그 아래에 표시를 한 형태로 아래(下)를 의미한다.

반 上(윗 상)

읽기 한자

下向(하향) : 아래로 향함
下流(하류) : 하천의 아랫쪽 ↔ 上流(상류)
下宿(하숙) : 일정한 값을 내고 먹고 자고 하는 일
下品(하품) : 낮은 품위
格下(격하) : 격을 내림

쓰기 한자

下校(하교) : 공부를 끝내고 학교에서 집으로 돌아옴
下命(하명) : 명령. 명령을 내림
下車(하차) : 차에서 내림

활용문

어린이들은 下車(하차)할 때 특히 조심해야 합니다.

필순 一 丅 下

夏

7급

여름 하:

夊 | 7획

천천히 걸어도(夊) 머리(頁)에 땀이 나는 여름(夏)이라는 의미이다.

반 冬(겨울 동)

읽기 한자

夏節(하절) : 여름철
夏服(하복) : 여름에 입는 옷

쓰기 한자

夏冬(하동) : 여름과 겨울
夏花(하화) : 여름에 피는 꽃
立夏(입하) : 여름이 시작되는 시기

활용문

夏節(하절)에 감기가 잘 걸리는 사람도 많습니다.

필순

學

8급

배울 학

子 | 13획

아이들(子)이 서당(冖)에서 두 손으로, 책을 잡고(臼) 스승을 본받으며(爻) 글을 배운다는 데서, '배우다'는 의미이다.

반 敎(가르칠 교) 訓(가르칠 훈) 問(물을 문)

약 学

읽기 한자

學用品(학용품) : 배울 때 사용되는 물건
學歷(학력) : 배운 것에 대한 이력
學說(학설) : 학문상에 주장하는 의견
學識(학식) : 학문의 식견

쓰기 한자

學問(학문) : 배워서 닦은 지식의 총체
學業(학업) : 공부하여 학문을 닦는 일
算學(산학) : 셈에 관한 학문

활용문

學生(학생)은 學業(학업)에 충실해야 합니다.

필순

韓

8급

한국/나라 한(:)

韋 | 8획

해가 돋는(卓) 동방의 위대한(韋) 나라인 한국(韓)이란 의미이다.

읽기 한자

韓服(한복) : 우리나라 고유의 의복
韓式(한식) : 우리나라 고유의 양식
韓族(한족) : 우리나라 민족

쓰기 한자

韓食(한식) : 우리나라의 음식
來韓(내한) : 외국인이 우리나라에 들어옴
韓人(한인) : 외국에 나가 살고 있는 한국인

활용문

저는 설날에 입을 韓服(한복)이 없습니다.

필순

漢

7급 II

한수/한나라 한:

氵(水) | 11획

원래 큰 불로 태운 밭의 흙인데 메마른 하천의 의미가 되고, 후에 중국의 나라이름이 되었다.

읽기 한자

惡漢(악한) : 몹시 나쁜 짓을 하는 사람
雲漢(운한) : 은하수
漢陽(한양) : 서울의 옛 이름

쓰기 한자

漢文(한문) : 한자로 쓰여진 문장
漢江(한강) : 서울의 중심을 흐르는 강
門外漢(문외한) : 전문적 지식이나 조예가 없는 사람

활용문

나는 이 분야에서는 門外漢(문외한)입니다.

필순

파

合

6급

합할 합

口 | 3획

사람(人)들이 모여(一)들어서 대화(口)하는 것에서 얘기하는 것이 맞다(合)는 의미이다.

비 今(이제 금)　　令(하여금 령)
동 集(모을 집)
반 分(나눌 분)　　別(나눌 별)
區(구분할 구)

읽기한자

合格(합격) : 격식에 맞음. 시험에 붙음
合流(합류) : 물이 합하여 흐름
合法(합법) : 법령 또는 법식에 맞음
合宿(합숙) : 여러 사람이 한 곳에서 같이 잠
結合(결합) : 둘 이상이 관계를 맺고 하나로 합침
合線(합선) : 양전기와 음전기가 어떤 원인으로 한데 붙는 일
合計(합계) : 합하여 계산함
合金(합금) : 두 가지 이상의 다른 금속이 융해 혼합하여 된 금속

활용문

이번 대학입시에는 꼭 合格(합격)할 것입니다.

필순 ノ 人 𠆢 亼 合 合

海

7급Ⅱ

바다 해:

氵(水) | 7획

강물(氵)은 매양(每) 바다(海)로 통한다는 의미이다.

비 每(매양 매)
동 洋(큰바다 양)
반 陸(뭍 륙)

읽기한자

遠海(원해) : 먼 바다
海洋(해양) : 넓고 큰 바다
海流(해류) : 일정한 방향으로 흐르는 바닷물

쓰기한자

公海(공해) : 세계 각국이 공동으로 쓰는 바다
人山人海(인산인해) : 많이 모인 사람들

활용문

휴가철이 되면 동해 바다는 人山人海(인산인해)를 이룬다.

필순 丶 冫 氵 氵 汇 汇 海 海 海 海

害

5급Ⅱ

해할 해:

宀 | 7획

저쪽의 집(宀)은 이렇다 저렇다(丰)라고 소문(口)을 내는 것에서 손상하다(害)는 의미이다.

반 利(이로울 리)

읽기한자

害惡(해악) : 해가 되는 나쁜 일
病害(병해) : 병으로 말미암은 피해
水害(수해) : 큰 물 때문에 받는 해
有害(유해) : 해로움이 있음

활용문

그 분은 마음이 어질지 못하여 훌륭한 선비를 많이 害(해)쳤으니 그 宅(댁)에는 가지 마십시오.

필순 丶 丷 宀 宀 宀 宔 宔 宔 害 害

확·인·학·습 42

1. 다음 한자어(漢字語)의 독음을 쓰세요.

(1) 筆記 (　　　)　　(2) 和合 (　　　)
(3) 下宿 (　　　)　　(4) 害惡 (　　　)
(5) 雲漢 (　　　)　　(6) 結合 (　　　)

2. 다음 한자(漢字)의 훈(訓)과 음(音)을 쓰세요.

(1) 害 (　　　)
(2) 筆 (　　　)
(3) 合 (　　　)
(4) 夏 (　　　)

3. 다음 훈(訓)과 음(音)에 맞는 한자(漢字)를 쓰세요.

(1) 한국 한 (　　　)
(2) 바다 해 (　　　)
(3) 한수 한 (　　　)
(4) 배울 학 (　　　)

4. 다음(　)에 들어갈 한자(漢字)를 예(例)에서 찾아 그 번호를 쓰세요.

예(例)			
	① 筆	② 海	③ 合
	④ 學	⑤ 害	⑥ 夏

(1) 大書特(　)　　(2) 利(　)相反
(3) 人山人(　)　　(4) 現場(　)習

정답						
1.	(1) 필기	(2) 화합	(3) 하숙	(4) 해악	(5) 운한	(6) 결합
2.	(1) 해할 해	(2) 붓 필	(3) 합할 합	(4) 여름 하		
3.	(1) 韓	(2) 海	(3) 漢	(4) 學		
4.	(1) ①	(2) ⑤	(3) ②	(4) ④		

幸

6급 II

다행 **행:**

干 | 5획

토지(土)와 양(羊) 따위의 가축이 많으면 다행하다(幸)는 의미이다.

동 福(복 복)

읽기 한자

幸福(행복) : 좋은 운수
幸運兒(행운아) : 좋은 운수를 만난 사람
千萬多幸(천만다행) : 아주 다행함

쓰기 한자

不幸(불행) : 운수가 언짢음
天幸(천행) : 하늘이 준 큰 행운
幸運(행운) : 좋은 운수

활용문

너를 만난 것은 정말 幸運(행운)이야.

필순 一 十 土 土 圥 圭 幸 幸

行

6급

다닐 **행(:)**

行 | 0획

십자로(十)의 모양에서 유래되어 사람이 걷는 곳이므로 가다(行)는 의미이다.

비 往(갈 왕)

읽기 한자

流行(유행) : 세상에 널리 퍼져 행하여짐
行樂客(행락객) : 즐겁게 노는 사람들
行實(행실) : 몸가짐과 태도
決行(결행) : 결단하여 실행함
行商(행상) : 도붓 장수
品行(품행) : 품성과 행실
行動(행동) : 몸을 움직여 동작함
行先地(행선지) : 가는 목적지
發行(발행) : 도서를 출판하여 세상에 폄

활용문

이 학습서를 언제 發行(발행)했습니까?

필순 ノ ク 彳 彳 行 行

向

6급

향할 **향:**

口 | 3획

창은 남과 북, 동과 서로 같이 마주서서 만드는 것에서 향하다, 대하다(向)는 의미이다.

비 同(한가지 동)

읽기 한자

內向性(내향성) : 정신 발동이 항상 주관에 치우치는 기질
性向(성향) : 성질상의 경향
向上(향상) : 위로 향하여 나아가는 일
方向(방향) : 향하는 곳
向後(향후) : 이 다음
意向(의향) : 무엇을 하려는 생각
風向(풍향) : 바람이 불어오는 방향

활용문

그 사람의 意向(의향)을 물어봐야 하지 않습니까?

필순 ノ 亻 向 向 向 向

現

6급Ⅱ

나타날 **현**

王(玉) | 7획

옥(玉)을 갈고 닦으면 아름다운 빛깔이 드러난다(見)는 데서, '나타나다'는 의미이다.

비 規(법 규)
  視(볼 시)

반 消(사라질 소)

읽기한자

現實(현실) : 지금 사실로 나타나 있는 그 일이나 물건
具現(구현) : 구체적인 모습으로 뚜렷하게 나타남

쓰기한자

現代(현대) : 오늘날의 시대
發現(발현) : 속에 있는 것이 겉에 나타남
現場(현장) : 사물이 현재 있는 곳

활용문

그런 일은 現實(현실)적으로 불가능합니다.

필순 

兄

8급

형 **형**

儿 | 3획

먼저 태어나 걸음마(儿)를 하고 어린 사람에게 말(口)로 지시를 하여 윗사람(兄)을 의미한다.

반 弟(아우 제)

읽기한자

親兄(친형) : 같은 부모에게서 난 형
情兄(정형) : 주로 편지에서 다정한 벗을 지칭함

쓰기한자

兄夫(형부) : 언니의 남편
老兄(노형) : 남자 어른이 여남은 살 더 먹은 비슷한 지위의 남자를 높여 이르는 말
親兄弟(친형제) : 한 부모에게서 난 형제

활용문

兄夫(형부)가 용돈을 많이 주셨습니다.

필순 

形

6급Ⅱ

모양 **형**

彡 | 4획

아름다운 선으로 그린 테두리의 모양에서 모양, 형태(形)를 의미한다.

비 刑(형벌 형)

동 樣(모양 양)
  態(모습 태)

읽기한자

形局(형국) : 형세와 국면
形質(형질) : 형태와 성질. 생긴 모양과 그 바탕
變形(변형) : 모양이나 형태가 달라지게 함
形式(형식) : 격식

쓰기한자

形色(형색) : 몸매와 얼굴의 생김새
形成(형성) : 어떠한 모양을 이룸
形形色色(형형색색) : 형상과 종류의 가지가지

활용문

비오는 날이면 거리는 形形色色(형형색색)의 우산들로 가득찬다.

필순 

하

號

6급

이름 호(:)

虍 | 7획

호랑이(虎)의 울음소리처럼 입을 크게 가로 세로로(号) 움직여 부르짖는다(號)는 의미이다.

동 名(이름 명)

약 号

읽기한자

信號(신호) : 일정한 부호 등으로 정보를 전달하거나 지시함
號令(호령) : 지휘하여 명령함
商號(상호) : 상인이 영업상 자기를 나타내는데 쓰는 이름
口號(구호) : 주장을 나타내는 간결한 말
記號(기호) : 어떤 뜻을 나타내기 위하여 쓰이는 부호의 총칭
番號(번호) : 차례를 나타내는 호수

활용문

경기 시작 信號(신호)인 호각소리가 울렸다.

필순

火

8급

불 화(:)

火 | 0획

불이 타고 있는 모양을 본떴다.

반 水(물 수)
河(물 하)

읽기한자

火兵(화병) : 적진에 몰래 들어가서 불을 지르는 군사
火宅(화택) : 화재가 난 집
失火(실화) : 잘못하여 불을 냄

쓰기한자

火急(화급) : 매우 급함
發火(발화) : 불이 일어남
放火(방화) : 불을 지름
活火山(활화산) : 화산이 진행되고 있는 산

활용문

放火(방화)행위는 확실히 근절되어야 합니다.

필순

話

7급 II

말씀 화

言 | 6획

혀(舌)와 입술을 사용하여 마음의 생각을 얘기(言)해 전하는 것에서 말하다(話)는 의미이다.

비 活(살 활)

동 談(말씀 담) 言(말씀 언)
語(말씀 어) 說(말씀 설)
辯(말씀 변) 辭(말씀 사)

읽기한자

話法(화법) : 문장이나 담화에서 타인의 말을 재현하는 방법
史話(사화) : 역사 이야기
話頭(화두) : 이야기의 말머리
訓話(훈화) : 교훈이나 훈시하는 말
話者(화자) : 말하는 이
說話(설화) : 전승되어 오는 신화, 전설 등의 이야기
實話(실화) : 실지로 있었던 사실의 이야기

쓰기한자

話術(화술) : 이야기하는 재주
對話(대화) : 마주 대하여 이야기함
會話(회화) : 서로 만나서 이야기함

활용문

교장선생님의 訓話(훈화)가 있을 것입니다.

필순

확·인·학·습 43

1. 다음 한자어(漢字語)의 독음을 쓰세요.

(1) 幸運 (　　　)　　(2) 現代 (　　　)
(3) 形式 (　　　)　　(4) 童話 (　　　)
(5) 記號 (　　　)　　(6) 向後 (　　　)

2. 다음 한자(漢字)의 훈(訓)과 음(音)을 쓰세요.

(1) 號 (　　　)
(2) 現 (　　　)
(3) 行 (　　　)
(4) 向 (　　　)

3. 다음 훈(訓)과 음(音)에 맞는 한자(漢字)를 쓰세요.

(1) 형 형 (　　　)
(2) 불 화 (　　　)
(3) 다행 행 (　　　)
(4) 말씀 화 (　　　)

4. 다음(　)에 들어갈 한자(漢字)를 예(例)에서 찾아 그 번호를 쓰세요.

예(例)			
	① 號	② 向	③ 形
	④ 兄	⑤ 現	⑥ 行

(1) 交通信(　)　　(2) 古典(　)式
(3) 父母(　)弟　　(4) (　)代文學

정답						
1.	(1) 행운	(2) 현대	(3) 형식	(4) 동화	(5) 기호	(6) 향후
2.	(1) 이름 호	(2) 나타날 현	(3) 다닐 행	(4) 향할 향		
3.	(1) 兄	(2) 火	(3) 幸	(4) 話		
4.	(1) ①	(2) ③	(3) ④	(4) ⑤		

花

7급

꽃 화

艹(艸) | 4획

풀(艹)의 모습이 변하는(化) 것에서 꽃(花)을 의미한다.

비 化(될 화)

읽기한자

花園(화원) : 꽃을 심은 동산
開花(개화) : 꽃이 핌

쓰기한자

花草(화초) : 꽃이 피는 풀이나 나무
國花(국화) : 나라를 상징하는 꽃
百花(백화) : 온갖 꽃

활용문

아버지는 花草(화초)에 물을 주고 계십니다.

필순 一 十 艹 艹 艹 艹 花 花

和

6급Ⅱ

화할 화

口 | 5획

벼(禾)가 잘 익어 기뻐 말(口)하고 있는 것에서 온화하다, 부드럽다(和)는 의미이다.

비 私(사사 사)　利(이할 리)
동 平(평평할 평)
반 競(다툴 경)　爭(다툴 쟁)
戰(싸움 전)

읽기한자

調和(조화) : 이것과 저것이 서로 고르게 잘 어울림
和約(화약) : 화목하게 지내자는 약속
和親(화친) : 서로 의좋게 지내는 정분

쓰기한자

和色(화색) : 얼굴에 드러난 환한 빛
和平(화평) : 마음이 기쁘고 평안함

활용문

직원들 간의 不和(불화)는 회사의 미래를 어둡게 하는 요인입니다.

필순 一 二 千 千 禾 禾 和 和

畫

6급

그림 화:
그을 획

田 | 7획

붓(聿)으로 도화지(一)에 그림(田)을 그린다(畫)는 의미이다.

비 書(글 서)
晝(낮 주)
동 圖(그림 도)
약 画

읽기한자

畫法(화법) : 그림을 그리는 방법
畫家(화가) : 그림 그리는 것을 전문으로 하는 사람
名畫(명화) : 썩 잘된 그림이나 영화
油畫(유화) : 기름을 사용하여 그리는 화법

활용문

이것은 유명한 畫家(화가)의 그림입니다.

필순 ㄱ ⺕ ⺕ ⺕ 聿 聿 聿 書 書 書 畫 畫

化

5급 II

될 화(:)

匕 | 2획

사람(亻)이 거꾸로(匕) 서 있는 형태에서 바뀌다, 둔갑하다(化)라는 의미이다.

비 北(북녘 북)
比(견줄 비)

읽기 한자

強化(강화) : 더 튼튼하고 강하게 함
同化(동화) : 같은 성질로 변함
消化(소화) : 섭취한 음식을 분해하여 영양분을 흡수하는 작용
文化(문화) : 문명이 발달하여 생활이 편리하게 되는 일
美化(미화) : 아름답게 꾸밈

활용문

다음은 美化部(미화부)에서 발표해 주십시오.

필순 ノ 亻 亻' 化

活

7급 II

살 활

氵(水) | 6획

혀(舌)를 정신없이 놀리며 먹듯이 활발히 움직이는 물(氵)의 형상에서 살다(活)라는 의미이다.

비 話(말씀 화)
동 生(날 생)
반 死(죽을 사)

읽기 한자

死活(사활) : 죽기와 살기
特活(특활) : 특별활동의 준말
活路(활로) : 고난을 헤치고 살아 나갈 수 있는 길

쓰기 한자

活動(활동) : 기운차게 움직임
活用(활용) : 이리 저리 잘 응용함
生活(생활) : 생명을 가지고 활동함
自活(자활) : 제 힘으로 살아감

활용문

生活(생활)이 많이 어려워서 이럴 수 밖에 없습니다.

필순 丶 丶 氵 氵 氵 汗 汘 活 活

黃

6급

누를 황

黃 | 0획

밭(田)은 모두 한 가지로(共) 누렇게(黃) 익었다는 의미이다.

읽기 한자

黃金(황금) : 누런 빛의 금
黃人種(황인종) : 살갗이 누르거나 검은 빛이고 머리털이 검은 인종
黃金萬能(황금만능) : 돈만 있으면 만사가 뜻대로 될 수 있다는 말
黃土(황토) : 누런 흙
黃海(황해) : 누런 바다, 서해

활용문

한국인은 黃人種(황인종)입니다.

필순 一 十 廾 廾 芇 芇 苗 苗 萧 黃 黃 黃

會

6급Ⅱ

모일 회:

日 | 9획

사람의 얼굴에 눈, 코, 입 따위가 모인 모양을 본뜬 글자로, '모이다'는 의미이다.

동 集(모일 집)
社(모일 사)

약 会

읽기한자

朝會(조회) : 아침 모임
會見(회견) : 서로 만나 봄
開會(개회) : 회의나 회합을 시작함

쓰기한자

面會(면회) : 직접 얼굴을 맞대고 만나봄
敎會(교회) : 종교 신자들의 모임 장소
國會(국회) : 국민 대표의 모임

활용문

퇴근 후에 會食(회식)이 있으니 많이 참석해주세요.

필순 丿 人 亼 亼 亼 合 合 合 佮 會 會 會 會

孝

7급Ⅱ

효도 효:

子 | 4획

자식(子)이 나이든 부모(耂)를 등에 진 형태에서 효도하다(孝)라는 의미이다.

비 老(늙을 로)
者(놈 자)

읽기한자

孝敬(효경) : 부모를 잘 섬기고 공경함
孝德(효덕) : 부모를 잘 섬기는 덕
孝順(효순) : 효성이 있어 부모에게 순종함
孝養(효양) : 부모에게 효도로써 봉양함

쓰기한자

孝女(효녀) : 효성이나 효행이 있는 딸
孝道(효도) : 부모를 잘 섬기는 도리
孝心(효심) : 효성이 있는 마음
孝子(효자) : 부모를 잘 섬기는 아들

활용문

이 집 아들은 孝心(효심)이 지극하기로 소문이 났습니다.

필순 一 十 土 耂 耂 孝 孝

效

5급Ⅱ

본받을 효:

攵(攴) | 6획

착한 사람과 사귀어(交) 그 행실을 본받도록 타이르고 회초리질한다(攵)는 데서, 본받다의 의미이다.

비 敎(가르칠 교)
救(구할 구)

약 効

읽기한자

效果(효과) : 효력이 나타나는 결과
發效(발효) : 효과가 발생함
實效(실효) : 실제의 효과. 확실한 효험
時效(시효) : 어떤 효력이 유지되는 일정한 기간

활용문

이것이 연극이 우리에게 주는 敎育的(교육적) 效果(효과)다.

필순 丶 亠 亣 六 ｽ 交 交' 交' 效 效

확·인·학·습 44

1. 다음 한자어(漢字語)의 독음을 쓰세요.

(1) 花園 (　　　)　　(2) 效果 (　　　)
(3) 黃海 (　　　)　　(4) 消化 (　　　)
(5) 油畫 (　　　)　　(6) 會見 (　　　)

2. 다음 한자(漢字)의 훈(訓)과 음(音)을 쓰세요.

(1) 化 (　　　)
(2) 效 (　　　)
(3) 畫 (　　　)
(4) 黃 (　　　)

3. 다음 훈(訓)과 음(音)에 맞는 한자(漢字)를 쓰세요.

(1) 화할 화 (　　　)
(2) 살 활 (　　　)
(3) 효도 효 (　　　)
(4) 꽃 화 (　　　)

4. 다음(　)에 들어갈 한자(漢字)를 예(例)에서 찾아 그 번호를 쓰세요.

예(例)			
	① 效	② 孝	③ 畫
	④ 化	⑤ 會	⑥ 活

(1) 敬老(　)親　　(2) 人物(　)家
(3) 生(　)方式　　(4) (　)學作用

정답						
1.	(1) 화원	(2) 효과	(3) 황해	(4) 소화	(5) 유화	(6) 회견
2.	(1) 될 화	(2) 본받을 효	(3) 그림 화/그을 획		(4) 누를 황	
3.	(1) 和	(2) 活	(3) 孝	(4) 花		
4.	(1) ②	(2) ③	(3) ⑥	(4) ④		

하

後

7급 II

뒤 후:

彳 | 6획

길(彳)을 걷는데 어린아이(幺)는 걸음이 느려(夂) 뒤진다(後)는 의미이다.

반 前(앞 전)
先(먼저 선)

읽기 한자

向後(향후) : 이 다음
後見(후견) : 배후에서 감독, 보좌하는 일
後任(후임) : 전임자(前任者)에 이어 맡은 임무
以後(이후) : 일정한 때로부터의 뒤

쓰기 한자

事後(사후) : 일이 지난 뒤
直後(직후) : 바로 뒤. 그 후 곧
後聞(후문) : 뒷 소문

활용문

식사 直後(직후)에는 운동을 삼가해 주세요.

필순 丿 彡 彳 彳' 彳幺 彳幺 彳夂 後 後

訓

6급

가르칠 훈:

言 | 3획

하천(川)의 형태를 따라 물이 순조롭게 흐르듯이, 말(言)을 따르게 하다(訓)는 의미이다.

동 敎(가르칠 교)
반 學(배울 학)

읽기 한자

訓練(훈련) : 가르쳐서 어떤 일에 익숙하게 함
訓讀(훈독) : 한자의 뜻을 새기어 읽음
訓放(훈방) : 법을 가볍게 어긴 사람을 훈계하여 놓아주는 일
敎訓(교훈) : 가르쳐 이끌어 줌

활용문

혹독한 訓練(훈련)에 많이 지쳤습니다.

필순 丶 亠 亠 言 言 言 言 訁 訓 訓

休

7급

쉴 휴

人 | 4획

사람(亻)이 큰 나무(木) 아래에서 잠시 쉬는 것에서 쉬다(休)는 의미이다.

비 林(수풀 림)
동 息(쉴 식)

읽기 한자

休養(휴양) : 편안히 쉬면서 몸과 마음을 건강하게 보전함
開店休業(개점휴업) : 가게의 문은 열려있으나 휴업한 것이나 다름이 없는 상태

쓰기 한자

休校(휴교) : 어떠한 사정에 의하여 학교의 과업을 한때 쉼
休民(휴민) : 백성을 편안하게 함
休日(휴일) : 일을 중지하고 노는 날
休電(휴전) : 송전을 일시 중단함

활용문

오늘이 休校(휴교)일이라는 것을 지금 알았습니다.

필순 丿 亻 亻 什 休 休

凶

5급II

흉할 흉

凵 | 2획

함정(凵)에 빠지면(乂) 죽게 되므로 흉하다(凶)는 의미이다.

반 吉(길할 길)

읽기한자

凶家(흉가) : 드는 사람마다 흉한 일을 당하는 불길한 집
凶計(흉계) : 음흉한 꾀
凶作(흉작) : 농작물의 수확이 썩 적음

활용문

이 곳은 凶家(흉가)가 된지 오래입니다.

필순 ノ ㄨ 㐫 凶

하

확·인·학·습 45

1. 다음 한자어(漢字語)의 독음을 쓰세요.

(1) 以後 (　　　　) (2) 休校 (　　　　)
(3) 凶計 (　　　　) (4) 訓放 (　　　　)
(5) 休養 (　　　　) (6) 訓練 (　　　　)

2. 다음 한자(漢字)의 훈(訓)과 음(音)을 쓰세요.

(1) 訓 (　　　　) (2) 凶 (　　　　)
(3) 後 (　　　　) (4) 休 (　　　　)

3. 다음 훈(訓)과 음(音)에 맞는 한자(漢字)를 쓰세요.

(1) 뒤 후 (　　　　) (2) 쉴 휴 (　　　　)
(3) 모일 회 (　　　　) (4) 효도 효 (　　　　)

4. 다음(　)에 들어갈 한자(漢字)를 예(例)에서 찾아 그 번호를 쓰세요.

예(例)			
	① 凶	② 休	③ 會
	④ 訓	⑤ 後	⑥ 孝

(1) 開店(　)業 (2) 自今以(　)
(3) 事親以(　) (4) (　)民正音

정답						
1.	(1) 이후	(2) 휴교	(3) 흉계	(4) 훈방	(5) 휴양	(6) 훈련
2.	(1) 가르칠 훈	(2) 흉할 흉	(3) 뒤 후	(4) 쉴 휴		
3.	(1) 後	(2) 休	(3) 會	(4) 孝		
4.	(1) ②	(2) ⑤	(3) ⑥	(4) ④		

漢字

(사) 한국어문회 주관 / 한국한자능력검정회 시행

부록 Ⅰ

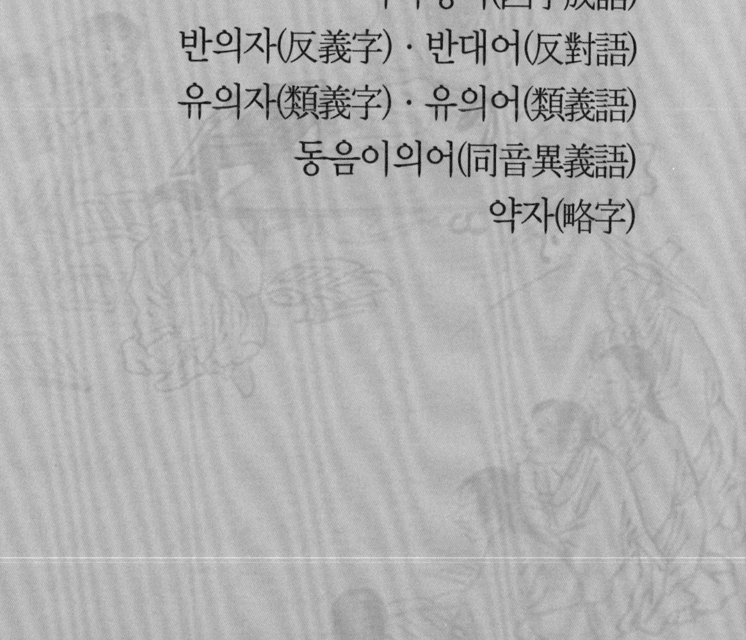

사자성어(四字成語)

반의자(反義字) · 반대어(反對語)

유의자(類義字) · 유의어(類義語)

동음이의어(同音異義語)

약자(略字)

사자성어(四字成語)

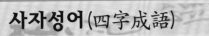

家內工業	7Ⅱ 7Ⅱ 7Ⅱ 6Ⅱ (가내공업)	6Ⅱ	집 안에서 단순한 기술과 도구로써 작은 규모로 생산하는 수공업
家庭教育	7Ⅱ 6Ⅱ 8 7 (가정교육)	6Ⅱ	가정의 일상생활 가운데 집안 어른들이 자녀들에게 주는 영향이나 가르침
各人各色	6Ⅱ 8 6Ⅱ 7 (각인각색)	6Ⅱ	사람마다 각기 다름
各自圖生	6Ⅱ 7Ⅱ 6Ⅱ 8 (각자도생)	6Ⅱ	제각기 살아 나갈 방법을 꾀함
見物生心	5Ⅱ 7Ⅱ 8 7 (견물생심)	5Ⅱ	물건을 보면 그 물건을 가지고 싶은 생각이 듦
決死反對	5Ⅱ 6 6Ⅱ 6Ⅱ (결사반대)	5Ⅱ	죽기를 각오하고 있는 힘을 다하여 반대함
敬老孝親	5Ⅱ 7 7Ⅱ 6 (경로효친)	5Ⅱ	어른을 공경하고 부모에게 효도함
敬天愛人	5Ⅱ 7 6 8 (경천애인)	5Ⅱ	하늘을 공경하고 사람을 사랑함
高等動物	6Ⅱ 6Ⅱ 7Ⅱ 7Ⅱ (고등동물)	6Ⅱ	복잡한 체제를 갖춘 동물
高速道路	6Ⅱ 6 7Ⅱ 6 (고속도로)	6	차의 빠른 통행을 위하여 만든 차전용의 도로
公明正大	6Ⅱ 6Ⅱ 7Ⅱ 8 (공명정대)	6Ⅱ	하는 일이나 행동이 사사로움이 없이 떳떳하고 바름
交通信號	6 6 6Ⅱ 6 (교통신호)	6	교차로나 횡단보도, 건널목 따위에서 사람이나 차량이 질서 있게 길을 가도록 하는 기호나 등화(燈火)
教學相長	8 8 5Ⅱ 8 (교학상장)	5Ⅱ	남을 가르치는 일과 스승에게서 배우는 일이 서로 도와서 자기의 학문을 길러 줌
九死一生	8 6 8 8 (구사일생)	6	여러 차례 죽을 고비를 넘기고 살아남
國民年金	8 8 8 8 (국민연금)	8	일정 기간 또는 죽을 때까지 해마다 지급되는 일정액의 돈
南男北女	8 7Ⅱ 8 8 (남남북녀)	7Ⅱ	우리나라에서 남자는 남쪽 지방 사람이 잘나고 여자는 북쪽 지방 사람이 고움을 이르는 말
男女老少	7Ⅱ 8 7 7 (남녀노소)	7	남자와 여자, 늙은이와 젊은이란 뜻으로, 모든 사람을 이르는 말
男女有別	7Ⅱ 8 7 6 (남녀유별)	6	남자와 여자 사이에 분별이 있어야 함을 이르는 말
男中一色	7Ⅱ 8 8 7 (남중일색)	7	남자의 얼굴이 썩 뛰어나게 잘생김
能小能大	5Ⅱ 8 5Ⅱ 8 (능소능대)	5Ⅱ	작은 일에도 능하고 큰일에도 능하다는 데서 모든 일에 두루 능함을 이름
多才多能	6 6Ⅱ 6 5Ⅱ (다재다능)	5Ⅱ	재능이 많다는 말
多情多感	6 5Ⅱ 6 6 (다정다감)	5Ⅱ	감수성이 예민하고 느끼는 바가 많음
代代孫孫	6Ⅱ 6Ⅱ 6 6 (대대손손)	6	오래도록 내려오는 여러 대

大同團結	8 7 5Ⅱ 5Ⅱ (대동단결)	5Ⅱ	여러 집단이나 사람이 어떤 목적을 이루려고 크게 한 덩어리로 뭉침
大明天地	8 6Ⅱ 7 7 (대명천지)	6Ⅱ	아주 환하게 밝은 세상
大書特筆	8 6Ⅱ 6 5Ⅱ (대서특필)	5Ⅱ	신문 따위의 출판물에서 어떤 기사에 큰 비중을 두어 다룸을 이르는 말
大韓民國	8 8 8 8 (대한민국)	8	우리나라의 국호(나라이름)
同苦同樂	7 6 7 6Ⅱ (동고동락)	6	같이 고생하고 같이 즐김, 괴로움과 즐거움을 함께 함
東問西答	8 7 8 7Ⅱ (동문서답)	7	묻는 말에 전혀 딴 말을 함
同生共死	7 8 6 6Ⅱ (동생공사)	6	서로 같이 살고 같이 죽음
東西古今	8 8 6 6Ⅱ (동서고금)	6	동양과 서양, 옛날과 지금을 통틀어 이르는 말
東西南北	8 8 8 8 (동서남북)	8	동쪽, 서쪽, 남쪽, 북쪽이라는 뜻으로, 모든 방향을 이르는 말
同姓同本	7 7Ⅱ 7 6 (동성동본)	6	성과 본관이 모두 같음
同時多發	7 7Ⅱ 6 6Ⅱ (동시다발)	6	연이어 일이 발생함
同化作用	7 5Ⅱ 6Ⅱ 6Ⅱ (동화작용)	5Ⅱ	외부에서 섭취한 에너지원을 자체의 고유한 성분으로 변화시키는 일
萬古不變	8 6 7Ⅱ 5Ⅱ (만고불변)	5Ⅱ	오랜 세월을 두고 변하지 않음
萬國信號	8 8 6Ⅱ 6 (만국신호)	6	배 사이 또는 배와 육지 사이의 연락을 위하여 국제적으로 쓰는 신호
萬里長天	8 7 8 7 (만리장천)	7	아득히 높고 먼 하늘
名山大川	7Ⅱ 8 8 7 (명산대천)	7	이름난 산과 큰 내
聞一知十	6Ⅱ 8 5Ⅱ 8 (문일지십)	5Ⅱ	하나를 들으면 열을 앎
門前成市	8 7Ⅱ 6Ⅱ 7Ⅱ (문전성시)	6Ⅱ	찾아오는 사람이 많음
百年大計	7 8 8 6Ⅱ (백년대계)	6Ⅱ	먼 뒷날까지 걸친 큰 계획
百萬大軍	7 8 8 8 (백만대군)	7	아주 많은 병사로 조직된 군대를 이르는 말
百萬長者	7 8 8 6 (백만장자)	6	재산이 매우 많은 사람 또는 아주 큰 부자
白面書生	8 7 6Ⅱ 8 (백면서생)	6Ⅱ	글만 읽고 세상물정을 하나도 모르는 사람
百發百中	7 6Ⅱ 7 8 (백발백중)	6Ⅱ	백 번 쏘아 백 번 맞힌다는 뜻으로, 총이나 활 따위를 쏠 때마다 겨눈 곳에 다 맞음을 이르는 말

白衣民族	8 6 8 6 (백의민족)	6	흰옷을 입은 민족이라는 뜻으로, '한민족' 을 이르는 말
百戰百勝	7 6Ⅱ 7 6 (백전백승)	6	싸우는 때마다 모조리 이김
別有天地	6 7 7 7 (별유천지)	6	별세계, 딴 세상
奉仕活動	5Ⅱ5Ⅱ7Ⅱ7Ⅱ (봉사활동)	5Ⅱ	국가나 사회 또는 남을 위하여 자신을 돌보지 아니하고 힘을 바쳐 애씀
不老長生	7Ⅱ 7 8 8 (불로장생)	7	늙지 아니하고 오래 삶
不立文字	7Ⅱ7Ⅱ 7 7 (불립문자)	7	불도의 깨달음은 마음에서 마음으로 전하는 것이므로 말이나 글에 의지하지 않는다는 말
父母兄弟	8 8 8 8 (부모형제)	8	아버지 · 어머니 · 형 · 아우라는 뜻으로, 가족을 이르는 말
不遠千里	7Ⅱ 6 7 7 (불원천리)	6	천리를 멀다 여기지 아니함
父子有親	8 7Ⅱ 7 6 (부자유친)	6	아버지와 아들 사이의 도리는 친애에 있음을 이름
父傳子傳	8 5Ⅱ 7Ⅱ 5Ⅱ (부전자전)	5Ⅱ	아버지가 아들에게 대대로 전함
北窓三友	8 6Ⅱ 8 5Ⅱ (북창삼우)	5Ⅱ	거문고, 술, 시를 아울러 이르는 말
士農工商	5Ⅱ7Ⅱ 7Ⅱ 5Ⅱ (사농공상)	5Ⅱ	예전에 백성을 나누던 네 가지 계급. 선비, 농부, 공장(工匠), 상인을 이르던 말
四面春風	8 7 7 6Ⅱ (사면춘풍)	6Ⅱ	누구에게나 좋게 대하는 일
四方八方	8 7Ⅱ 8 7Ⅱ (사방팔방)	7Ⅱ	여기 저기 모든 방향이나 방면
事親以孝	7Ⅱ 6 5Ⅱ 7Ⅱ (사친이효)	5Ⅱ	어버이를 섬기기를 효도로써 함을 이름
四海兄弟	8 7Ⅱ 8 8 (사해형제)	7Ⅱ	온 세상 사람이 모두 형제와 같다는 뜻으로, 친밀함을 이르는 말
山戰水戰	8 6Ⅱ 8 6Ⅱ (산전수전)	6Ⅱ	세상의 온갖 고생과 어려움을 다 겪었음을 이르는 말
山川草木	8 7 7 8 (산천초목)	7	산과 내와 풀과 나무, 곧 자연을 이르는 말
三三五五	8 8 8 8 (삼삼오오)	8	서너 사람 또는 대여섯 사람이 떼를 지어 다니거나 무슨 일을 함
三十六計	8 8 8 6Ⅱ (삼십육계)	6Ⅱ	서른여섯 가지의 꾀. 많은 모계를 이름
上下左右	7Ⅱ7Ⅱ 7Ⅱ 7Ⅱ (상하좌우)	7Ⅱ	위 · 아래 · 왼쪽 · 오른쪽을 이르는 말로, 모든 방향을 이름
生年月日	8 8 8 8 (생년월일)	8	태어난 해와 달과 날
生老病死	8 7 6 6 (생로병사)	6	사람이 나고 늙고 병들고 죽는 네 가지 고통

生面不知	8 7 7Ⅱ 5Ⅱ (생면부지)	5Ⅱ	서로 한 번도 만난 적이 없어서 전혀 알지 못하는 사람
生死苦樂	8 6 6 6Ⅱ (생사고락)	6	삶과 죽음, 괴로움과 즐거움을 통틀어 이르는 말
世界平和	7Ⅱ 6Ⅱ 7Ⅱ 6Ⅱ (세계평화)	6Ⅱ	전 세계가 평온하고 화목함
世上萬事	7Ⅱ 7Ⅱ 8 7Ⅱ (세상만사)	7Ⅱ	세상에서 일어나는 온갖 일
速戰速決	6 6Ⅱ 6 5Ⅱ (속전속결)	5Ⅱ	싸움을 오래 끌지 아니하고 빨리 몰아쳐 이기고 짐을 결정함
時間問題	7Ⅱ 7Ⅱ 7 6Ⅱ (시간문제)	6Ⅱ	이미 결과가 뻔하여 조만간 저절로 해결될 문제
市民社會	7Ⅱ 8 6Ⅱ 6Ⅱ (시민사회)	6Ⅱ	신분적으로 구속에 지배되지 않으며, 자유롭고 평등한 개인의 이성적 결합으로 이루어진 사회
新聞記者	6Ⅱ 6Ⅱ 7Ⅱ 6 (신문기자)	6	신문에 실을 자료를 수집, 취재, 집필, 편집하는 사람
十年知己	8 8 5Ⅱ 5Ⅱ (십년지기)	5Ⅱ	오래전부터 친히 사귀어 잘 아는 사람
十中八九	8 8 8 8 (십중팔구)	8	열이면 그 가운데 여덟이나 아홉은 그러함
安分知足	7Ⅱ 6Ⅱ 5Ⅱ 7Ⅱ (안분지족)	5Ⅱ	제 분수를 지키고 만족할 줄을 앎
安心立命	7Ⅱ 7 7Ⅱ 7 (안심입명)	7	하찮은 일에 흔들리지 않는 경지
愛國愛族	6 8 6 6 (애국애족)	6	나라와 민족을 아낌
野生動物	6 8 7Ⅱ 7Ⅱ (야생동물)	6	산이나 들에서 저절로 나서 자라는 동물
良藥苦口	5Ⅱ 6Ⅱ 6 7 (양약고구)	5Ⅱ	좋은 약은 입에 쓰나 병에 이롭다는 뜻으로 충언(忠言)은 귀에 거슬리나 자신에게 이로움을 이르는 말
語不成說	7 7Ⅱ 6Ⅱ 5Ⅱ (어불성설)	5Ⅱ	말이 조금도 이치에 맞지 않음을 말함
年中行事	8 8 6 7Ⅱ (연중행사)	6	해마다 일정한 시기를 정하여 놓고 하는 행사
英才教育	6 6Ⅱ 8 7 (영재교육)	6	천재아의 재능을 훌륭하게 발전시키기 위한 특수교육
樂山樂水	6Ⅱ 8 6Ⅱ 8 (요산요수)	6Ⅱ	산과 물을 좋아한다는 것으로 즉 자연을 좋아함
雨順風調	5Ⅱ 5Ⅱ 6Ⅱ 5Ⅱ (우순풍조)	5Ⅱ	비가 오고 바람이 부는 것이 때와 분량이 알맞음
月下老人	8 7Ⅱ 7 8 (월하노인)	7	부부의 인연을 맺어 준다는 전설상의 늙은이
以實直告	5Ⅱ 5Ⅱ 7Ⅱ 5Ⅱ (이실직고)	5Ⅱ	사실 그대로 고함
以心傳心	5Ⅱ 7 5Ⅱ 7 (이심전심)	5Ⅱ	마음에서 마음으로 뜻을 전함

부록 Ⅰ

二八靑春	8 8 8 7 (이팔청춘)	7	16세 무렵의 꽃다운 청춘
人命在天	8 7 6 7 (인명재천)	6	사람의 목숨은 하늘에 달려 있다는 말
人事不省	8 7Ⅱ 7Ⅱ 6Ⅱ (인사불성)	6Ⅱ	제 몸에 벌어지는 일을 모를 만큼 정신을 잃은 상태
人山人海	8 8 8 7Ⅱ (인산인해)	7Ⅱ	사람이 수없이 많이 모인 상태를 이르는 말
人相着衣	8 5Ⅱ 5Ⅱ 6 (인상착의)	5Ⅱ	사람의 생김새와 옷차림
人海戰術	8 7Ⅱ 6Ⅱ 6Ⅱ (인해전술)	6Ⅱ	우수한 화기보다 다수의 병력을 투입하여 적을 압도하는 전술
一口二言	8 7 8 6 (일구이언)	6	한 입으로 두 말을 한다는 뜻으로, 한 가지 일에 대하여 말을 이랬다저랬다 함을 이르는 말
一問一答	8 7 8 7Ⅱ (일문일답)	7	한 번 물음에 대하여 한 번 대답함
一心同體	8 7 7 6Ⅱ (일심동체)	6Ⅱ	한마음 한 몸이라는 뜻으로, 서로 굳게 결합함을 이르는 말
一日三省	8 8 8 6Ⅱ (일일삼성)	6Ⅱ	하루에 세 가지 일로 자신을 되돌아보고 살핌
一日三秋	8 8 8 7 (일일삼추)	7	하루가 삼 년처럼 길게 느껴짐
一長一短	8 8 8 6Ⅱ (일장일단)	6Ⅱ	일면의 장점과 다른 일면의 단점을 통틀어 이르는 말
一朝一夕	8 6 8 7 (일조일석)	6	하루 아침과 하루 저녁이란 뜻으로, 짧은 시일을 이르는 말
自古以來	7Ⅱ 6 5Ⅱ 7 (자고이래)	5Ⅱ	예로부터 지금까지의 과정
自問自答	7Ⅱ 7 7Ⅱ 7Ⅱ (자문자답)	7	스스로 묻고 스스로 대답함
自生植物	7Ⅱ 8 7 7Ⅱ (자생식물)	7	산이나 들, 강이나 바다에서 저절로 나는 식물
子孫萬代	7Ⅱ 6 8 6Ⅱ (자손만대)	6	오래도록 내려오는 여러 대
自手成家	7Ⅱ 7Ⅱ 6Ⅱ 7Ⅱ (자수성가)	6Ⅱ	물려받은 재산이 없이 자기 혼자의 힘으로 집안을 일으키고 재산을 모음
自由自在	7Ⅱ 6 7Ⅱ 6 (자유자재)	6	거침없이 자기 마음대로 할 수 있음
作心三日	6Ⅱ 7 8 8 (작심삼일)	6Ⅱ	한 번 결심한 것이 사흘을 가지 않음
電光石火	7Ⅱ 6Ⅱ 6 8 (전광석화)	6	몹시 짧은 시간
全心全力	7Ⅱ 7 7Ⅱ 7Ⅱ (전심전력)	7	온 마음과 온 힘
全知全能	7Ⅱ 5Ⅱ 7Ⅱ 5Ⅱ (전지전능)	5Ⅱ	어떠한 사물이라도 잘 알고, 모든 일을 다 수행할 수 있는 신불(神佛)의 능력

主客一體	7 5Ⅱ 8 6Ⅱ (주객일체)	5Ⅱ	주인과 손이 한 몸이라는 데서, 나와 나 밖의 대상이 하나가 됨을 말함
晝夜長川	6 6 8 7 (주야장천)	6	밤낮으로 쉬지 아니하고 연달아
地上天國	7 7Ⅱ 7 8 (지상천국)	7	이 세상에서 이룩되는 다시없이 자유롭고 풍족하며 행복한 사회
知行合一	5Ⅱ 6 6 8 (지행합일)	5Ⅱ	지식과 행동이 서로 맞음
千萬多幸	7 8 6 6Ⅱ (천만다행)	6	아주 다행함
天下第一	7 7Ⅱ 6Ⅱ 8 (천하제일)	6Ⅱ	세상에 견줄 만한 것이 없이 최고임
靑山流水	8 8 5Ⅱ 8 (청산유수)	5Ⅱ	푸른 산에 맑은 물이라는 뜻으로, 막힘없이 썩 잘하는 말을 비유적으로 이르는 말
靑天白日	8 7 8 8 (청천백일)	7	하늘이 맑게 갠 대낮
淸風明月	6Ⅱ 6Ⅱ 6Ⅱ 8 (청풍명월)	6Ⅱ	맑은 바람과 밝은 달
草綠同色	7 6 7 7 (초록동색)	6	이름은 다르나 따지고 보면 한 가지 것이라는 말
草食動物	7 7Ⅱ 7Ⅱ 7Ⅱ (초식동물)	7	풀을 주로 먹고 사는 동물
春夏秋冬	7 7 7 7 (춘하추동)	7	봄 · 여름 · 가을 · 겨울의 네 계절
土木工事	8 8 7Ⅱ 7Ⅱ (토목공사)	7Ⅱ	땅과 하천 따위를 고쳐 만드는 공사
特別活動	6 6 7Ⅱ 7Ⅱ (특별활동)	6	학교 교육 과정에서 교과 학습 이외의 교육 활동
八道江山	8 7Ⅱ 7Ⅱ 8 (팔도강산)	7Ⅱ	팔도의 강산이라는 뜻으로, 우리나라 전체의 강산을 이르는 말
八方美人	8 7Ⅱ 6 8 (팔방미인)	6	어느 모로 보나 아름다운 사람이란 뜻으로, 여러 방면에 능통한 사람
下等動物	7Ⅱ 6Ⅱ 7Ⅱ 7Ⅱ (하등동물)	6Ⅱ	진화 정도가 낮아 몸의 구조가 단순한 원시적인 동물
行方不明	6 7Ⅱ 7Ⅱ 6Ⅱ (행방불명)	6	간 곳이나 방향을 모름
形形色色	6Ⅱ 6Ⅱ 7 7 (형형색색)	6Ⅱ	상과 빛깔 따위가 서로 다른 여러 가지
花朝月夕	7 6 8 7 (화조월석)	6	꽃피는 아침과 달뜨는 저녁. 경치가 썩 좋은 때를 일컫는 말임
訓民正音	6 8 7Ⅱ 6Ⅱ (훈민정음)	6	백성을 가르치는 바른 소리라는 뜻으로, 1443년에 세종이 창제한 우리나라 글자를 이르는 말

부록 I

반의(反義) 한자(漢字) 결합어

江山	(강산)	7Ⅱ	-	8	分合	(분합)	6Ⅱ	-	6
強弱	(강약)	6	-	6Ⅱ	士民	(사민)	5Ⅱ	-	8
古今	(고금)	6	-	6Ⅱ	死活	(사활)	6	-	7Ⅱ
苦樂	(고락)	6	-	6Ⅱ	上下	(상하)	7Ⅱ	-	7Ⅱ
高下	(고하)	6Ⅱ	-	7Ⅱ	生死	(생사)	8	-	6
功過	(공과)	6Ⅱ	-	5Ⅱ	先後	(선후)	8	-	7Ⅱ
教習	(교습)	8	-	6	手足	(수족)	7Ⅱ	-	7Ⅱ
教學	(교학)	8	-	8	水陸	(수륙)	8	-	5Ⅱ
南北	(남북)	8	-	8	水火	(수화)	8	-	8
男女	(남녀)	7Ⅱ	-	8	新舊	(신구)	6Ⅱ	-	5Ⅱ
内外	(내외)	7Ⅱ	-	8	臣民	(신민)	5Ⅱ	-	8
多少	(다소)	6	-	7	心身	(심신)	7	-	6Ⅱ
大小	(대소)	8	-	8	愛惡	(애오)	6	-	5Ⅱ
東西	(동서)	8	-	8	言文	(언문)	6	-	7
勞使	(노사)	5Ⅱ	-	6	言行	(언행)	6	-	6
老少	(노소)	7	-	7	遠近	(원근)	6	-	6
陸海	(육해)	5Ⅱ	-	7Ⅱ	日月	(일월)	8	-	8
利害	(이해)	6Ⅱ	-	5Ⅱ	入出	(입출)	7	-	7
母子	(모자)	8	-	7Ⅱ	子女	(자녀)	7Ⅱ	-	8
問答	(문답)	7	-	7Ⅱ	昨今	(작금)	6Ⅱ	-	6Ⅱ
物心	(물심)	7Ⅱ	-	7	長短	(장단)	8	-	6Ⅱ
發着	(발착)	6Ⅱ	-	5Ⅱ	前後	(전후)	7Ⅱ	-	7Ⅱ
父母	(부모)	8	-	8	正反	(정반)	7Ⅱ	-	6Ⅱ
父子	(부자)	8	-	7Ⅱ	朝夕	(조석)	6	-	7

朝野	(조야)	6	−	6	天地	(천지)	7	−	7
祖孫	(조손)	7	−	6	春秋	(춘추)	7	−	7
左右	(좌우)	7Ⅱ	−	7Ⅱ	出入	(출입)	7	−	7
主客	(주객)	7	−	5Ⅱ	夏冬	(하동)	7	−	7
晝夜	(주야)	6	−	6	兄弟	(형제)	8	−	8
中外	(중외)	8	−	8	和戰	(화전)	6Ⅱ	−	6Ⅱ
知行	(지행)	5Ⅱ	−	6					

부록 I

반대어(反對語) - 뜻이 반대되는 한자어(漢字語)

自動	(자동)	↔	手動	(수동)	7Ⅱ 7Ⅱ	↔	7Ⅱ 7Ⅱ
正午	(정오)	↔	子正	(자정)	7Ⅱ 7Ⅱ	↔	7Ⅱ 7Ⅱ
文語	(문어)	↔	口語	(구어)	7 7	↔	7 7
入金	(입금)	↔	出金	(출금)	7 8	↔	7 8
不運	(불운)	↔	幸運	(행운)	7Ⅱ 6Ⅱ	↔	6Ⅱ 6Ⅱ
母音	(모음)	↔	子音	(자음)	8 6Ⅱ	↔	7Ⅱ 6Ⅱ
部分	(부분)	↔	全體	(전체)	6Ⅱ 6Ⅱ	↔	7Ⅱ 6Ⅱ
立體	(입체)	↔	平面	(평면)	7Ⅱ 6Ⅱ	↔	7Ⅱ 7
死後	(사후)	↔	生前	(생전)	6 7Ⅱ	↔	8 7Ⅱ
不幸	(불행)	↔	幸福	(행복)	7Ⅱ 6Ⅱ	↔	6Ⅱ 5Ⅱ
不法	(불법)	↔	合法	(합법)	7Ⅱ 5Ⅱ	↔	6 5Ⅱ
感情	(감정)	↔	理性	(이성)	6 5Ⅱ	↔	6Ⅱ 5Ⅱ
正當	(정당)	↔	不當	(부당)	7Ⅱ 5Ⅱ	↔	7Ⅱ 5Ⅱ
不實	(부실)	↔	充實	(충실)	7Ⅱ 5Ⅱ	↔	5Ⅱ 5Ⅱ
對話	(대화)	↔	獨白	(독백)	6Ⅱ 7Ⅱ	↔	5Ⅱ 8
多元	(다원)	↔	一元	(일원)	6 5Ⅱ	↔	8 5Ⅱ
實質	(실질)	↔	形式	(형식)	5Ⅱ 5Ⅱ	↔	6Ⅱ 6
感情的	(감정적)	↔	理性的	(이성적)	6 5Ⅱ 5Ⅱ	↔	6Ⅱ 5Ⅱ 5Ⅱ
男學生	(남학생)	↔	女學生	(여학생)	7Ⅱ 8 8	↔	8 8 8
內國人	(내국인)	↔	外國人	(외국인)	7Ⅱ 8 8	↔	8 8 8
女學校	(여학교)	↔	男學校	(남학교)	8 8 8	↔	7Ⅱ 8 8
多數者	(다수자)	↔	少數者	(소수자)	6 7 6	↔	7 7 6
大家族	(대가족)	↔	小家族	(소가족)	8 7Ⅱ 6	↔	8 7Ⅱ 6
同意語	(동의어)	↔	反意語	(반의어)	7 6Ⅱ 7	↔	6Ⅱ 6Ⅱ 7

理性的	(이성적)	↔	感情的	(감정적)	6Ⅱ 5Ⅱ 5Ⅱ	↔	6 5Ⅱ 5Ⅱ
上級生	(상급생)	↔	下級生	(하급생)	7Ⅱ 6 8	↔	7Ⅱ 6 8
小區分	(소구분)	↔	大區分	(대구분)	8 6 6Ⅱ	↔	8 6 6Ⅱ
夜學生	(야학생)	↔	晝學生	(주학생)	6 8 8	↔	6 8 8
午前班	(오전반)	↔	午後班	(오후반)	7Ⅱ 7Ⅱ 6Ⅱ	↔	7Ⅱ 7Ⅱ 6Ⅱ
外三寸	(외삼촌)	↔	親三寸	(친삼촌)	8 8 8	↔	6 8 8
前半部	(전반부)	↔	後半部	(후반부)	7Ⅱ 6Ⅱ 6Ⅱ	↔	7Ⅱ 6Ⅱ 6Ⅱ
出發地	(출발지)	↔	到着地	(도착지)	7 6Ⅱ 7	↔	5Ⅱ 5Ⅱ 7
親孫女	(친손녀)	↔	外孫女	(외손녀)	6 6 8	↔	8 6 8
下半身	(하반신)	↔	上半身	(상반신)	7Ⅱ 6Ⅱ 6Ⅱ	↔	7Ⅱ 6Ⅱ 6Ⅱ
合法化	(합법화)	↔	不法化	(불법화)	6 5Ⅱ 5Ⅱ	↔	7Ⅱ 5Ⅱ 5Ⅱ
後半戰	(후반전)	↔	前半戰	(전반전)	7Ⅱ 6Ⅱ 6Ⅱ	↔	7Ⅱ 6Ⅱ 6Ⅱ
後任者	(후임자)	↔	前任者	(전임자)	7Ⅱ 5Ⅱ 6	↔	7Ⅱ 5Ⅱ 6
強大國家	(강대국가)	↔	弱小國家	(약소국가)	6 8 8 7Ⅱ	↔	6Ⅱ 8 8 7Ⅱ
古今同然	(고금동연)	↔	古今不同	(고금부동)	6 6Ⅱ 7 7	↔	6 6Ⅱ 7Ⅱ 7
生年月日	(생년월일)	↔	卒年月日	(졸년월일)	8 8 8 8	↔	5Ⅱ 8 8 8
晝短夜長	(주단야장)	↔	晝長夜短	(주장야단)	6 6Ⅱ 6 8	↔	6 8 6 6Ⅱ

유의(類義) 한자(漢字) 결합어

家宅	(가택)	7Ⅱ	-	5Ⅱ	圖畫	(도화)	6Ⅱ	-	6
歌樂	(가악)	7	-	6Ⅱ	道路	(도로)	7Ⅱ	-	6
格式	(격식)	5Ⅱ	-	6	道理	(도리)	7Ⅱ	-	6Ⅱ
結束	(결속)	5Ⅱ	-	5Ⅱ	同等	(동등)	7	-	6Ⅱ
計算	(계산)	6Ⅱ	-	7	同一	(동일)	7	-	8
計數	(계수)	6Ⅱ	-	7	洞里	(동리)	7	-	7
告白	(고백)	5Ⅱ	-	8	洞通	(통통)	7	-	6
共同	(공동)	6Ⅱ	-	7	等級	(등급)	6Ⅱ	-	6
工作	(공작)	7Ⅱ	-	6Ⅱ	旅客	(여객)	5Ⅱ	-	5Ⅱ
果實	(과실)	6Ⅱ	-	5Ⅱ	練習	(연습)	5Ⅱ	-	6
科目	(과목)	6Ⅱ	-	6	例法	(예법)	6	-	5Ⅱ
過失	(과실)	5Ⅱ	-	6	例式	(예식)	6	-	6
光明	(광명)	6Ⅱ	-	6Ⅱ	陸地	(육지)	5Ⅱ	-	7
教訓	(교훈)	8	-	6	名號	(명호)	7Ⅱ	-	6
區別	(구별)	6	-	6	明朗	(명랑)	6Ⅱ	-	5Ⅱ
區分	(구분)	6	-	6Ⅱ	明白	(명백)	6Ⅱ	-	8
軍兵	(군병)	8	-	5Ⅱ	文書	(문서)	7	-	6Ⅱ
軍士	(군사)	8	-	5Ⅱ	文章	(문장)	7	-	6
郡邑	(군읍)	6	-	7	物品	(물품)	7Ⅱ	-	5Ⅱ
根本	(근본)	6	-	6	發展	(발전)	6Ⅱ	-	5Ⅱ
急速	(급속)	6Ⅱ	-	6	方道	(방도)	7Ⅱ	-	7Ⅱ
記識	(기지)	7Ⅱ	-	5Ⅱ	方正	(방정)	7Ⅱ	-	7Ⅱ
年歲	(연세)	8	-	5Ⅱ	法度	(법도)	5Ⅱ	-	6
到着	(도착)	5Ⅱ	-	5Ⅱ	法例	(법례)	5Ⅱ	-	6

法式	(법식)	5Ⅱ	-	6
法典	(법전)	5Ⅱ	-	5Ⅱ
變化	(변화)	5Ⅱ	-	5Ⅱ
兵士	(병사)	5Ⅱ	-	5Ⅱ
兵卒	(병졸)	5Ⅱ	-	5Ⅱ
奉仕	(봉사)	5Ⅱ	-	5Ⅱ
部類	(부류)	6Ⅱ	-	5Ⅱ
分別	(분별)	6Ⅱ	-	6
事業	(사업)	7Ⅱ	-	6Ⅱ
士兵	(사병)	5Ⅱ	-	5Ⅱ
社會	(사회)	6Ⅱ	-	6Ⅱ
算數	(산수)	7	-	7
生產	(생산)	8	-	5Ⅱ
生活	(생활)	8	-	7Ⅱ
說話	(설화)	5Ⅱ	-	7Ⅱ
性心	(성심)	5Ⅱ	-	7
世界	(세계)	7Ⅱ	-	6Ⅱ
世代	(세대)	7Ⅱ	-	6Ⅱ
樹林	(수림)	6	-	7
樹木	(수목)	6	-	8
身體	(신체)	6Ⅱ	-	6Ⅱ
實果	(실과)	5Ⅱ	-	6Ⅱ
心性	(심성)	7	-	5Ⅱ
兒童	(아동)	5Ⅱ	-	6Ⅱ
安全	(안전)	7Ⅱ	-	7Ⅱ
約束	(약속)	5Ⅱ	-	5Ⅱ
養育	(양육)	5Ⅱ	-	7
言說	(언설)	6	-	5Ⅱ
言語	(언어)	6	-	7
永遠	(영원)	6	-	6
英特	(영특)	6	-	6
運動	(운동)	6Ⅱ	-	7Ⅱ
偉大	(위대)	5Ⅱ	-	8
衣服	(의복)	6	-	6
自己	(자기)	7Ⅱ	-	5Ⅱ
典例	(전례)	5Ⅱ	-	6
典法	(전법)	5Ⅱ	-	5Ⅱ
情意	(정의)	5Ⅱ	-	6Ⅱ
正直	(정직)	7Ⅱ	-	7Ⅱ
第宅	(제택)	6Ⅱ	-	5Ⅱ
題目	(제목)	6Ⅱ	-	6
調和	(조화)	5Ⅱ	-	6Ⅱ
卒兵	(졸병)	5Ⅱ	-	5Ⅱ
州郡	(주군)	5Ⅱ	-	6
知識	(지식)	5Ⅱ	-	5Ⅱ
質朴	(질박)	5Ⅱ	-	6
質正	(질정)	5Ⅱ	-	7Ⅱ
集團	(집단)	6Ⅱ	-	5Ⅱ

集會	(집회)	6Ⅱ	-	6Ⅱ	平安	(평안)	7Ⅱ	-	7Ⅱ
責任	(책임)	5Ⅱ	-	5Ⅱ	平和	(평화)	7Ⅱ	-	6Ⅱ
青綠	(청록)	8	-	6	學習	(학습)	8	-	6
寸節	(촌절)	8	-	5Ⅱ	海洋	(해양)	7Ⅱ	-	6
村里	(촌리)	7	-	7	行動	(행동)	6	-	7Ⅱ
出生	(출생)	7	-	8	形式	(형식)	6Ⅱ	-	6
土地	(토지)	8	-	7	和平	(화평)	6Ⅱ	-	7Ⅱ
便安	(편안)	7	-	7Ⅱ	會社	(회사)	6Ⅱ	-	6Ⅱ
平等	(평등)	7Ⅱ	-	6Ⅱ	凶惡	(흉악)	5Ⅱ	-	5Ⅱ

유의어(類義語) - 뜻이 비슷한 한자어(漢字語)

家産	(가산)	-	家財	(가재)	7Ⅱ 5Ⅱ	-	7Ⅱ 5Ⅱ
家族	(가족)	-	食口	(식구)	7Ⅱ 6	-	7Ⅱ 7
家風	(가풍)	-	門風	(문풍)	7Ⅱ 6Ⅱ	-	8 6Ⅱ
家訓	(가훈)	-	家敎	(가교)	7Ⅱ 6	-	7Ⅱ 8
各別	(각별)	-	特別	(특별)	6Ⅱ 6	-	6 6
各地	(각지)	-	各所	(각소)	6Ⅱ 7	-	6Ⅱ 7
共感	(공감)	-	同感	(동감)	6Ⅱ 6	-	7 6
校內	(교내)	-	學內	(학내)	8 7Ⅱ	-	8 7Ⅱ
內子	(내자)	-	室人	(실인)	7Ⅱ 7Ⅱ	-	8 8
童女	(동녀)	-	少女	(소녀)	6Ⅱ 8	-	7 8
同窓	(동창)	-	同門	(동문)	7 6Ⅱ	-	7 8
來歷	(내력)	-	由來	(유래)	7 5Ⅱ	-	6 7
萬代	(만대)	-	萬世	(만세)	8 6Ⅱ	-	8 7Ⅱ
名目	(명목)	-	名色	(명색)	7Ⅱ 6	-	7Ⅱ 7
文面	(문면)	-	書面	(서면)	7 7	-	6Ⅱ 7
民心	(민심)	-	人心	(인심)	8 7	-	8 7
本國	(본국)	-	自國	(자국)	6 8	-	7Ⅱ 8
部門	(부문)	-	分野	(분야)	6Ⅱ 8	-	6Ⅱ 6
上古	(상고)	-	太古	(태고)	7Ⅱ 6	-	6 6
生育	(생육)	-	生長	(생장)	8 7	-	8 8
先主	(선주)	-	先王	(선왕)	8 7	-	8 8
性格	(성격)	-	氣質	(기질)	5Ⅱ 5Ⅱ	-	7Ⅱ 5Ⅱ
世界	(세계)	-	世上	(세상)	7Ⅱ 6Ⅱ	-	7Ⅱ 7Ⅱ
植木	(식목)	-	植樹	(식수)	7 8	-	7 6

野合	(야합)	-	内通	(내통)	6 6	-	7Ⅱ 6
育成	(육성)	-	養成	(양성)	7 6Ⅱ	-	5Ⅱ 6Ⅱ
意圖	(의도)	-	意向	(의향)	6Ⅱ 6Ⅱ	-	6Ⅱ 6
人山	(인산)	-	人海	(인해)	8 8	-	8 7Ⅱ
自然	(자연)	-	天然	(천연)	7Ⅱ 7	-	7 7
戰術	(전술)	-	兵法	(병법)	6Ⅱ 6Ⅱ	-	5Ⅱ 5Ⅱ
知音	(지음)	-	心友	(심우)	5Ⅱ 6Ⅱ	-	7 5Ⅱ
草家	(초가)	-	草堂	(초당)	7 7Ⅱ	-	7 6Ⅱ
親筆	(친필)	-	自筆	(자필)	6 5Ⅱ	-	7Ⅱ 5Ⅱ
特別	(특별)	-	各別	(각별)	6 6	-	6Ⅱ 6
品名	(품명)	-	物名	(물명)	5Ⅱ 7Ⅱ	-	7Ⅱ 7Ⅱ
學内	(학내)	-	校内	(교내)	8 7Ⅱ	-	8 7Ⅱ
合計	(합계)	-	合算	(합산)	6 6Ⅱ	-	6 7
活用	(활용)	-	利用	(이용)	7Ⅱ 6Ⅱ	-	6Ⅱ 6Ⅱ
教育家	(교육가)	-	教育者	(교육자)	8 7 7Ⅱ	-	8 7 6
今世上	(금세상)	-	今世界	(금세계)	6Ⅱ 7Ⅱ 7Ⅱ	-	6Ⅱ 7Ⅱ 6Ⅱ
到着順	(도착순)	-	先着順	(선착순)	5Ⅱ 5Ⅱ 5Ⅱ	-	8 5Ⅱ 5Ⅱ
門下生	(문하생)	-	門下人	(문하인)	8 7Ⅱ 8	-	8 7Ⅱ 8
半休日	(반휴일)	-	半空日	(반공일)	6Ⅱ 7 8	-	6Ⅱ 7Ⅱ 8
發明家	(발명가)	-	發明者	(발명자)	6Ⅱ 6Ⅱ 7Ⅱ	-	6Ⅱ 6Ⅱ 6
別天地	(별천지)	-	別世界	(별세계)	6 7 7	-	6 7Ⅱ 6Ⅱ
本土種	(본토종)	-	在來種	(재래종)	6 8 5Ⅱ	-	6 7 5Ⅱ
不老草	(불로초)	-	不死藥	(불사약)	7Ⅱ 7 7	-	7Ⅱ 6 6Ⅱ
事業家	(사업가)	-	事業者	(사업자)	7Ⅱ 6Ⅱ 7Ⅱ	-	7Ⅱ 6Ⅱ 6

所有人	(소유인)	-	所有者	(소유자)	778	-	776
宿命觀	(숙명관)	-	運命觀	(운명관)	5Ⅱ 75Ⅱ	-	6Ⅱ 75Ⅱ
勝戰國	(승전국)	-	戰勝國	(전승국)	66Ⅱ 8	-	6Ⅱ 68
愛國心	(애국심)	-	祖國愛	(조국애)	687	-	786
集會所	(집회소)	-	集會場	(집회장)	6Ⅱ 6Ⅱ 7	-	6Ⅱ 6Ⅱ 7Ⅱ
千萬年	(천만년)	-	千萬代	(천만대)	788	-	786Ⅱ
通告文	(통고문)	-	通知書	(통지서)	65Ⅱ 7	-	65Ⅱ 6Ⅱ
九死一生	(구사일생)	-	十生九死	(십생구사)	8688	-	8886
代代孫孫	(대대손손)	-	子子孫孫	(자자손손)	6Ⅱ 6Ⅱ 66	-	7Ⅱ 7Ⅱ 66
東問西答	(동문서답)	-	問東答西	(문동답서)	8787Ⅱ	-	787Ⅱ 8
不老長生	(불로장생)	-	長生不死	(장생불사)	7Ⅱ 788	-	887Ⅱ 6
西方國家	(서방국가)	-	西方世界	(서방세계)	87Ⅱ 87Ⅱ	-	87Ⅱ 7Ⅱ 6Ⅱ
花朝月夕	(화조월석)	-	朝花月夕	(조화월석)	7687	-	6787

부록 Ⅰ

동음이의어(同音異義語) - 소리는 같고 뜻은 다른 한자어(漢字語)

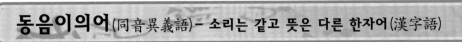

家具	(가구)	7Ⅱ 5Ⅱ	집안 살림에 쓰는 기구.
家口	(가구)	7Ⅱ 7	집안 식구.
家信	(가신)	7Ⅱ 6Ⅱ	자기 집에서 온 편지나 소식.
家神	(가신)	7Ⅱ 6Ⅱ	집안의 운수를 좌우하는 신.
家臣	(가신)	7Ⅱ 5Ⅱ	권력자 가문에 들어가 그들을 섬기던 사람.
家人	(가인)	7Ⅱ 8	집안 사람.
歌人	(가인)	7 8	노래를 잘 부르거나 잘 짓는 사람.
家風	(가풍)	7Ⅱ 6Ⅱ	한집안에 풍습이나 범절.
歌風	(가풍)	7 6Ⅱ	시 또는 노래 따위에서 풍기는 분위기.
各地	(각지)	6Ⅱ 7	각 지방.
各紙	(각지)	6Ⅱ 7	각각의 신문.
江神	(강신)	7Ⅱ 6Ⅱ	강을 지키는 신.
強臣	(강신)	6 5Ⅱ	권력이 강한 신하.
江風	(강풍)	7Ⅱ 6Ⅱ	강바람.
強風	(강풍)	6 6Ⅱ	센 바람.
開展	(개전)	6 5Ⅱ	진보하고 발전함.
開戰	(개전)	6 6Ⅱ	전쟁을 시작함.
開化	(개화)	6 5Ⅱ	사람의 지혜가 열려 새로운 사상, 문물, 제도 따위를 가지게 됨.
開花	(개화)	6 7	풀이나 나무의 꽃이 핌.
決死	(결사)	5Ⅱ 6	죽기를 각오하고 있는 힘을 다할 것을 결심함.
結社	(결사)	5Ⅱ 6Ⅱ	여러 사람이 공동의 목적을 이루기 위하여 조직한 단체.
古家	(고가)	6 7Ⅱ	지은 지 오래된 집.
古歌	(고가)	6 7	옛 노래나 옛 가사.
高價	(고가)	6Ⅱ 5Ⅱ	비싼 가격.

高歌	(고가)	6Ⅱ 7	노래를 큰 소리로 부름.
古代	(고대)	6 6Ⅱ	옛 시대.
苦待	(고대)	6 6	몹시 기다림.
高大	(고대)	6Ⅱ 8	높고 큼.
古道	(고도)	6 7Ⅱ	옛 길.
高度	(고도)	6Ⅱ 6	평균 해수면 따위를 0으로 하여 측정한 대상 물체의 높이.
古老	(고로)	6 7	경험이 많고 옛일을 잘 알고 있는 늙은이.
告老	(고로)	5Ⅱ 7	벼슬하던 사람이 늙어서 벼슬을 그만두기를 청함.
苦勞	(고로)	6 5Ⅱ	괴로움과 수고로움.
古名	(고명)	6 7Ⅱ	옛 이름.
高名	(고명)	6Ⅱ 7Ⅱ	남의 이름을 높여 이르는 말.
高明	(고명)	6Ⅱ 6Ⅱ	고상하고 현명함.
古木	(고목)	6 8	오래된 나무.
高木	(고목)	6Ⅱ 8	높이 자란 나무.
古文	(고문)	6 7	옛 글.
告文	(고문)	5Ⅱ 7	고하는 글.
高文	(고문)	6Ⅱ 7	내용이 알차고 문장이 빼어난 글.
高門	(고문)	6Ⅱ 8	부귀하고 지체가 높은 이름난 집안.
古米	(고미)	6 6	묵은쌀.
高美	(고미)	6Ⅱ 6	고상하고 아름다움.
古事	(고사)	6 7Ⅱ	옛일.
古史	(고사)	6 5Ⅱ	옛날 역사.
高士	(고사)	6Ⅱ 5Ⅱ	인격이 높고 성품이 깨끗한 선비.
古式	(고식)	6 6	옛날의 법도와 양식.

高識	(고식)	6Ⅱ 5Ⅱ	높은 학식.
古言	(고언)	6 6	옛말.
苦言	(고언)	6 6	듣기에는 거슬리나 도움이 되는 말.
古音	(고음)	6 6Ⅱ	옛날에 쓰던 한자 음.
高音	(고음)	6Ⅱ 6Ⅱ	높은 소리.
古典	(고전)	6 5Ⅱ	옛날의 서적이나 작품.
苦戰	(고전)	6 6Ⅱ	전쟁이나 운동 경기 따위에서, 몹시 힘들고 어렵게 싸움.
高祖	(고조)	6Ⅱ 7	고조할아버지.
高調	(고조)	6Ⅱ 5Ⅱ	높은 가락.
告知	(고지)	5Ⅱ 5Ⅱ	게시나 글을 통하여 알림.
高地	(고지)	6Ⅱ 7	평지보다 아주 높은 땅.
功過	(공과)	6Ⅱ 5Ⅱ	공로와 허물.
工科	(공과)	7Ⅱ 6Ⅱ	대학에서, 공업 생산에 필요한 과학 기술을 전공하는 학과.
公同	(공동)	6Ⅱ 7	공중(公衆)이 함께 하거나 서로 관계됨.
共同	(공동)	6Ⅱ 7	둘 이상의 사람이나 단체가 함께 함.
空洞	(공동)	7Ⅱ 7	아무것도 없이 텅 비어 있는 굴.
公路	(공로)	6Ⅱ 6	많은 사람과 차가 다니는 큰길.
功勞	(공로)	6Ⅱ 5Ⅱ	어떤 목적을 이루는 데 들인 노력과 수고.
公利	(공리)	6Ⅱ 6Ⅱ	공공의 이익.
公理	(공리)	6Ⅱ 6Ⅱ	사회에서 두루 통하는 진리나 도리.
功利	(공리)	6Ⅱ 6Ⅱ	공명과 이욕.
功名	(공명)	6Ⅱ 7Ⅱ	공을 세워서 드러낸 이름.
空名	(공명)	7Ⅱ 7Ⅱ	실제에 맞지 않는 부풀린 명성.
公法	(공법)	6Ⅱ 5Ⅱ	국가나 공공 단체 상호간의 관계나 이들과 개인의 관계를 규정하는 법률.

工法	(공법)	7Ⅱ 5Ⅱ	공사하는 방법.
工夫	(공부)	7Ⅱ 7	학문이나 기술을 배우고 익힘.
工部	(공부)	7Ⅱ 6Ⅱ	고려 시대 관아인 육부(六部)의 하나.
公事	(공사)	6Ⅱ 7Ⅱ	공공의 일.
公使	(공사)	6Ⅱ 6	국가를 대표하여 파견되는 외교 사절.
公社	(공사)	6Ⅱ 6Ⅱ	국가적 사업을 수행하기 위하여 설립된 공공 기업체.
工事	(공사)	7Ⅱ 7Ⅱ	토목이나 건축 따위의 일.
公席	(공석)	6Ⅱ 6	공적인 모임의 자리.
空席	(공석)	7Ⅱ 6	비어 있는 자리.
公約	(공약)	6Ⅱ 5Ⅱ	선거 등에서 어떤 일을 실행하기로 한 약속.
空約	(공약)	7Ⅱ 5Ⅱ	헛되게 약속함.
功業	(공업)	6Ⅱ 6Ⅱ	큰 공로가 있는 사업.
工業	(공업)	7Ⅱ 6Ⅱ	원료를 가공하여 유용한 물자를 만드는 산업.
公用	(공용)	6Ⅱ 6Ⅱ	공공의 목적으로 씀.
共用	(공용)	6Ⅱ 6Ⅱ	함께 씀.
公有	(공유)	6Ⅱ 7	국가나 지방 자치 단체의 소유.
共有	(공유)	6Ⅱ 7	두 사람 이상이 한 물건을 공동으로 소유함.
公知	(공지)	6Ⅱ 5Ⅱ	세상에 널리 알림.
共知	(공지)	6Ⅱ 5Ⅱ	여러 사람이 다 앎.
空地	(공지)	7Ⅱ 7	집이나 밭 따위가 없는 비어 있는 땅.
公害	(공해)	6Ⅱ 5Ⅱ	산업의 발달에 따라 사람이나 생물이 입게 되는 여러 가지 피해.
公海	(공해)	6Ⅱ 7Ⅱ	모든 나라가 공통으로 사용할 수 있는 바다.
果實	(과실)	6Ⅱ 5Ⅱ	과일.
過失	(과실)	5Ⅱ 6	잘못이나 허물.

부록 I

科長	(과장)	6Ⅱ 8	대학이나 병원 따위에서, 한 과(科)의 운영을 책임지는 직책.
課長	(과장)	5Ⅱ 8	관청이나 회사 따위에서, 한 과(課)의 업무나 직원을 감독하는 직책.
交友	(교우)	6 5Ⅱ	벗을 사귐.
教友	(교우)	8 5Ⅱ	같은 종교를 믿는 벗.
校友	(교우)	8 5Ⅱ	같은 학교를 다니는 벗.
教正	(교정)	8 7Ⅱ	가르쳐서 바르게 함.
校庭	(교정)	8 6Ⅱ	학교의 마당이나 운동장.
教訓	(교훈)	8 6	앞으로의 행동이나 생활에 지침이 될 만한 가르침.
校訓	(교훈)	8 6	학교의 이념이나 목표를 간명하게 나타낸 표어.
舊情	(구정)	5Ⅱ 5Ⅱ	옛 정.
舊正	(구정)	5Ⅱ 7Ⅱ	설을 신정(新正)에 상대하여 이르는 말.
國家	(국가)	8 7Ⅱ	영토와 통치 조직을 가지고 있는 사회 집단.
國歌	(국가)	8 7	나라를 상징하는 노래.
國交	(국교)	8 6	나라와 나라 사이에 맺는 사귐.
國教	(국교)	8 8	국가에서 법으로 정하여 온 국민이 믿도록 하는 종교.
國基	(국기)	8 5Ⅱ	나라를 이루거나 유지해 나가는 기초.
國旗	(국기)	8 7	나라를 상징하는 기.
國父	(국부)	8 8	나라의 아버지.
局部	(국부)	5Ⅱ 6Ⅱ	전체의 어느 한 부분.
國事	(국사)	8 7Ⅱ	나라에 관한 일.
國史	(국사)	8 5Ⅱ	나라의 역사.
國士	(국사)	8 5Ⅱ	나라를 대표할만한 뛰어난 선비.
軍旗	(군기)	8 7	군대의 각 단위 부대를 상징하는 기.
軍氣	(군기)	8 7Ⅱ	군대의 사기.

軍民	(군민)	8 8	군인과 민간인.
郡民	(군민)	6 8	그 군(君)에 사는 사람.
軍事	(군사)	8 7Ⅱ	전쟁 따위와 같은 군에 관한 일.
軍史	(군사)	8 5Ⅱ	군대의 역사.
軍士	(군사)	8 5Ⅱ	예전에, 군인이나 군대를 이르던 말.
郡史	(군사)	6 5Ⅱ	군의 역사.
近寸	(근촌)	6 8	가까운 촌수.
近村	(근촌)	6 7	가까운 마을.
基數	(기수)	5Ⅱ 7	수를 나타내는 데 기초가 되는 수.
旗手	(기수)	7 7Ⅱ	행사 때 대열의 앞에 서서 기를 드는 일을 맡은 사람.
記識	(기지)	7Ⅱ 5Ⅱ	기록함.
基地	(기지)	5Ⅱ 7	군대, 탐험대 따위의 활동의 기점이 되는 근거지.
內信	(내신)	7Ⅱ 6Ⅱ	나라 안의 소식.
內臣	(내신)	7Ⅱ 5Ⅱ	나라 안의 신하.
內室	(내실)	7Ⅱ 8	안방.
內實	(내실)	7Ⅱ 5Ⅱ	내부의 일을 알차게 처리함.
內意	(내의)	7Ⅱ 6Ⅱ	마음에 품은 뜻.
內衣	(내의)	7Ⅱ 6	속옷.
老夫	(노부)	7 7	늙은 남자.
老父	(노부)	7 8	늙은 아버지.
老相	(노상)	7 5Ⅱ	늙은 재상.
路上	(노상)	6 7Ⅱ	길바닥.
短信	(단신)	6Ⅱ 6Ⅱ	짤막하게 전하는 뉴스.
短身	(단신)	6Ⅱ 6Ⅱ	작은 키의 몸.

代價	(대가)	6Ⅱ 5Ⅱ	일을 하고 그에 대한 값으로 받는 보수.
大家	(대가)	8 7Ⅱ	전문 분야에서 뛰어나 권위를 인정받는 사람.
大界	(대계)	8 6Ⅱ	큰 세계.
大計	(대계)	8 6Ⅱ	큰 계획.
大功	(대공)	8 6Ⅱ	큰 공적.
對空	(대공)	6Ⅱ 7Ⅱ	지상에서 공중의 목표물을 상대함.
大國	(대국)	8 8	국력이 강하거나 국토가 넓은 나라.
對局	(대국)	6Ⅱ 5Ⅱ	바둑이나 장기를 마주 대하여 둠.
大同	(대동)	8 7	큰 세력이 합동함.
大東	(대동)	8 8	동방의 큰 나라. 우리나라.
大望	(대망)	8 5Ⅱ	큰 희망.
待望	(대망)	6 5Ⅱ	기다리고 바람.
大事	(대사)	8 7Ⅱ	큰일.
大使	(대사)	8 6	나라를 대표하여 다른 나라에 파견되어 외교를 맡아보는 최고 직급.
代身	(대신)	6Ⅱ 6Ⅱ	어떤 대상과 자리를 바꾸어서 구실을 하게 됨.
大臣	(대신)	8 5Ⅱ	군주 국가에서 장관을 이르는 말.
代筆	(대필)	6Ⅱ 5Ⅱ	남을 대신하여 글씨나 글을 씀.
大筆	(대필)	8 5Ⅱ	큰 붓.
大害	(대해)	8 5Ⅱ	큰 피해.
大海	(대해)	8 7Ⅱ	넓고 큰 바다.
圖上	(도상)	6Ⅱ 7Ⅱ	지도나 도면의 위.
道上	(도상)	7Ⅱ 7Ⅱ	길 위. 어떤 일이 진행되는 과정.
圖章	(도장)	6Ⅱ 6	이름을 뿔 따위에 새겨 문서에 찍도록 만든 물건.
道場	(도장)	7Ⅱ 7Ⅱ	무예를 닦는 곳.

獨子	(독자)	5Ⅱ 7Ⅱ	외아들.
獨自	(독자)	5Ⅱ 7Ⅱ	남에게 기대지 아니하는 자기 한 몸.
讀者	(독자)	6Ⅱ 6	책, 신문, 잡지 따위의 글을 읽는 사람.
同價	(동가)	7 5Ⅱ	같은 값.
同家	(동가)	7 7Ⅱ	같은 집.
同門	(동문)	7 8	같은 학교에서 수학하였거나 같은 스승에게서 배운 사람.
東門	(동문)	8 8	동쪽에 있는 문.
動産	(동산)	7Ⅱ 5Ⅱ	옮길 수 있는 재산.
東山	(동산)	8 8	동쪽에 있는 산.
同姓	(동성)	7 7Ⅱ	같은 성(姓).
同性	(동성)	7 5Ⅱ	같은 성질.
同窓	(동창)	7 6Ⅱ	한 학교에서 공부를 한 사이.
東窓	(동창)	8 6Ⅱ	동쪽으로 난 창.
動向	(동향)	7Ⅱ 6	사람들의 사고, 일의 형세 따위가 움직여 가는 방향.
東向	(동향)	8 6	동쪽으로 향함.
同化	(동화)	7 5Ⅱ	성질, 사상 따위가 다르던 것이 서로 같게 됨.
同和	(동화)	7 6Ⅱ	같이 화합함.
童話	(동화)	6Ⅱ 7Ⅱ	어린이를 위하여 지은 이야기.
萬世	(만세)	8 7Ⅱ	아주 오랜 세대.
萬歲	(만세)	8 5Ⅱ	영원히 삶.
名聞	(명문)	7Ⅱ 6Ⅱ	세상에 나 있는 좋은 소문.
名門	(명문)	7Ⅱ 8	이름 있는 집안.
名手	(명수)	7Ⅱ 7Ⅱ	기능이나 기술 따위에서 소질과 솜씨가 뛰어난 사람.
名數	(명수)	7Ⅱ 7	인원수.

名花	(명화)	7Ⅱ 7	아름답기로 이름난 꽃.
名畵	(명화)	7Ⅱ 6	아주 잘 그린 유명한 그림.
文名	(문명)	7 7Ⅱ	글을 잘하여 세상에 알려진 이름.
文明	(문명)	7 6Ⅱ	인류가 이룩한 물질적, 기술적 발전.
文臣	(문신)	7 5Ⅱ	문관(文官)인 신하.
文身	(문신)	7 6Ⅱ	살갗을 바늘로 찔러 먹물 따위로 글씨, 그림, 무늬 따위를 새김.
美文	(미문)	6 7	아름다운 글귀.
美聞	(미문)	6 6Ⅱ	좋은 일과 관련된 소문.
半價	(반가)	6Ⅱ 5Ⅱ	반값.
班家	(반가)	6Ⅱ 7Ⅱ	양반의 집안.
半旗	(반기)	6Ⅱ 7	조의를 표하기 위하여 깃봉에서 기의 한 폭만큼 내려서 다는 국기.
反旗	(반기)	6Ⅱ 7	반란을 일으킨 무리가 그 표시로 드는 기.
半信	(반신)	6Ⅱ 6Ⅱ	아주 믿지는 아니하고 반 정도만 믿음.
半身	(반신)	6Ⅱ 6Ⅱ	온몸의 절반.
發兵	(발병)	6Ⅱ 5Ⅱ	전쟁을 하기 위하여 군사를 일으킴.
發病	(발병)	6Ⅱ 6	병이 남.
發展	(발전)	6Ⅱ 5Ⅱ	더 낫고 좋은 상태나 더 높은 단계로 나아감.
發電	(발전)	6Ⅱ 7Ⅱ	전기를 일으킴.
百果	(백과)	7 6Ⅱ	온갖 과일.
百科	(백과)	7 6Ⅱ	학문의 모든 분과.
兵力	(병력)	5Ⅱ 7Ⅱ	군대의 힘.
病歷	(병력)	6 5Ⅱ	지금까지 앓은 병의 종류.
兵士	(병사)	5Ⅱ 5Ⅱ	군사(軍士).
病死	(병사)	6 6	병으로 죽음.

不動	(부동)	7Ⅱ 7Ⅱ	물건이나 몸이 움직이지 아니함.
不同	(부동)	7Ⅱ 7	서로 같지 않음.
部數	(부수)	6Ⅱ 7	신문 따위의 출판물을 세는 단위인 부(部)의 수효.
部首	(부수)	6Ⅱ 5Ⅱ	한자 자전에서 글자를 찾는 길잡이 역할을 하는 공통되는 글자의 한 부분.
部族	(부족)	6Ⅱ 6	조상, 종교 등이 같은 지역적 생활 공동체.
不足	(부족)	7Ⅱ 7Ⅱ	모자람.
四角	(사각)	8 6Ⅱ	네 개의 각.
死角	(사각)	6 6Ⅱ	어느 각도에서도 보이지 아니하는 범위.
史記	(사기)	5Ⅱ 7Ⅱ	역사적 사실을 기록한 책.
士氣	(사기)	5Ⅱ 7Ⅱ	의욕이나 자신감 따위로 충만하여 굽힐 줄 모르는 기세.
仕路	(사로)	5Ⅱ 6	벼슬길.
死路	(사로)	6 6	죽음의 길.
使命	(사명)	6 7	맡겨진 임무.
社名	(사명)	6Ⅱ 7Ⅱ	회사의 이름.
使臣	(사신)	6 5Ⅱ	임금이나 국가의 명령을 받고 외국에 사절로 가는 신하.
四神	(사신)	8 6Ⅱ	네 방향을 맡은 신. 청룡, 백호, 주작, 현무로 상징됨.
事實	(사실)	7Ⅱ 5Ⅱ	실제로 있었던 일이나 현재에 있는 일.
史實	(사실)	5Ⅱ 5Ⅱ	역사에 실제로 있는 사실(事實).
使者	(사자)	6 6	명령이나 부탁을 받고 심부름하는 사람.
死者	(사자)	6 6	죽은 사람.
事典	(사전)	7Ⅱ 5Ⅱ	여러 가지 사항을 모아 해설을 붙인 책.
事前	(사전)	7Ⅱ 7Ⅱ	일이 일어나기 전.
史前	(사전)	5Ⅱ 7Ⅱ	역사 이전 시대.
事後	(사후)	7Ⅱ 7Ⅱ	일이 끝난 뒤.

死後	(사후)	6 7Ⅱ	죽고 난 그 이후.
山水	(산수)	8 8	산과 물. 경치.
算數	(산수)	7 7	수의 성질 셈법 따위를 가르치는 학과목.
山戰	(산전)	8 6Ⅱ	산악에서의 싸움.
産前	(산전)	5Ⅱ 7Ⅱ	아이를 낳기 바로 전.
山地	(산지)	8 7	들이 적고 산이 많은 지대.
産地	(산지)	5Ⅱ 7	생산되어 나오는 곳.
産出	(산출)	5Ⅱ 7	물건을 생산하여 내거나 인물사상 따위를 냄.
算出	(산출)	7 7	계산하여 냄.
三南	(삼남)	8 8	충청도, 전라도, 경상도 세 지방을 통틀어 이르는 말.
三男	(삼남)	8 7Ⅱ	셋째 아들.
上古	(상고)	7Ⅱ 6	아주 오랜 옛날.
上告	(상고)	7Ⅱ 5Ⅱ	윗사람에게 알림.
上氣	(상기)	7Ⅱ 7Ⅱ	흥분이나 부끄러움으로 얼굴이 붉어짐.
上記	(상기)	7Ⅱ 7Ⅱ	글에서 위나 앞쪽에 어떤 내용을 적음.
商利	(상리)	5Ⅱ 6Ⅱ	장사하여 얻는 이익.
商理	(상리)	5Ⅱ 6Ⅱ	장사하는 도리나 이치.
上面	(상면)	7Ⅱ 7	윗면.
相面	(상면)	5Ⅱ 7	서로 만나서 얼굴을 마주 봄.
上半	(상반)	7Ⅱ 6Ⅱ	절반으로 나눈 것의 위쪽.
相半	(상반)	5Ⅱ 6Ⅱ	서로 절반씩 어슷비슷함.
相反	(상반)	5Ⅱ 6Ⅱ	서로 반대되거나 어긋남.
相傳	(상전)	5Ⅱ 5Ⅱ	대대로 이어져 전함.
相戰	(상전)	5Ⅱ 6Ⅱ	서로 싸우거나 말다툼함.

上品	(상품)	7Ⅱ 5Ⅱ	질이 좋은 물품.
商品	(상품)	5Ⅱ 5Ⅱ	사고 파는 물품.
書道	(서도)	6Ⅱ 7Ⅱ	글씨를 쓰는 방법.
西道	(서도)	8 7Ⅱ	황해도와 평안도를 통틀어 이르는 말.
線圖	(선도)	6Ⅱ 6Ⅱ	선으로 나타낸 그림.
鮮度	(선도)	5Ⅱ 6	생선이나 야채 따위의 신선한 정도.
先夫	(선부)	8 7	죽은 남편.
先父	(선부)	8 8	돌아가신 아버지.
仙藥	(선약)	5Ⅱ 6Ⅱ	효험이 썩 좋은 약.
先約	(선약)	8 5Ⅱ	먼저 약속함.
仙人	(선인)	5Ⅱ 8	신선.
先人	(선인)	8 8	앞선 시대의 사람.
說話	(설화)	5Ⅱ 7Ⅱ	각 민족 사이에 전승되어 오는 신화, 전설, 민담 따위를 통틀어 이르는 말.
雪花	(설화)	6Ⅱ 7	눈송이.
歲首	(세수)	5Ⅱ 5Ⅱ	한 해의 처음.
洗手	(세수)	5Ⅱ 7Ⅱ	손이나 얼굴을 씻음.
小女	(소녀)	8 8	키나 몸집이 작은 계집아이.
少女	(소녀)	7 8	아직 완전히 성숙하지 아니한 어린 계집아이.
小門	(소문)	8 8	작은 문.
所聞	(소문)	7 6Ⅱ	사람들 입에 오르내려 전하여 들리는 말.
小市	(소시)	8 7Ⅱ	자그마한 도시.
少時	(소시)	7 7Ⅱ	젊었을 때.
小臣	(소신)	8 5Ⅱ	신하가 임금을 상대하여 자기를 낮추어 이르던 말.
所信	(소신)	7 6Ⅱ	믿고 있는 바.

小失	(소실)	8 6	작은 손실.
消失	(소실)	6Ⅱ 6	사라져 없어짐.
手旗	(수기)	7Ⅱ 7	손에 쥐는 작은 기.
手記	(수기)	7Ⅱ 7Ⅱ	자기의 생활이나 체험을 직접 쓴 기록.
數理	(수리)	7 6Ⅱ	수학의 이론.
水利	(수리)	8 6Ⅱ	물을 이용하는 일.
水上	(수상)	8 7Ⅱ	물 위. 흐르는 물의 상류.
首相	(수상)	5Ⅱ 5Ⅱ	내각의 우두머리.
水石	(수석)	8 6	물과 돌.
首席	(수석)	5Ⅱ 6	등급이나 직위 따위에서 맨 윗자리.
數種	(수종)	7 5Ⅱ	몇 가지의 종류.
樹種	(수종)	6 5Ⅱ	나무의 종류.
手中	(수중)	7Ⅱ 8	손의 안.
水中	(수중)	8 8	물속.
手話	(수화)	7Ⅱ 7Ⅱ	몸짓이나 손짓으로 표현하는 의사 전달 방법.
水火	(수화)	8 8	물과 불.
順利	(순리)	5Ⅱ 6Ⅱ	이익을 좇음.
順理	(순리)	5Ⅱ 6Ⅱ	도리나 이치에 순종함.
市價	(시가)	7Ⅱ 5Ⅱ	시장에서 상품이 매매되는 가격.
時價	(시가)	7Ⅱ 5Ⅱ	일정한 시기의 물건 값.
始球	(시구)	6Ⅱ 6Ⅱ	경기 시작을 상징적으로 알리기 위하여 처음으로 공을 던지거나 치는 일.
市區	(시구)	7Ⅱ 6	행정 단위인 시와 구.
始祖	(시조)	6Ⅱ 7	한 겨레나 가계의 맨 처음이 되는 조상.
時調	(시조)	7Ⅱ 5Ⅱ	고려 말엽부터 발달하여 온 우리나라 고유의 정형시.

式事	(식사)	6 7Ⅱ	의식의 행사.
食事	(식사)	7Ⅱ 7Ⅱ	끼니로 음식을 먹음.
植樹	(식수)	7 6	나무를 심음.
食水	(식수)	7Ⅱ 8	먹는 물.
識字	(식자)	5Ⅱ 7	글이나 글자를 앎.
識者	(식자)	5Ⅱ 6	학식이 있는 사람.
式前	(식전)	6 7Ⅱ	식을 거행하기 전.
食前	(식전)	7Ⅱ 7Ⅱ	식사하기 전.
新國	(신국)	6Ⅱ 8	새로 건설된 나라.
神國	(신국)	6Ⅱ 8	신이 지배하고 통치하는 나라.
信力	(신력)	6Ⅱ 7Ⅱ	신앙이나 신념의 힘.
神力	(신력)	6Ⅱ 7Ⅱ	신의 힘.
神明	(신명)	6Ⅱ 6Ⅱ	천지(天地)의 신령.
身命	(신명)	6Ⅱ 7	몸과 목숨을 아울러 이르는 말.
新物	(신물)	6Ⅱ 7Ⅱ	새로운 물건.
神物	(신물)	6Ⅱ 7Ⅱ	신령스럽고 기묘한 물건.
新兵	(신병)	6Ⅱ 5Ⅱ	새로 입대한 병사.
神兵	(신병)	6Ⅱ 5Ⅱ	신이 보낸 군사. 강한 군사를 비유적으로 이르는 말.
身病	(신병)	6Ⅱ 6	몸에 생긴 병.
新鮮	(신선)	6Ⅱ 5Ⅱ	새롭고 산뜻함.
神仙	(신선)	6Ⅱ 5Ⅱ	도(道)를 닦아서 자연과 벗하며 산다는 상상 속의 존재.
新說	(신설)	6Ⅱ 5Ⅱ	새로운 학설이나 견해.
新雪	(신설)	6Ⅱ 6Ⅱ	새로 내려 쌓인 눈.
新人	(신인)	6Ⅱ 8	어떤 분야에 새로 등장한 사람.

神人	(신인)	6Ⅱ 8	신과 같이 신령하고 숭고한 사람.
信任	(신임)	6Ⅱ 5Ⅱ	믿고 일을 맡김.
新任	(신임)	6Ⅱ 5Ⅱ	새로 임명됨.
失禮	(실례)	6 6	말이나 행동이 예의에 벗어남.
實例	(실례)	5Ⅱ 6	실제의 보기.
實利	(실리)	5Ⅱ 6Ⅱ	실제로 얻는 이익.
實理	(실리)	5Ⅱ 6Ⅱ	실제의 이치나 도리.
失名	(실명)	6 7Ⅱ	이름이 전하지 아니하여 알 길이 없음.
失明	(실명)	6 6Ⅱ	시력을 잃어 앞을 못 보게 됨.
實名	(실명)	5Ⅱ 7Ⅱ	실제의 이름.
失手	(실수)	6 7Ⅱ	조심하지 아니하여 잘못함.
實數	(실수)	5Ⅱ 7	실제의 수효.
失業	(실업)	6 6Ⅱ	생업을 잃음.
實業	(실업)	5Ⅱ 6Ⅱ	농업 따위의 생산 경제에 관한 사업.
失意	(실의)	6 6Ⅱ	뜻이나 의욕을 잃음.
實意	(실의)	5Ⅱ 6Ⅱ	진실한 마음.
失傳	(실전)	6 5Ⅱ	고적 따위에 관련되어 전하여 오던 사실을 알 수 없게 됨.
實戰	(실전)	5Ⅱ 6Ⅱ	실제의 싸움.
失地	(실지)	6 7	빼앗겨 잃어버린 땅.
實地	(실지)	5Ⅱ 7	실제의 처지나 경우.
樂士	(악사)	6Ⅱ 5Ⅱ	악기로 음악을 연주하는 사람.
惡事	(악사)	5Ⅱ 7Ⅱ	악한 일.
惡手	(악수)	5Ⅱ 7Ⅱ	바둑이나 장기에서 잘못 두는 나쁜 수.
惡水	(악수)	5Ⅱ 8	수질이 나쁜 물.

樂人	(악인)	6Ⅱ 8	음악하는 사람.
惡人	(악인)	5Ⅱ 8	악한 사람.
夜戰	(야전)	6 6Ⅱ	야간 전투.
野戰	(야전)	6 6Ⅱ	산이나 들 따위의 야외에서 벌이는 전투.
弱國	(약국)	6Ⅱ 8	힘이 약한 나라.
藥局	(약국)	6Ⅱ 5Ⅱ	약사가 약을 조제하거나 파는 곳.
約數	(약수)	5Ⅱ 7	어떤 수나 식을 나머지 없이 나눌 수 있는 수.
藥水	(약수)	6Ⅱ 8	약효가 있는 샘물.
陽氣	(양기)	6 7Ⅱ	햇볕의 따뜻한 기운.
養氣	(양기)	5Ⅱ 7Ⅱ	심신의 기력이나 원기를 기름.
洋女	(양녀)	6 8	서양 여자.
養女	(양녀)	5Ⅱ 8	수양딸.
良識	(양식)	5Ⅱ 5Ⅱ	뛰어난 식견이나 건전한 판단.
洋式	(양식)	6 6	서양식.
洋食	(양식)	6 7Ⅱ	서양식 음식.
良人	(양인)	5Ⅱ 8	어질고 착한 사람.
洋人	(양인)	6 8	서양인.
良知	(양지)	5Ⅱ 5Ⅱ	사람이 나면서부터 가지고 있는 지능.
陽地	(양지)	6 7	볕이 바로 드는 곳.
女人	(여인)	8 8	어른이 된 여자.
旅人	(여인)	5Ⅱ 8	나그네.
力士	(역사)	7Ⅱ 5Ⅱ	뛰어나게 힘이 센 사람.
歷史	(역사)	5Ⅱ 5Ⅱ	인류 사회의 변천과 흥망의 기록.
力戰	(역전)	7Ⅱ 6Ⅱ	온 힘을 다하여 싸움.

歷戰	(역전)	5Ⅱ 6Ⅱ	이곳저곳에서 많은 전쟁을 겪음.
勇兵	(용병)	6Ⅱ 5Ⅱ	용감한 군사.
用兵	(용병)	6Ⅱ 5Ⅱ	군사를 부림.
用地	(용지)	6Ⅱ 7	어떤 일에 쓰기 위한 토지.
用紙	(용지)	6Ⅱ 7	어떤 일에 쓰는 종이.
元老	(원로)	5Ⅱ 7	한 가지 일에 오래 종사하여 경험과 공로가 많은 사람.
遠路	(원로)	6 6	먼 길.
流水	(유수)	5Ⅱ 8	흐르는 물.
有數	(유수)	7 7	손꼽을 만큼 두드러지거나 훌륭함.
有信	(유신)	7 6Ⅱ	신의가 있음.
有神	(유신)	7 6Ⅱ	신을 믿거나 신이 존재한다고 믿음.
二男	(이남)	8 7Ⅱ	둘째 아들.
以南	(이남)	5Ⅱ 8	기준으로 삼는 곳에서부터 그 남쪽.
人事	(인사)	8 7Ⅱ	마주 대하거나 헤어질 때에 예를 표함.
人士	(인사)	8 5Ⅱ	사회적 지위가 높거나 사회적 활동이 많은 사람.
人才	(인재)	8 6Ⅱ	재주가 뛰어나게 놀라운 사람.
人材	(인재)	8 5Ⅱ	학식이나 능력이 뛰어난 사람.
日氣	(일기)	8 7Ⅱ	날씨.
日記	(일기)	8 7Ⅱ	날마다 그날그날 겪은 일이나 생각, 느낌 따위를 적는 개인의 기록.
一時	(일시)	8 7Ⅱ	한때.
日時	(일시)	8 7Ⅱ	날짜와 시간을 아울러 이르는 말.
一身	(일신)	8 6Ⅱ	자기 한 몸.
日新	(일신)	8 6Ⅱ	날마다 새로워짐.
一字	(일자)	8 7	한 글자.

日子	(일자)	8 7Ⅱ	날짜.
一戰	(일전)	8 6Ⅱ	한바탕 싸움.
日前	(일전)	8 7Ⅱ	며칠 전.
一切	(일체)	8 5Ⅱ	모든 것.
一體	(일체)	8 6Ⅱ	한 몸이나 한 덩어리.
林地	(임지)	7 7	나무가 많이 자라고 있는 땅.
任地	(임지)	5Ⅱ 7	임무를 받아 근무하는 곳.
立國	(입국)	7Ⅱ 8	국력을 길러 나라를 번영하게 함.
入國	(입국)	7 8	자기 나라 또는 남의 나라 안으로 들어감.
入手	(입수)	7 7Ⅱ	손에 넣음.
入水	(입수)	7 8	물에 들어감.
立身	(입신)	7Ⅱ 6Ⅱ	세상에서 떳떳한 자리를 차지하고 지위를 확고하게 세움.
入神	(입신)	7 6Ⅱ	기술 따위가 매우 뛰어나 신과 같은 경지에 이름.
立場	(입장)	7Ⅱ 7Ⅱ	당면하고 있는 상황.
入場	(입장)	7 7Ⅱ	장내(場內)로 들어가는 것.
自信	(자신)	7Ⅱ 6Ⅱ	어떤 일을 해낼 수 있다고 스스로 굳게 믿음.
自身	(자신)	7Ⅱ 6Ⅱ	자기 또는 자기의 몸.
前功	(전공)	7Ⅱ 6Ⅱ	이전에 세운 공로나 공적.
戰功	(전공)	6Ⅱ 6Ⅱ	전투에서 세운 공로.
全課	(전과)	7Ⅱ 5Ⅱ	모든 과.
前科	(전과)	7Ⅱ 6Ⅱ	이전에 죄를 범하여 받은 형벌의 전력.
前過	(전과)	7Ⅱ 5Ⅱ	이전에 저지른 잘못이나 죄.
戰果	(전과)	6Ⅱ 6Ⅱ	전투나 경기 따위에서 올린 성과.
傳記	(전기)	5Ⅱ 7Ⅱ	한 사람의 일생 동안의 행적을 적은 기록.

戰記	(전기)	6Ⅱ 7Ⅱ	전쟁이나 전투에 대하여 쓴 기록이나 글.
電氣	(전기)	7Ⅱ 7Ⅱ	전자나 이온들의 움직임 때문에 생기는 에너지의 한 형태.
傳道	(전도)	5Ⅱ 7Ⅱ	도리를 세상에 널리 알림.
全圖	(전도)	7Ⅱ 6Ⅱ	전체를 그린 그림이나 지도.
全道	(전도)	7Ⅱ 7Ⅱ	한 도의 전체.
全力	(전력)	7Ⅱ 7Ⅱ	모든 힘.
前歷	(전력)	7Ⅱ 5Ⅱ	과거의 경력.
戰力	(전력)	6Ⅱ 7Ⅱ	전투나 경기 따위를 할 수 있는 능력.
電力	(전력)	7Ⅱ 7Ⅱ	전류가 단위 시간에 사용되는 양.
典禮	(전례)	5Ⅱ 6	왕실이나 나라에서 경사나 상사가 났을 때 행하는 의식.
前例	(전례)	7Ⅱ 6	이전부터 있었던 사례.
全面	(전면)	7Ⅱ 7	모든 면.
前面	(전면)	7Ⅱ 7	앞면.
傳聞	(전문)	5Ⅱ 6Ⅱ	다른 사람을 통하여 전하여 들음.
全文	(전문)	7Ⅱ 7	어떤 글에서 한 부분도 빠지거나 빼지 아니한 전체.
前文	(전문)	7Ⅱ 7	한 편의 글에서 앞부분에 해당하는 글.
全史	(전사)	7Ⅱ 5Ⅱ	모든 분야를 다 포괄하는 전체의 역사.
前事	(전사)	7Ⅱ 7Ⅱ	앞서 있었던 일.
前史	(전사)	7Ⅱ 5Ⅱ	이전의 역사.
戰史	(전사)	6Ⅱ 5Ⅱ	전쟁의 역사.
戰士	(전사)	6Ⅱ 5Ⅱ	전투하는 군사.
戰死	(전사)	6Ⅱ 6	싸움터에서 싸우다가 죽음.
前線	(전선)	7Ⅱ 6Ⅱ	직접 뛰어든 일정한 활동 분야.
戰線	(전선)	6Ⅱ 6Ⅱ	전투가 벌어지는 지역을 가상적으로 연결한 선.

電線	(전선)	7Ⅱ 6Ⅱ	전류가 흐르는 선.
全勝	(전승)	7Ⅱ 6	모두 이김.
戰勝	(전승)	6Ⅱ 6	전쟁이나 경기 따위에서 싸워 이김.
全身	(전신)	7Ⅱ 6Ⅱ	온몸.
前身	(전신)	7Ⅱ 6Ⅱ	신분, 단체, 회사 따위의 바뀌기 전의 본체.
電信	(전신)	7Ⅱ 6Ⅱ	문자나 숫자를 전기 신호로 바꾸어 전파나 전류로 보내는 통신.
全日	(전일)	7Ⅱ 8	하루 종일.
前日	(전일)	7Ⅱ 8	전날.
戰火	(전화)	6Ⅱ 8	전쟁.
電話	(전화)	7Ⅱ 7Ⅱ	전화기를 이용하여 말을 주고받음.
前後	(전후)	7Ⅱ 7Ⅱ	앞뒤.
戰後	(전후)	6Ⅱ 7Ⅱ	전쟁이 끝난 뒤.
定價	(정가)	6 5Ⅱ	상품에 매긴 값.
情歌	(정가)	5Ⅱ 7	사랑을 읊은 노래.
定立	(정립)	6 7Ⅱ	정하여 세움.
正立	(정립)	7Ⅱ 7Ⅱ	바로 세움.
情事	(정사)	5Ⅱ 7Ⅱ	남녀 사이의 사랑에 관한 일.
正史	(정사)	7Ⅱ 5Ⅱ	정확한 사실의 역사.
定食	(정식)	6 7Ⅱ	식당에서 일정한 값을 정하여 놓고 파는 일정한 음식.
正式	(정식)	7Ⅱ 6	정당한 격식이나 의식.
弟子	(제자)	8 7Ⅱ	스승으로부터 가르침을 받거나 받은 사람.
題字	(제자)	6Ⅱ 7	서적의 머리나 족자, 비석 따위에 쓴 글자.
晝間	(주간)	6 7Ⅱ	먼동이 터서 해가 지기 전까지의 동안.
週間	(주간)	5Ⅱ 7Ⅱ	월요일부터 일요일까지 한 주일 동안.

中心	(중심)	8 7	사물의 한가운데.
重心	(중심)	7 7	무게 중심.
地區	(지구)	7 6	일정한 기준에 따라 여럿으로 나눈 땅의 한 구획.
地球	(지구)	7 6Ⅱ	태양에서 세 번째로 가까운 행성. 인류가 사는 천체.
地氣	(지기)	7 7Ⅱ	토양 속의 공기.
知己	(지기)	5Ⅱ 5Ⅱ	자기를 알아주는 벗, 친한 벗.
地力	(지력)	7 7Ⅱ	농작물을 길러 낼 수 있는 땅의 힘.
知力	(지력)	5Ⅱ 7Ⅱ	지식의 힘.
地利	(지리)	7 6Ⅱ	땅의 형세에 따라 얻는 이로움.
地理	(지리)	7 6Ⅱ	어떤 곳의 지형이나 길 따위의 형편.
地面	(지면)	7 7	땅바닥.
紙面	(지면)	7 7	종이의 겉면. 기사나 글이 실리는 인쇄물의 면.
地上	(지상)	7 7Ⅱ	땅의 위. 이 세상.
紙上	(지상)	7 7Ⅱ	종이의 위. 신문의 지면.
地質	(지질)	7 5Ⅱ	땅의 성질 또는 상태.
紙質	(지질)	7 5Ⅱ	종이의 품질.
天意	(천의)	7 6Ⅱ	하늘의 뜻.
天衣	(천의)	7 6	천인(天人)이나 선녀의 옷.
天醫	(천의)	7 6	의술이 능하고 덕망이 높은 의사.
清算	(청산)	6Ⅱ 7	서로 간에 채무·채권 관계를 셈하여 깨끗이 해결함.
青山	(청산)	8 8	풀과 나무가 무성한 푸른 산.
清川	(청천)	6Ⅱ 7	맑은 물이 흐르는 강.
青天	(청천)	8 7	푸른 하늘.
出典	(출전)	7 5Ⅱ	인용한 글이나 고사(故事), 성어(成語) 따위의 출처가 되는 서적.

出戰	(출전)	7 6Ⅱ	싸우러 나감.
親交	(친교)	6 6	친밀하게 사귐.
親敎	(친교)	6 8	부모의 가르침.
洞觀	(통관)	7 5Ⅱ	꿰뚫어 환히 살핌.
通關	(통관)	6 5Ⅱ	관세법의 규정에 따라, 화물 수출입의 허가를 받고 세관을 통과하는 일.
下手	(하수)	7Ⅱ 7Ⅱ	낮은 재주나 솜씨를 가진 사람.
下水	(하수)	7Ⅱ 8	빗물이나 집, 공장 등에서 쓰고 버리는 더러운 물.
下意	(하의)	7Ⅱ 6Ⅱ	아랫사람의 뜻.
下衣	(하의)	7Ⅱ 6	몸의 아랫도리에 입는 옷.
學力	(학력)	8 7Ⅱ	교육을 통하여 얻은 지식이나 기술 따위의 능력.
學歷	(학력)	8 5Ⅱ	학교를 다닌 경력.
韓式	(한식)	8 6	우리나라 고유의 양식.
韓食	(한식)	8 7Ⅱ	우리나라 고유의 음식이나 식사.
漢語	(한어)	7Ⅱ 7	중국 한족(漢族)이 쓰는 언어.
韓語	(한어)	8 7	한국어.
合兵	(합병)	6 5Ⅱ	둘 이상의 부대를 합쳐서 한 부대로 편성함.
合病	(합병)	6 6	하나의 질병에 그와 관련이 있는 다른 병이 겹쳐서 생김.
現今	(현금)	6Ⅱ 6Ⅱ	바로 지금.
現金	(현금)	6Ⅱ 8	정부나 중앙은행에서 발행하는 지폐나 주화.
和約	(화약)	6Ⅱ 5Ⅱ	화목하게 지내자는 약속.
火藥	(화약)	8 6Ⅱ	열 따위의 자극으로 분해 반응 등을 일으켜 폭발 작용을 하는 화합물.
話題	(화제)	7Ⅱ 6Ⅱ	이야기의 제목.
畵題	(화제)	6 6Ⅱ	그림의 제목.
會場	(회장)	6Ⅱ 7Ⅱ	모임을 가지는 곳.

부록 Ⅰ

會長	(회장)	6Ⅱ 8	모임을 대표하고 모임의 일을 총괄하는 사람.
後聞	(후문)	7Ⅱ 6Ⅱ	어떤 일에 관한 뒷말.
後門	(후문)	7Ⅱ 8	뒷문.
休戰	(휴전)	7 6Ⅱ	교전국이 서로 합의하여, 전쟁을 얼마 동안 멈추는 일.
休電	(휴전)	7 7Ⅱ	전기 공급을 일시적으로 중단함.

약자(略字)

基本字	級	略字	基本字	級	略字	基本字	級	略字
價	5Ⅱ	価	來	7	来	定	6	㝎
區	6	区	禮	6	礼	晝	6	昼
國	8	国	發	6Ⅱ	発	體	6Ⅱ	体
氣	7Ⅱ	気	數	7	数	學	8	学
對	6Ⅱ	対	藥	6Ⅱ	薬	號	6	号
圖	6Ⅱ	図	醫	6	医	畫	6	画
讀	6Ⅱ	読	者	6	者	會	6Ⅱ	会
樂	6Ⅱ	楽	戰	6Ⅱ	战, 戦			

漢字

(사) 한국어문회 주관 / 한국한자능력검정회 시행

부록 Ⅱ

최근 기출 & 실전문제

漢字能力檢定試驗

제93회 5급Ⅱ 기출문제 (2021. 07. 10 시행)

(社)한국어문회 주관 · 한국한자능력검정회 시행

다음 밑줄 친 漢字語의 讀音을 쓰세요. (1~35)

○ 가장 한국적인 것으로 (1)世界화할 수 있는 (2)文化 (3)商品이 탄생했지만 (4)不足한 점이 있었습니다. 〈생활의 길잡이 4〉

○ 과소비와 사치는 국가와 사회에 커다란 (5)害惡을 끼친다.

○ 과학자들은 인류의 미래를 (6)樂觀적으로 전망한다.

○ 교통안전(7)公團에서는 교통사고의 예방과 관련한 업무를 한다.

○ 남북이 한 (8)民族이라는 생각을 가지고 서로 힘을 합쳐 (9)平和적으로 통일을 이루기 위해 노력해야 해요. 〈도덕 4〉

○ 장군은 병사들의 (10)勞苦를 칭찬했다.

○ (11)當時 시행되고 있던, (12)人種에 따라 버스 좌석을 달리하는 제도에 저항하기 위해 버스 타지 않기 (13)運動과 같은 비폭력 활동을 (14)展開하였다. 〈사회 6〉

○ 도마뱀은 괴상해 보여도 (15)溫順한 동물이다.

○ 두 사람은 올가을에 결혼하기로 (16)言約했다.

○ 반장이 부반장과 학생회장 선거에서 (17)對決을 벌였다.

○ 병호는 (18)親友들의 도움으로 역경을 이겨냈다.

○ 섬진강에서 연어를 (19)放流하는 행사가 열린다.

○ 이 지방의 대표적 (20)産物은 참외이다.

○ 스트레스는 (21)萬病의 근원이다.

○ 시와 음악을 즐기는 (22)歌客들이 주로 이 정자를 찾았다.

○ 실생활에 (23)必要한 학문을 연구하였는데, 이를 (24)實學이라고 한다. 〈사회 5〉

○ 아이들과 놀이를 할 때에는 재미를 (25)念頭에 두어야 한다.

○ (26)女性이 참정권을 가지고 그들의 (27)代表者를 뽑는 일에 참여하기 (28)始作한 것은 백년이 조금 넘었습니다. 〈국어 5〉

○ 우리 학교는 (29)歷史적 전통이 깊다.

○ 의병 활동은 (30)獨立운동의 모태가 되었다.

○ 인류는 농사를 짓기 시작하면서 (31)定着 생활을 했다.

○ 일시적인 (32)便法으로는 문제가 해결되지 않는다.

○ (33)店主는 단골 고객 확보에 주력하였다.

○ 톨게이트를 (34)通過한 차량들이 다시 속도를 내기 시작했다.

○ 흥부 내외가 톱으로 박을 타자 (35)金銀보화가 쏟아져 나왔다.

다음 漢字의 訓과 音을 쓰세요. (36~58)

(36) 州	(37) 凶	(38) 仕
(39) 集	(40) 充	(41) 仙
(42) 基	(43) 洗	(44) 陸
(45) 英	(46) 朗	(47) 切
(48) 節	(49) 福	(50) 識
(51) 別	(52) 材	(53) 偉
(54) 德	(55) 油	(56) 養
(57) 效	(58) 合	

다음 訓과 音을 가진 漢字를 쓰세요. (59~63)

(59) 어제 작

(60) 살필 성 | 덜 생

(61) 다행 행

(62) 한가지 공

(63) 다스릴 리

다음 漢字의 약자(略字: 획수를 줄인 漢字)를 쓰세요. (64~66)

(64) 戰

(65) 體

(66) 會

다음 밑줄 친 漢字와 뜻이 반대(또는 상대)되는 漢字를 〈보기〉에서 찾아 그 번호를 쓰세요. (67~69)

[예]

① 目	② 晝	③ 朝	④ 死
⑤ 結	⑥ 雪	⑦ 己	⑧ 洋

(67) 그 일을 마치려면 ( )夜로 꼬박 이틀을 매달려야 한다.

(68) 우리는 生( )와 고락을 함께 한 전우이다.

(69) 효동이는 할머니께 ( )夕으로 문안을 드렸다.

다음 漢字와 뜻이 같거나 비슷한 漢字를 〈보기〉에서 찾아 그 번호를 쓰세요. (70~72)

[예]

① 宅	② 練	③ 臣	④ 任
⑤ 兒	⑥ 黃	⑦ 速	⑧ 財

(70) 우리 제품은 영하 50도로 急( ) 냉동을 해 보관한다.

(71) 조카 생일 선물로 ( )童복 한 벌을 샀다.

(72) 그 일은 우리가 마땅히 責( )을 져야 할 일이다.

다음 제시한 뜻을 가진 同音語를 〈보기〉에서 찾아 그 번호를 쓰세요. (73~75)

[예]

① 鮮度	② 口傳	③ 手相
④ 球電	⑤ 首席	⑥ 先到

(73) 舊典 – ( ) : 말로 전하여 내려옴.

(74) 線圖 – ( ) : 생선이나 야채 따위의 신선한 정도.

(75) 樹石 – ( ) : 등급이나 직위 따위에서 맨 윗자리.

다음 뜻에 맞는 漢字語를 〈보기〉에서 찾아 그 번호를 쓰세요. (76~78)

[예]

① 良書	② 旅行	③ 筆答
④ 高調	⑤ 歲月	⑥ 類例

(76) 내용이 좋은 책.

(77) 같거나 비슷한 예.

(78) 글로 써서 대답함.

다음 뜻을 가진 사자성어가 되도록 ( ) 안에 들어갈 적절한 漢字語를 〈보기〉에서 찾아 그 번호를 쓰세요. (79~82)

[예]

① 雲	② 局	③ 能	④ 路
⑤ 來	⑥ 廣	⑦ 前	⑧ 多

(79) 門( )成市 : 집 문 앞이 시장을 이루다시피 함.

(80) 能小( )大 : 모든 일에 두루 능함.

(81) ( )情多感 : 정이 많고 감정이 풍부함.

(82) 自古以( ) : 예로부터 지금까지의 동안.

다음 문장의 밑줄 친 漢字語를 漢字로 쓰세요. (83~97)

(83) 아버지는 3대째 <u>가업</u>을 이어받아 옹기를 만드신다.

(84) 기상청은 <u>남부</u> 지방에 태풍 주의보를 발효했다.

(85) 도인이 <u>도술</u>을 부려 솔개로 변신했다.

(86) 시골에서는 태양을 <u>이용</u>해 주택 난방을 한다.

(87) 어떤 경우든 자기 생각을 <u>명백</u>히 밝히는 게 좋다.

(88) 오늘의 만남을 <u>소중</u>하게 기억하겠다.

(89) 피해를 당한 이재민들에게 <u>용기</u>와 희망을 주고 싶다.

(90) 평소 안전사고에 각별히 주의해야 한다.

(91) 강릉에서 출발한 버스가 서울에는 6시에 도착한다.

(92) 비옥한 토지에는 농작물이 잘 자란다.

(93) 바람의 언덕에 거대한 풍차가 서있다.

(94) 완도 앞바다는 다시마나 미역 같은 해초가 많이 난다.

(95) 자기 분수에 맞는 소비 생활을 해 나가도록 하자.

(96) 뜻밖에 철수와 마주쳐 내심 부끄러웠다.

(97) 선생님께서 칠판에 커다란 삼각뿔 모양의 도형을 그리셨다.

다음 漢字의 짙게 표시한 획은 몇 번째 쓰는 획인지 〈보기〉에서 골라 그 번호를 쓰세요. (98~100)

[예]

① 첫 번째 ② 두 번째 ③ 세 번째
④ 네 번째 ⑤ 다섯 번째 ⑥ 여섯 번째
⑦ 일곱 번째 ⑧ 여덟 번째

(98) 

(99) 

(100) 

부록 Ⅱ

제94회 5급Ⅱ 기출문제 (2021. 09. 11 시행)

漢字能力檢定試驗

㈔한국어문회 주관 · 한국한자능력검정회 시행

다음 밑줄 친 漢字語의 讀音을 쓰세요. (1~35)

○ 날씨가 추우면 (1)洗手를 하기 싫다는 (2)親舊의 이야기에 교실이 웃음바다가 되었다. (생활의 길잡이 1)

○ 빗길에서 (3)過速은 위험합니다.

○ 자식이 (4)幸福하게 살기를 (5)所望하는 것이 부모의 마음입니다.

○ 바른 자세로 인사하는 (6)方法을 배워 (7)練習하여 봅시다. (바른생활 1)

○ 요즘 날씨가 (8)變德을 부려 우산을 챙기는 것이 좋습니다.

○ 각 (9)分野의 (10)元老들이 한 자리에 모였습니다.

○ 책은 인류 (11)文化의 (12)財産입니다.

○ 논에서 (13)雨衣를 입은 농부가 일하고 있습니다.

○ 우리 사회에 남아 있는 식민주의 (14)史觀을 경계해야 합니다.

○ 그는 (15)自筆로 (16)獨立이라고 쓴 태극기를 꺼내어 펼쳤습니다.

○ 처마는 햇빛의 양을 (17)調節하는 데도 (18)效果가 있습니다. (과학 6)

○ 길이 막혀 (19)約束보다 두 시간이나 늦게 (20)到着하였습니다.

○ 새 옷을 저렴한 (21)價格으로 샀습니다.

○ 학교 앞의 횡단보도는 (22)兒童이 많이 이용하기 때문에 운전자들은 (23)特別히 (24)注意해야 합니다.

○ 이런 (25)種類의 문학 (26)作品은 따뜻한 (27)人情을 느끼게 합니다.

○ 오후에 (28)當番인 조가 다른 조와 (29)交代하였습니다.

○ 국제 경기를 앞두고 국가 대표 선수들은 (30)強度 높은 (31)合宿 훈련에 들어갔습니다.

○ 이 가게에서는 (32)新鮮한 야채를 팝니다.

○ 그는 지금까지 남에게 (33)責任을 미룬 적이 없습니다.

○ 이번 일에 어떠한 (34)決定을 내리든 (35)相關을 하지 않겠습니다.

다음 漢字의 訓과 音을 쓰세요. (36~58)

(36) 質 (37) 具 (38) 養
(39) 實 (40) 仕 (41) 己
(42) 朗 (43) 團 (44) 兵
(45) 順 (46) 充 (47) 友
(48) 宅 (49) 必 (50) 廣
(51) 敬 (52) 州 (53) 展
(54) 念 (55) 歷 (56) 奉
(57) 歲 (58) 店

다음 訓과 音을 가진 漢字를 쓰세요. (59~63)

(59) 재주 재 (60) 한가지 공
(61) 줄 선 (62) 날랠 용
(63) 창 창

다음 漢字의 약자(略字: 획수를 줄인 글자)를 쓰세요. (64~66)

(64) 對 (65) 氣 (66) 樂

다음 ( ) 안에 밑줄 친 漢字와 뜻이 반대 또는 상대되는 글자를 〈보기〉에서 찾아 그 번호를 쓰세요. (67~69)

[예]

① 短 ② 社 ③ 遠 ④ 太
⑤ 使 ⑥ 始 ⑦ 長 ⑧ 多

(67) 많은 사람이 그를 만나기 위해서 ( )近에서 달려왔다.

(68) 밤샘 협상 끝에 勞( )는 서로 합의했다.

(69) ( )少의 차이는 있지만 지금은 모두 어려운 상황이다.

다음 ( ) 안에 밑줄 친 漢字와 뜻이 같거나 비슷한 漢字를 〈보기〉에서 찾아 그 번호를 쓰세요. (70~72)

[예]

① 待	② 洋	③ 旅	④ 業
⑤ 仙	⑥ 偉	⑦ 活	⑧ 主

(70) 부모님의 사랑은 ( )大합니다.

(71) 우리나라는 삼면이 바다로 둘러싸여 있어 海( )산업이 발달했다.

(72) 섬으로 피서를 떠나는 사람들이 많아서인지 배 안은 ( )客들로 붐볐다.

다음 제시한 뜻을 가진 同音語를 〈보기〉에서 찾아 그 번호를 쓰세요. (73~75)

[예]

① 週間	② 前聞	③ 苦言
④ 傳聞	⑤ 朝間	⑥ 古典

(73) 苦戰 – ( ) : 옛날의 서적이나 작품.

(74) 前門 – ( ) : 다른 사람을 통해 전하여 들음.

(75) 晝間 – ( ) : 월요일부터 일요일까지 한 주일 동안.

다음 뜻에 맞는 漢字語를 〈보기〉에서 찾아 그 번호를 쓰세요. (76~78)

[예]

① 雲集	② 害惡	③ 弱小
④ 會中	⑤ 首席	⑥ 等級

(76) 등급이나 직위 따위에서 맨 윗자리.

(77) 해가 되는 나쁜 일.

(78) 구름처럼 모인다는 뜻으로, 많은 사람이 모여듦을 이르는 말.

다음 四字成語의 ( ) 속에 알맞은 글자를 〈보기〉에서 찾아, 그 번호를 쓰세요. (79~82)

[예]

① 在	② 知	③ 流	④ 士
⑤ 花	⑥ 村	⑦ 綠	⑧ 電

(79) ( )農工商 : 예전에 백성을 나누던 네 가지 계급. 선비, 농부, 공장, 상인을 이르던 말.

(80) 草( )同色 : 이름은 다르나 따지고 보면 한 가지 것이라는 말.

(81) 靑山( )水 : 푸른 산에 흐르는 물이라는 뜻으로, 막힘없이 썩 잘하는 말을 비유적으로 이르는 말.

(82) 生面不( ) : 서로 한 번도 만난 적이 없어서 전혀 알지 못하는 사람.

다음 밑줄 친 단어를 漢字로 쓰세요. (83~97)

(83) 회사 건물에는 넓은 직원 <u>식당</u>이 갖추어져 있습니다.

(84) 아버지는 매사에 빈틈이 없으십니다.
(85) 비로소 명백한 사실이 밝혀졌습니다.
(86) 외출 후에 집에 들어오면 손을 깨끗이 씻어야 합니다.
(87) 이해하기 어려운 용어나 내용은 보충 설명이 필요합니다.
(88) 우리 학교는 운동 시설이 잘 갖춰져 있습니다.
(89) 이번에는 당선이 유력합니다.
(90) 우리 집은 조상 대대로 이 동네에서 살아왔습니다.
(91) 과거의 잘못에 대해 깊이 반성을 했습니다.
(92) 이 지역의 풍토에 맞게 농사를 지어야 합니다.
(93) 방화 행위는 확실히 근절되어야 합니다.
(94) 한글 표기로 적되 맞춤법에 어긋나지 않도록 주의해야 합니다.
(95) 폭력적인 수단을 사용해서는 평화를 이룰 수 없습니다.
(96) 그 외국인은 한국어의 발음이 비교적 정확합니다.
(97) 세계적으로 유명한 사업가들은 저마다 성공의 비결을 가지고 있습니다.

다음 漢字의 짙게 표시한 획은 몇 번째 쓰는 획인지 〈보기〉에서 골라 그 번호를 쓰세요. (98~100)

[예]

① 첫 번째	② 두 번째	③ 세 번째
④ 네 번째	⑤ 다섯 번째	⑥ 여섯 번째
⑦ 일곱 번째	⑧ 여덟 번째	⑨ 아홉 번째
⑩ 열 번째	⑪ 열한 번째	

(98) 死　(99) 淸　(100) 理

제95회 5급Ⅱ 기출문제 (2021. 11. 20 시행)

漢字能力檢定試驗

㈔한국어문회 주관 · 한국한자능력검정회 시행

다음 밑줄 친 漢字語의 讀音을 쓰세요. (1~35)

○ 겉멋보다는 (1)內實있는 생활을 하여야 한다.

○ 경찰은 법규 위반 차량을 철저히 (2)團束하기로 하였다.

○ 경찰이 그 사건 (3)來歷을 조사하기 시작했다.

○ 고유어는 우리말의 (4)基本 바탕을 이루고 있기 때문에 우리나라 사람들은 이 고유어에 대하여 (5)特別한 (6)愛情을 가지고 있다. 〈국어 6〉

○ 고체, 액체, (7)氣體의 성질을 알아보고 우리 주위의 (8)物質을 (9)分類해 봅시다. 〈과학 3〉

○ 국회는 국가의 예산과 (10)決算을 결정한다.

○ 내일 아침 기온이 0도 (11)以下로 떨어질 것이라는 일기예보가 있었다.

○ 연구소에서 새로운 감자 (12)種子를 개발했다.

○ 늙으신 부모님을 잘 (13)奉養하는 것은 우리나라의 미풍이다.

○ 이번 일은 아직 (14)着手를 안 한 상태다.

○ 대부분의 아랍 국가는 (15)産油國이다.

○ 도로변에 꽃을 심어 도시 (16)美觀을 아름답게 꾸몄다.

○ 문자가 없던 (17)上古 시대에는 어떻게 기록을 남길 수 있었을까?

○ 바람의 (18)方向은 바람이 불어오는 쪽의 방위로 나타내고 화살표 (19)記號로 표시합니다. 〈과학 3〉

○ 비가 오자 동생은 노란색 (20)雨衣를 입고 나갔다.

○ 수많은 (21)道德 중에서 국민이라면 꼭 지켜야 할 (22)重要한 것들을 뽑아서 만든 것이 바로 법입니다. 〈생활의 길잡이 6〉

○ 오늘 장에 나가 사야할 (23)品目을 하나하나 적었다.

○ (24)偉人들은 독서를 통하여 세상을 보는 눈과 진리를 깨우칠 수 있었으며 세상을 (25)變化시킬 수 있었습니다. 〈국어 4〉

○ 휴대폰을 2년 동안 사용하기로 (26)約定했다.

○ (27)立法, 사법, 행정의 삼권 분립은 권력의 독점을 막을 수 있다.

○ 장돌뱅이들은 (28)每週 장을 돌면서 장사를 하였다.

○ 올해는 장마가 길어 채소 (29)價格이 폭등했다.

○ 쟁쟁한 논객들이 모여들어 (30)時局을 논하였다.

○ 질병을 조기에 (31)發見하면 치료가 쉽다.

○ 최근 농촌의 부족한 일손은 외국인 노동자로 (32)充當하고 있다.

○ 친구는 농담을 자주 하지만 전혀 (33)惡意는 없다.

○ 할머니는 손녀가 하늘에서 내려온 (34)仙女처럼 어여쁘다며 자랑하신다.

○ 허균은 〈홍길동전〉의 (35)作者이다.

다음 漢字의 訓과 音을 쓰세요. (36~58)

(36) 陽	(37) 友	(38) 州
(39) 獨	(40) 宿	(41) 凶
(42) 元	(43) 結	(44) 必
(45) 的	(46) 兒	(47) 效
(48) 宅	(49) 任	(50) 首

(51) 卒　(52) 流　(53) 廣

(54) 說　(55) 親　(56) 兵

(57) 展　(58) 材

다음 訓과 音을 가진 漢字를 쓰세요. (59~63)

(59) 눈 설

(60) 화할 화

(61) 마을 촌

(62) 들을 문

(63) 날랠 용

다음 漢字의 약자(略字 : 획수를 줄인 漢字)를 쓰세요. (64~66)

(64) 對

(65) 萬

(66) 會

다음 밑줄 친 漢字와 뜻이 반대(또는 상대)되는 漢字를 쓰세요. (67~69)

[예]				
	① 臣	② 性	③ 朗	④ 天
	⑤ 角	⑥ 主	⑦ 害	⑧ 番

(67) 함박눈이 내려 ( )地가 온통 하얗게 되었다.

(68) 이 일은 두 사람 사이의 利( )가 얽혀있는 문제다.

(69) 도둑놈이 오히려 호통을 치고 있으니 마치 ( )客이 뒤바뀐 것이 아닌가.

다음 漢字와 뜻이 같거나 비슷한 漢字를 〈보기〉에서 찾아 그 번호를 쓰세요. (70~72)

[예]

① 黃	② 便	③ 章	④ 綠
⑤ 勝	⑥ 筆	⑦ 節	⑧ 習

(70) 노래 練( )을 많이 했더니 목이 잠겼다.

(71) 어머니의 품처럼 ( )安한 곳은 없을 것이다.

(72) 한여름 산줄기는 온통 靑( )의 바다 같다.

다음 제시한 漢字語와 뜻에 맞는 同音語를 〈보기〉에서 찾아 그 번호를 쓰세요. (73~75)

[예]

① 死戰	② 空老	③ 先到
④ 線圖	⑤ 功勞	⑥ 事典

(73) 公路 - (　　) : 목적을 이룬 결과로서의 공적.

(74) 史前 - (　　) : 여러 가지 사항을 모아 해설을 붙인 책.

(75) 鮮度 - (　　) : 선으로 나타낸 그림.

다음 뜻에 맞는 漢字語를 〈보기〉에서 찾아 그 번호를 쓰세요. (76~78)

[예]

① 社交	② 責望	③ 念頭
④ 午夜	⑤ 米商	⑥ 消日

(76) 쌀장사.

(77) 여러 사람이 모여 서로 사귐.

(78) 하는 일 없이 세월을 보냄.

다음 뜻을 가진 성어가 되도록 ( ) 안에 들어갈 적절한 漢字語를 〈보기〉에서 찾아 그 번호를 쓰세요. (79~82)

[예]

① 良	② 長	③ 遠	④ 順
⑤ 雲	⑥ 福	⑦ 知	⑧ 多

(79) 不( )千里 : 천 리 길도 멀다고 여기지 않음.

(80) 十年( )己 : 오래전부터 친히 사귀어 잘 아는 사람.

(81) ( )藥苦口 : 병에 이로운 좋은 약은 입에 씀.

(82) 教學相( ) : 가르치고 배우면서 서로 성장함.

다음 문장의 밑줄 친 漢字語를 漢字로 쓰세요. (83~97)

(83) 3대째 <u>가업</u>인 농장을 삼촌이 경영하기로 했다.

(84) 아직도 <u>남부</u> 지방은 늦더위가 한창이다.

(85) 과거 시험은 인재를 등용하는 관문이었다.

(86) 철수가 범인이 아니라는 명백한 증거가 있다.

(87) 영희는 공부는 못하는 반면에 운동은 잘한다.

(88) 가수의 생명은 가창력이다.

(89) 나이 들수록 적절한 근력 운동을 하는 것이 좋다.

(90) LED 전구로 바꾸었더니 방이 훨씬 밝아졌다.

(91) 휴대폰을 내려놓고 공부에만 집중했다.

(92) 설과 추석은 온 가족이 모일 수 있는 명절이다.

(93) 감정을 숨기지 말고 솔직하게 표현해 보아라.

(94) 그 정치가는 뛰어난 화술로 많은 사람들을 속였다.

(95) 이모는 삼십 대 후반인데도 이십 대처럼 보인다.

(96) 공기를 주입하자 풍선이 다시 빵빵해졌다.

(97) 나는 어머니가 해주시는 음식이 제일 맛있다.

다음 漢字의 짙게 표시한 획은 몇 번째 쓰는 획인지 〈보기〉에서 골라 그 번호를 쓰세요. (98~100)

[예]

① 첫 번째 ② 두 번째 ③ 세 번째
④ 네 번째 ⑤ 다섯 번째

(98) 

(99) 

(100) 

제96회 5급Ⅱ 기출문제 (2022. 02. 26 시행)

漢字能力檢定試驗

㈳한국어문회 주관 · 한국한자능력검정회 시행

다음 밑줄 친 漢字語의 讀音을 쓰세요. (1~35)

○ 진정으로 (1)自己 잘못을 반성하는 사람이야말로 성숙한 (2)人格으로 거듭날 수 있습니다. (도덕 5)

○ 법은 국가라는 공동체의 규범이지만 규범에는 법 (3)以外에 (4)道德도 있습니다. (생활의 길잡이 6)

○ 그는 지도자가 될 자격이 (5)充分합니다.

○ 이 연구의 (6)目的은 난치병 치료에 있습니다.

○ 기업은 사람들에게 필요한 좋은 (7)商品을 만들어 팔고, 또 회사를 알리는 (8)廣告와 질 좋은 서비스를 하여 이윤을 높입니다. (사회 4)

○ 정직은 그들의 (9)友情을 더욱 다져 주었습니다.

○ 그는 (10)性質이 조금 급한 편입니다.

○ (11)團結하면 큰 힘이 생겨 이길 수 있습니다.

○ 경국대전은 (12)朝鮮의 최고 (13)法典으로 백성을 다스리는 데 (14)基本이 되었으며 사회 질서를 유지하는 데에도 (15)重要한 역할을 하였습니다. (사회 5)

○ 이순신 장군은 거북선을 만들고 (16)兵士들을 잘 (17)訓練시키면서 준비하였기 때문에 (18)勝利할 수 있었습니다. (생활의 길잡이 2)

○ 우리는 (19)庭園이 있는 집으로 이사를 갑니다.

○ 이곳은 앞이 탁 트여 (20)展望이 좋습니다.

○ 인터넷은 어떻게 (21)使用하느냐에 따라 우리의 삶이 (22)幸福하게 될 수도 있고 불행하게 될 수도 있습니다. (도덕 4)

○ 지금 (23)書店에서는 창립 (24)記念으로 할인 판매를 하고 있습니다.

○ (25)美術 시간에 여러 교사가 수업을 (26)參觀하였습니다.

○ 항상 곁에 있기에 (27)家族 간에 지켜야 할 (28)禮節을 지키지 않고 함부로 (29)行動한 적은 없나요? (도덕 3)

○ 국제 경기를 앞두고 국가 대표 선수들은 (30)合宿을 하며 연습을 하고 있습니다.

○ 내일 돌려주겠다는 (31)約束으로 책을 빌려갔습니다.
○ 우리 백화점은 친절과 (32)奉仕로 고객 여러분을 모십니다.
○ 기행문은 여러 가지 (33)形式으로 (34)表現할 수 있습니다. (국어 읽기 4)
○ 비행기가 공항에 안전하게 (35)着陸하였습니다.

다음 漢字의 訓과 音을 쓰세요. (36~58)

(36) 到	(37) 流	(38) 歲	(39) 筆
(40) 雲	(41) 養	(42) 順	(43) 材
(44) 凶	(45) 元	(46) 旅	(47) 變
(48) 偉	(49) 種	(50) 效	(51) 太
(52) 局	(53) 當	(54) 關	(55) 勞
(56) 週	(57) 害	(58) 洗	

다음 訓과 音을 가진 漢字를 쓰세요. (59~63)

(59) 대신할 대	(60) 부을 주	(61) 반 반
(62) 공 구	(63) 맑을 청	

다음 漢字의 약자(略字: 획수를 줄인 글자)를 쓰세요. (64~66)

(64) 圖	(65) 發	(66) 讀

다음 ( ) 안에 밑줄 친 漢字와 뜻이 반대 또는 상대되는 글자를 〈보기〉에서 찾아 그 번호를 쓰세요. (67~69)

[예]

① 強	② 晝	③ 遠	④ 過
⑤ 舊	⑥ 宅	⑦ 惡	⑧ 永

(67) 新( )의 대립보다는 조화를 이루는 것이 좋습니다.

(68) 코로나로 인해 ( )夜 교대로 일합니다.

(69) 한 번 더 기회를 준 후에 功( )를 따져도 늦지 않습니다.

다음 ( ) 안에 밑줄 친 漢字와 뜻이 같거나 비슷한 漢字를 〈보기〉에서 찾아 그 번호를 쓰세요. (70~72)

[예]

① 實	② 良	③ 必	④ 朗
⑤ 野	⑥ 責	⑦ 活	⑧ 兒

(70) 자유에는 ( )任이 따릅니다.

(71) 집안에서 아이들의 明( )한 웃음소리가 들립니다.

(72) 학교에 등교하는 ( )童이 횡단보도를 많이 이용하기 때문에 운전자들은 특별히 조심해야 합니다.

다음 제시한 뜻을 가진 同音語를 〈보기〉에서 찾아 그 번호를 쓰세요. (73~75)

[예]

① 始祖	② 傳聞	③ 電氣
④ 古歌	⑤ 特別	⑥ 苦待

(73) 高價 – ( ) : 옛 노래나 가사.

(74) 時調 – ( ) : 한 겨레나 가계의 맨 처음이 되는 조상.

(75) 全文 – ( ) : 다른 사람을 통하여 전해 들음.

◐ 다음 뜻에 맞는 漢字語를 〈보기〉에서 찾아 그 번호를 쓰세요. (76~78)

[예]

① 部首	② 仙藥	③ 雨衣
④ 雪樂	⑤ 號數	⑥ 韓醫

(76) 비옷.

(77) 효험이 썩 좋은 약.

(78) 한자 자전에서 글자를 찾는 길잡이 역할을 하는 공통되는 글자의 한 부분.

◐ 다음 四字成語의 ( ) 속에 알맞은 글자를 〈보기〉에서 찾아, 그 번호를 쓰세요. (79~82)

[예]

① 決	② 敬	③ 例	④ 對
⑤ 客	⑥ 見	⑦ 知	⑧ 者

(79) ( )老孝親 : 어른을 공경하고 부모에게 효도함.

(80) 主( )一體 : 주인과 손이 한몸이라는 데서, 나와 나 밖의 대상이 하나가 됨을 말함.

(81) 速戰速( ) : 싸움을 오래 끌지 아니하고 빨리 몰아쳐 이기고 짐을 결정함.

(82) 生面不( ) : 한 번도 만난 적이 없어서 전혀 알지 못하는 사람.

◐ 다음 밑줄 친 단어를 漢字로 쓰세요. (83~97)

(83) 우리 모둠은 한국의 <u>세계</u> 유산에 대해 조사했습니다.

(84) 홍수를 막기 위해 <u>수문</u>을 열어 둘 필요가 있습니다.

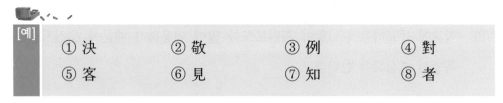

(85) 무슨 일을 성취하는 데는 천재보다 노력이 더 유효하다는 것을 알아야 합니다.

(86) 인간은 부족한 자원을 얻기 위해 매년 자연을 더 파괴하게 됩니다.

(87) 화재 발생을 대비하여 소화 설비를 갖추었습니다.

(88) 온실에 온갖 화초를 심어 기르고 있습니다.

(89) 과거의 잘못에 대해 깊이 반성을 했습니다.

(90) 중간 개표의 집계를 발표하겠습니다.

(91) 풍력의 힘으로 풍차는 움직입니다.

(92) 원서 접수 창구는 오른쪽에 있습니다.

(93) 오늘의 해외 단신을 전해드리겠습니다.

(94) 고장 생활 중심지에는 시청, 주민센터 등 공공 기관도 있습니다.

(95) 고사장 입실 시간을 지켜야 합니다.

(96) 우리나라 국기는 태극기입니다.

(97) 그 식당은 음식 가격도 저렴하지만 음식 맛이 매우 좋습니다.

다음 漢字의 짙게 표시한 획은 몇 번째 쓰는 획인지 〈보기〉에서 골라 그 번호를 쓰세요. (98~100)

[예]

① 첫 번째	② 두 번째	③ 세 번째
④ 네 번째	⑤ 다섯 번째	⑥ 여섯 번째
⑦ 일곱 번째	⑧ 여덟 번째	⑨ 아홉 번째
⑩ 열 번째	⑪ 열한 번째	

(98) 京 (99) 章 (100) 洋

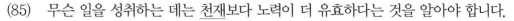

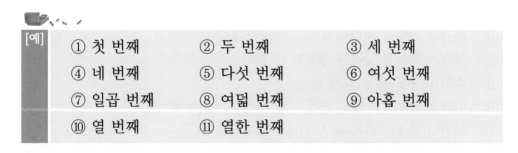

제97회 5급Ⅱ 기출문제 (2022. 05. 28 시행)

漢字能力檢定試驗

(社)한국어문회 주관 · 한국한자능력검정회 시행

다음 밑줄 친 漢字語의 讀音을 쓰세요. (1~35)

(1) '삼국유사'에는 傳說이 많이 실려 있다.
(2) 1년 후에 다시 만날 것을 約束하였다.
(3) 가족의 幸福이 가장의 기쁨이다.
(4) 경찰은 公共의 질서를 지키는 파수꾼이다.
(5) 공직자는 財物을 멀리해야 한다.
(6) 關心 속에 남을 배려함이 교양의 근본이다.
(7) 국민의 敎養은 나라의 수준을 결정한다.
(8) 그 지역의 體感 온도는 영하 30도에 이른다.
(9) 꽃들은 모두 獨特한 향기를 지녔다.
(10) 어려울 때는 모두가 團合하는 것이 중요하다.
(11) 남을 속여도 自己를 속일 수는 없다.
(12) 진열대에 다양한 品目이 진열되어 있다.
(13) 旅行을 마치고 집으로 돌아왔다.
(14) 배려와 사랑은 奉仕를 통해 표현할 수 있다.
(15) 士氣란 원래 선비의 기개를 뜻하였다.
(16) 歲月은 사람을 기다리지 않고 흘러간다.
(17) 所有는 집착을 낳지만 영원할 수 없다.
(18) 수업 내용을 注意 깊게 들었다.
(19) 안경을 着用하고 나니 멀리 있는 사람도 또렷하게 보인다.
(20) 어린 시절에는 다들 偉人 전기를 즐겨 읽는다.
(21) 여름철에는 특히 過勞하지 않도록 주의해야 한다.
(22) 열차가 다니는 線路로 다니면 위험하다.
(23) 영국이나 일본에는 首相이 있다.
(24) 올림픽에서 메달을 따기 위해 強度 높은 훈련을 받았다.

(25) 우리 반에 재미있는 <u>親舊</u>가 있다.
(26) 큰아버님께서 마을의 <u>邑長</u> 일을 하신다.
(27) 이 분야는 <u>展望</u>이 밝다.
(28) 이육사의 '<u>廣野</u>' 라는 시는 시인의 강한 의지를 보여 준다.
(29) 지도자는 <u>責任</u>을 지는 사람이다.
(30) <u>宅地</u> 재개발 사업을 잘 하여야 주택 정책도 잘 풀린다.
(31) 평소에 <u>節電</u>하는 습관을 길러야 한다.
(32) 피아노는 모든 악기의 <u>基本</u>이 된다.
(33) 학교에서 <u>放課</u> 후에 특별활동을 한다.
(34) 형은 <u>商大</u> 졸업했다.
(35) 화단에는 다양한 <u>種類</u>의 꽃들이 피었다.

다음 漢字의 訓과 音을 쓰세요. (36~58)

(36) 材　(37) 效　(38) 良
(39) 卒　(40) 觀　(41) 化
(42) 見　(43) 情　(44) 臣
(45) 雲　(46) 參　(47) 充
(48) 要　(49) 變　(50) 筆
(51) 識　(52) 必　(53) 性
(54) 惡　(55) 敬　(56) 局
(57) 念　(58) 典

다음 訓과 音을 가진 漢字를 쓰세요. (59~63)

(59) 각각 각　(60) 귀신 신　(61) 집 당
(62) 다스릴 리　(63) 떼 부

다음 漢字의 약자(略字: 획수를 줄인 漢字)를 쓰세요. (64~66)

(64) 圖　(65) 發　(66) 學

다음 밑줄 친 漢字와 뜻이 반대(또는 상대)되는 漢字를 〈보기〉에서 찾아 그 번호를 쓰세요. (67~69)

[예]

① 客	② 凶	③ 具	④ 古
⑤ 德	⑥ 陸	⑦ 兵	⑧ 利

(67) 무슨 일이든 ( )害보다 옳고 그름을 먼저 따져라.

(68) 主( )이 마주 앉아 차를 마셨다.

(69) 봉학이는 ( )今에 보기 드문 명사수였다.

다음 漢字와 뜻이 같거나 비슷한 漢字를 〈보기〉에서 찾아 그 번호를 쓰세요. (70~72)

[예]

① 能	② 明	③ 童	④ 流
⑤ 到	⑥ 式	⑦ 史	⑧ 當

(70) 규칙과 格( )에만 얽매여 있으면 발전이 없다.

(71) 그는 천성이 ( )朗하고 구김이 없는 사람이다.

(72) 놀이 공원에서는 兒( )들의 안전을 위해 안전 요원을 두고 있다.

다음 제시한 漢字語와 뜻에 맞는 同音語를 〈보기〉에서 찾아 그 번호를 쓰세요. (73~75)

[예]

① 班家	② 高價	③ 來歷
④ 決死	⑤ 老苦	⑥ 米飮

(73) 結使 – (　) : 죽기를 각오하고 결심함.

(74) 內力 – (　) : 지금까지 지내온 경로나 경력.

(75) 美音 – (　) : 쌀을 푹 끓여 체에 걸러 낸 걸쭉한 음식.

다음 뜻에 맞는 漢字語를 〈보기〉에서 찾아 그 번호를 쓰세요. (76~78)

[예]

① 開店	② 陽光	③ 鮮然
④ 先例	⑤ 洗禮	⑥ 樹海

(76) 새로 가게를 내어 처음으로 영업을 시작함.

(77) 나무의 바다. 울창한 삼림.

(78) 이전부터 있었던 사례.

다음 뜻을 가진 성어가 되도록 (　) 안에 들어갈 적절한 漢字語를 〈보기〉에서 찾아 그 번호를 쓰세요. (79~82)

[예]

① 市	② 法	③ 産	④ 仙
⑤ 風	⑥ 以	⑦ 練	⑧ 面

(79) 生(　)不知 : 태어나서 만나 본 적이 없는 전혀 모르는 사람

(80) 雨順(　)調 : 비가 때맞추어 알맞게 내리고 바람이 고르게 불어 줌.

(81) (　)實直告 : 사실 그대로 고함.

(82) 門前成(　) : 집 문 앞이 시장을 이루다시피 함.

다음 문장의 밑줄 친 漢字語를 漢字로 쓰세요. (83~97)

(83) 도시로의 인구 <u>집중</u>은 환경에 영향을 미친다.

(84) 그는 단신이지만 키 큰 선수들을 제치고 국가대표에 뽑혔다.
(85) 과학자들은 외계 어느 곳에 생명체가 있을 가능성이 있다고 한다.
(86) 재래시장에서 현금을 주고 두부를 샀다.
(87) 분수는 소수로 나타낼 수 있다.
(88) 토의에서는 소수의 반대 의견도 존중해야 한다.
(89) 세계 약소민족 회의에 대표를 파견하였다.
(90) 태권도가 언제부터 시작되었는지 정확히 알 수 없다.
(91) 백설로 뒤덮인 겨울산도 그윽한 멋이 있어 좋다.
(92) 학교 신문에 실을 기사 내용을 정리하려고 한다.
(93) 전쟁을 끝내고자 하는 휴전 협상이 진행되었다.
(94) 작년 겨울은 정말 추웠다.
(95) 6.25 때 철원, 평강, 김화의 철의 삼각 지대 전투는 치열하였다.
(96) 안락하고 평화로운 미래를 설계하는 것 또한 즐겁지 아니한가.
(97) 고향에 서신 한 통을 부쳤다.

다음 漢字의 짙게 표시한 획은 몇 번째 쓰는 획인지 〈보기〉에서 골라 그 번호를 쓰세요. (98~100)

[예]

① 첫 번째 ② 두 번째 ③ 세 번째 ④ 네 번째
⑤ 다섯 번째 ⑥ 여섯 번째 ⑦ 일곱 번째 ⑧ 여덟 번째
⑨ 아홉 번째 ⑩ 열 번째 ⑪ 열한 번째 ⑫ 열두 번째
⑬ 열세 번째

(98) 果 (99) 服 (100) 愛

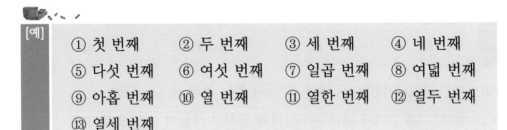

제98회 5급Ⅱ 기출문제 (2022. 08. 27 시행)

漢字能力檢定試驗

㈳한국어문회 주관 · 한국한자능력검정회 시행

다음 밑줄 친 漢字語의 讀音을 쓰세요. (1~35)

○ 이 싸움은 (1)<u>勝算</u>이 있는지 먼저 미리 철저하게 검토를 해야 한다.

○ 분열하지 않고 (2)<u>團結</u>해야만 우리의 뜻을 이룰 수 있다.

○ 곧 종착지에 (3)<u>到着</u>할 것이다.

○ 절도 있게 상관에게 (4)<u>敬禮</u>를 했다.

○ 미래에는 AI (5)<u>課外</u> 선생님이 등장할 것이다.

○ 올 상반기 성장률에 대한 (6)<u>集計</u>가 시급히 (7)<u>必要</u>하다

○ 그 상황의 변화를 지켜보기 위해 좀더 (8)<u>觀望</u>하기로 했다.

○ 운동선수들은 심리에 관한 (9)<u>特別</u> 훈련을 받는다.

○ 세계 주요 제조업체들의 재고가 급증했다는 보고가 (10)<u>記事</u>에 났다.

○ 사람은 (11)<u>表情</u>으로 감정을 표현한다.

○ 그는 이 분야에 대한 (12)<u>識見</u>이 높다.

○ 재건축은 정밀(13)<u>安全</u> 진단을 통과해야만 추진할 수 있다.

○ 긴 장마로 많은 논의 흙이 (14)<u>流失</u>되어 복구를 해야만 한다.

○ 대한민국 임시정부에서는 (15)<u>獨立</u>을 위해 많은 활동을 펼쳤다.

○ 뮤지컬에서 주연배우가 (16)<u>登場</u>하자 사람들은 환호했다.

○ 코로나 상황으로 많은 택배 근로자들이 (17)<u>晝夜</u>로 일하고 있다.

○ 피의자는 결국 자신의 죄를 (18)<u>告白</u>하였다.

○ (19)<u>溫室</u> 효과로 지구의 기온 상승은 점점 더 빠르게 올라가고 있다.

○ 평균 해수면을 기준으로 같은 높이의 지점을 연결하여 (20)<u>等高線</u>을 그린다.

○ 공부를 할 때 (21)<u>目的</u>을 정하는 것은 매우 중요하다

○ 그 구두쇠는 (22)<u>財物</u>을 많이 모았지만 행복하지 않았다.

○ 6·25전쟁에서 중공군은 인해 (23)<u>戰術</u>을 펼쳤다.

부록 Ⅱ

○ 요즘은 전기세, 수도세 등 많은 세금이 오른 것이 (24)體感된다.
○ 1907년 네덜란드 헤이그에서 만국 (25)平和 회의가 열렸다.
○ 청소년 부모에게도 (26)養育 비용을 지원하는 지역이 있다.
○ (27)銀行에 가면 접수 (28)番號를 뽑아서 순서를 기다려야 한다.
○ 서점에 가면 한 과목의 문제집도 (29)種類가 매우 다양하다.
○ 그 청년은 외국의 대기업 인재 채용에 (30)合格했다.
○ 공문서에는 (31)親筆로 서명을 요구하는 곳이 많다.
○ 각 지역마다 특이한 (32)商店들이 많이 몰려 있는 곳들이 있다.
○ (33)先約이 있어서 선생님은 먼저 자리에서 일어나셨다.
○ 그 사건은 경찰의 조사 결과에 따라 새로운 (34)局面을 맞이했다.
○ 그 회사에 입사하기 위해서는 총 5번의 인터뷰를 (35)通過해야 한다.

다음 漢字의 訓과 音을 쓰세요. (36~58)

(36) 開　(37) 廣　(38) 念
(39) 德　(40) 旅　(41) 變
(42) 奉　(43) 席　(44) 畫
(45) 昨　(46) 練　(47) 切
(48) 雲　(49) 首　(50) 速
(51) 油　(52) 米　(53) 宿
(54) 住　(55) 族　(56) 效
(57) 章　(58) 產

다음 訓과 音을 가진 漢字를 쓰세요. (59~63)

(59) 공 공　(60) 짧을 단
(61) 재주 재　(62) 사라질 소
(63) 번개 전

다음 漢字의 약자(略字: 획수를 줄인 漢字)를 쓰세요. (64~66)

(64) 讀 (65) 數 (66) 圖

다음 밑줄 친 漢字와 뜻이 반대(또는 상대)되는 漢字를 쓰세요. (67~69)

(67) 그 사람은 多( ) 과장된 몸짓으로 놀라는 척했다.

(68) 두 나라는 자국의 경제를 위해 이번 협상에 死( )을 걸었다.

(69) 부모님은 여행 간 아들이 걱정되어 朝( )으로 전화를 했다.

다음 漢字와 뜻이 같거나 비슷한 漢字를 〈보기〉에서 찾아 그 번호를 쓰세요. (70~72)

[예]

① 元	② 年	③ 道	④ 敎
⑤ 交	⑥ 然	⑦ 節	⑧ 度

(70) 모든 일에는 지나고 나면 얻는 ( )訓이 있다.

(71) 금요일 오후 ( )路에는 휴가 가는 차들로 붐빈다.

(72) 어른의 나이를 말할 때는 ( )歲라고 해야 한다.

다음 제시한 漢字語와 뜻에 맞는 同音語를 〈보기〉에서 찾아 그 번호를 쓰세요. (73~75)

[예]

① 歷史	② 偉大	③ 說服
④ 童話	⑤ 始球	⑥ 例式

(73) 市區 – ( ) : 경기에서 처음으로 공을 던지는 일.

(74) 冬花 – ( ) : 어린이를 위한 이야기.

(75) 力士 – ( ) : 과거부터 지금까지 변천 하는 흥망에 관한 기록.

다음 뜻에 맞는 漢字語를 〈보기〉에서 찾아 그 번호를 쓰세요. (76~78)

[예]

① 美風	② 本部	③ 庭園
④ 新舊	⑤ 青天	⑥ 陽地

(76) 새것과 헌것.

(77) 각종 기관과 단체의 중심이 되는 조직.

(78) 볕이 드는 곳.

다음 뜻을 가진 성어가 되도록 ( ) 안에 들어갈 적절한 漢字語를 〈보기〉에서 찾아 그 번호를 쓰세요. (79~82)

[예]

① 窓	② 手	③ 愛	④ 不
⑤ 發	⑥ 參	⑦ 能	⑧ 色

(79) 各人各( ) : 사람마다 각각 다름.

(80) 百( )百中 : 무슨 일이나 틀림없이 잘 들어맞음.

(81) 身土( )二 : 자기가 사는 땅에서 자란 농산물이 체질에 잘 맞음을 이르는 말.

(82) 自( )成家 : 자기 혼자 힘으로 재산을 많이 모음.

- 다음 문장의 밑줄 친 漢字語를 漢字로 쓰세요. (83~97)

(83) 요즘은 학교 운동장을 개방한다.
(84) 어떤 고생이라도 견뎌낼 용의가 있다.
(85) 고속도로에 도깨비가 출현한다는 소문이 무성했다.
(86) 사업에 실패한 후 그는 식음을 전폐하고 며칠을 지냈다.
(87) 공원은 도시에서 사람들이 휴식하는 중요한 공간이다.
(88) 나이가 들수록 새로운 것을 받아들이는 용기가 필요하다.
(89) 몸이 아플 때 그 의사 선생님을 만난 것은 큰 행운이었다.
(90) 형제들은 서로 의지하며 행복하게 살았다.
(91) 이 땅의 아름다운 산천을 구석구석 모두 다니고 싶다.
(92) 동네 어르신께 춘추를 여쭈어 보았다.
(93) 농업은 나라의 중요한 산업이다.
(94) 산림청에서는 식목일에 나무심기 행사를 한다.
(95) 그는 실리와 명분 사이에서 고민했다.
(96) 그 집은 부자 사이가 참 다정하다.
(97) 사람들은 노후에 대비하여 저축을 한다.

- 다음 漢字의 짙게 표시한 획은 몇 번째 쓰는 획인지 〈보기〉에서 골라 그 번호를 쓰세요. (98~100)

[예]

① 첫 번째 ② 두 번째 ③ 세 번째
④ 네 번째 ⑤ 다섯 번째

(98) 民 (99) 母 (100) 世

漢字能力檢定試驗

제1회 5급Ⅱ 실전문제

(社)한국어문회 주관 · 한국한자능력검정회 시행

※ 다음 밑줄 친 漢字語의 讀音을 쓰세요. (1~35)

[예] 讀音 → 독음

(1) 우리 家庭은 화목하다.

(2) 설날에 韓服을 입었다.

(3) 친구끼리 등산모임을 結成하였다.

(4) 이 자동차는 高價이다.

(5) 철수는 勇氣 있는 학생이다.

(6) 이 문제는 매우 重要합니다.

(7) 수영 訓練을 하였다.

(8) 이 약은 效能이 좋습니다.

(9) 그 모임에 參席하였다.

(10) 자를 가지고 角度를 쟀다.

(11) 우리 학교의 歷史가 오래되었다.

(12) 그녀의 노래는 感情이 매우 풍부하다.

(13) 綠色의 물감을 칠하였다.

(14) 아름다운 江山을 보호하여야 한다.

(15) 열차가 出發하였다.

(16) 전혀 不便하지 않습니다.

(17) 勝算이 없는 싸움이었다.

(18) 아버지와 함께 洗車를 하였다.

(19) 교훈이 되는 짧은 말을 格言이라고 한다.

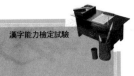

(20) 事前에 준비하여야 한다.
(21) 상품 포장지에 定價가 표시되어 있었다.
(22) 우리는 축구 대회에서 全勝하였다.
(23) 그것은 正當한 행위이다.
(24) 육군은 舊式 대포를 교체하였다.
(25) 회의에서 급식제도에 대한 問答이 있었다.
(26) 敎養이 풍부한 사람이 되어야 한다.
(27) 이 지역에서는 石油가 나온다.
(28) 우승 소식이 新聞에 실렸다.
(29) 올바른 話法을 배웠다.
(30) 우리에게 觀光객이 길을 물었다.
(31) 우리 배는 順風을 타고 앞으로 나아갔다.
(32) 친구 病室을 찾아 위문하였다.
(33) 환기를 위해 窓門을 열었다.
(34) 그 분은 위대한 史家이다.
(35) 언어 敎育이 중요하다.

※ 다음 漢字의 訓과 音을 쓰세요. (36~59)

[예] 字 → 글자 자

(36) 庭	(37) 內	(38) 念
(39) 同	(40) 堂	(41) 藥
(42) 對	(43) 度	(44) 老
(45) 陸	(46) 半	(47) 永
(48) 奉	(49) 白	(50) 習
(51) 束	(52) 東	(53) 昨
(54) 意	(55) 約	(56) 雲
(57) 充	(58) 凶	(59) 變

다음 밑줄 친 漢字語를 漢字로 쓰세요. (60~74)

[예] 한자 → 漢字

(60) 그의 솜씨는 입신의 경지에 이르렀다.
(61) 거기 주소가 어떻게 되나요?
(62) 선거일이 되자 주민들은 투표장에 갔다.
(63) 아버지가 읍내 시장에서 닭을 사오셨다.
(64) 독서는 마음의 양식을 저장하는 것이다.
(65) 국군의 날은 10월 1일이다.
(66) 심한 동상으로 인해 그는 수족을 모두 절단해야 했다.
(67) 요즘이야말로 자연보호의 중요성이 절실하게 느껴진다.
(68) 그 영화는 연소자 관람 불가야.
(69) 아무리 세상이 각박하다 해도 희망은 버리지 말자.
(70) 올해는 전년보다 더 추운 것 같다.
(71) 겨울에는 날씨가 추워서 운동을 게을리 하기 쉽다.
(72) 영희는 피아노 연주를 시작하였다.
(73) 건설 현장 실습을 다녀왔다.
(74) 아름다운 음악은 인간을 풍요롭게 만든다.

다음 訓과 音에 맞는 漢字를 쓰세요. (75~78)

[예] 글자 자 → 字

(75) 그림 도　　(76) 몸 신
(77) 아우 제　　(78) 눈 설

다음 漢字와 뜻이 상대 또는 반대되는 漢字를 쓰세요. (79~81)

[예] 男 ↔ (女)

(79) 強 ↔ (　)　　(80) 大 ↔ (　)　　(81) (　) ↔ 戰

다음 (　　)에 들어갈 漢字를 〈例〉에서 찾아 그 번호를 써서 漢字語를 만드세요. (82~85)

[예]

① 親	② 兵	③ 部	④ 夏	⑤ 體
⑥ 德	⑦ 作	⑧ 仕	⑨ 宅	⑩ 使

(82) 事(　)以孝　　(83) (　)心三日

(84) 春(　)秋冬　　(85) 奉(　)生活

다음 漢字의 진하게 표시한 획은 몇 번째 쓰는지 〈例〉에서 찾아 그 번호를 쓰세요. (86~88)

[예]

① 첫 번째	② 두 번째	③ 세 번째
④ 네 번째	⑤ 다섯 번째	⑥ 여섯 번째
⑦ 일곱 번째	⑧ 여덟 번째	⑨ 아홉 번째

(86) 着　　(87) 能　　(88) 卒

다음 漢字와 뜻이 같거나 뜻이 비슷한 漢字를 〈例〉에서 찾아 그 번호를 쓰세요. (89~91)

[예]

① 望	② 面	③ 要	④ 別	⑤ 始
⑥ 路	⑦ 間	⑧ 明	⑨ 基	⑩ 社

(89) 會　　(90) 道　　(91) 朗

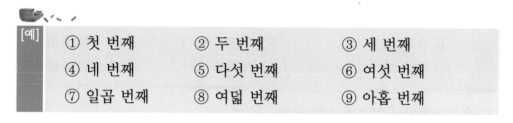

다음 漢字와 음은 같은데 뜻이 다른 漢字를 〈例〉에서 골라 그 번호를 쓰세요. (92~94)

[예]

① 歌	② 童	③ 校	④ 陽	⑤ 展
⑥ 文	⑦ 村	⑧ 海	⑨ 席	

(92) 交 (93) 洋 (94) 典

다음 뜻에 맞는 漢字語를 〈例〉에서 찾아 그 번호를 쓰세요. (95~97)

[예]

① 合線	② 卒業	③ 使用
④ 節約	⑤ 課題	⑥ 計算

(95) 처리하거나 해결해야 할 문제

(96) 함부로 쓰지 아니하고 꼭 필요한 데에만 써서 아낌

(97) 학생이 규정에 따라 소정의 교과 과정을 마침

다음 漢字의 약자(획수를 줄인 漢字)를 쓰세요. (98~100)

(98) 氣 (99) 數 (100) 學

제2회 5급Ⅱ 실전문제

漢字能力檢定試驗

(社)한국어문회 주관 · 한국한자능력검정회 시행

다음 밑줄 친 漢字語의 讀音을 쓰세요. (1~35)

[예] 讀音 → 독음

(1) 형과 과학 책을 사러 書店에 갔다.
(2) 어머니와 銀行에 가서 통장을 만들었다.
(3) 그 선수는 失手를 두려워하지 않았다.
(4) 영희는 집에 오자마자 宿題부터 하였다.
(5) 이곳은 元來 극장이 있던 자리이다.
(6) 이동 速度가 빨랐다.
(7) 10년간의 變化가 엄청나다.
(8) 기차가 철교를 通過하고 있었다.
(9) 그는 野球에 재능이 있다.
(10) 가정의 평안과 萬福을 빌었다.
(11) 이 산에는 여러 種類의 새가 산다.
(12) 안개로 물체를 識別할 수 없었다.
(13) 권한에는 責任이 따른다.
(14) 어려서 부터 大望을 품었다.
(15) 그 동안의 惡德을 씻어내야 한다.
(16) 獨特한 문양의 옷이었다.
(17) 매우 평화로운 時節이었다.
(18) 고구려 歷史를 배웠다.
(19) 臣下는 임금을 알현하였다.
(20) 모두 團結하여 어려움을 극복하였다.
(21) 삼촌에게 庭球를 배웠다.
(22) 다음 주 週番은 철수이다.
(23) 수많은 사람이 雲集하였다.

부록 Ⅱ

(24) 그는 성격이 매우 明朗하다.
(25) 초원을 말이 달리는 장면이 展開되었다.
(26) 그 분은 醫術이 매우 뛰어난 분이다.
(27) 생필품 價格이 모두 올랐다.
(28) 작업을 끝내는데 약 2週日 걸렸다.
(29) 그녀는 性質이 매우 유순하다.
(30) 간호사는 病者를 잘 돌보았다.
(31) 영수는 偉人전기를 읽는 것을 좋아한다.
(32) 부모님을 잘 奉養하여야 한다.
(33) 동생은 매우 英特하다.
(34) 사람은 信用이 있어야 한다.
(35) 歲月은 빨리 흐른다.

다음 漢字의 訓과 音을 쓰세요. (36~59)

[예] 字 → 글자 자

(36) 觀	(37) 雲	(38) 德
(39) 養	(40) 筆	(41) 奉
(42) 要	(43) 晝	(44) 的
(45) 勇	(46) 洗	(47) 效
(48) 集	(49) 敬	(50) 級
(51) 太	(52) 廣	(53) 偉
(54) 調	(55) 商	(56) 信
(57) 品	(58) 變	(59) 根

다음 밑줄 친 漢字語를 漢字로 쓰세요. (60~74)

[예] 한자 → 漢字

(60) 형과 아우를 형제라고 합니다.

(61) 남녀<u>노소</u>가 다 모였습니다.
(62) 나는 <u>매일</u> 일찍 일어납니다.
(63) 유기농 재료로 만든 <u>음식</u>입니다.
(64) 봄과 가을을 <u>춘추</u>라고 합니다.
(65) 날마다 봉사 <u>활동</u>을 합니다.
(66) 나는 산천과 <u>초목</u>을 사랑합니다.
(67) 자동차의 <u>작동</u> 원리를 배웠다.
(68) 불 끄는 <u>소화</u>기를 준비합니다.
(69) <u>자연</u>이 아름답습니다.
(70) 우리 <u>학교</u>는 산 밑에 있습니다.
(71) <u>대문</u>을 늘 열어 놓습니다.
(72) 철수는 여러 <u>방면</u>으로 재주가 많습니다.
(73) 하늘과 땅을 <u>천지</u>라고 합니다.
(74) 숙제를 하고 나니 <u>안심</u>이 됩니다.

다음 訓과 音에 맞는 漢字를 쓰세요. (75~78)

[예]
글자 자 → 字

(75) 맑을 청
(76) 뜻 의
(77) 옮길 운
(78) 필 발

다음 漢字와 뜻이 상대 또는 반대가 되는 漢字를 쓰세요. (79~81)

[예]
男 ↔ (女)

(79) (　) ↔ 害
(80) (　) ↔ 客
(81) (　) ↔ 後

다음 (　　)에 들어 갈 漢字를 〈例〉에서 골라 그 번호를 써서 漢字語를 만드세요. (82~85)

[예]

① 省	② 理	③ 始	④ 光	⑤ 章
⑥ 奉	⑦ 和	⑧ 財	⑨ 遠	⑩ 勞

(82) 作戰開(　　)　　(83) 世界平(　　)

(84) 電(　　)石火　　(85) 人事不(　　)

다음 漢字의 진하게 표시한 획은 몇 번째 쓰는지 〈例〉에서 찾아 그 번호를 쓰세요. (86~88)

[예]

① 첫 번째	② 두 번째	③ 세 번째
④ 네 번째	⑤ 다섯 번째	⑥ 여섯 번째
⑦ 일곱 번째	⑧ 여덟 번째	⑨ 아홉 번째

(86) 　(87) 　(88) 

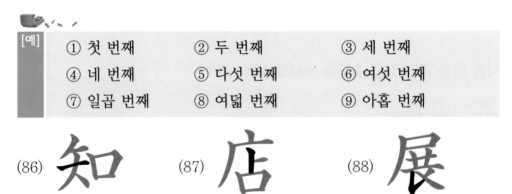

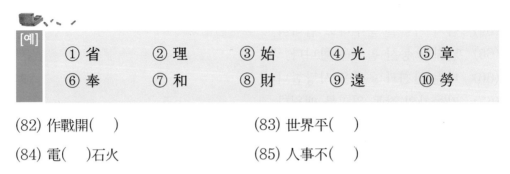

다음 漢字와 뜻이 같거나 뜻이 비슷한 한자를 〈例〉에서 골라 그 번호를 쓰세요. (89~91)

[예]

① 課	② 話	③ 電
④ 數	⑤ 充	⑥ 年

(89) 言　　(90) 算　　(91) 歲

다음 漢字語와 음은 같은데 뜻이 다른 漢字語를 〈例〉에서 골라 그 번호를 쓰세요. (92~94)

[예]

① 實數	② 史記	③ 植樹
④ 首席	⑤ 事實	⑥ 傳記

(92) 社旗 (93) 水石

(94) 失手

다음 뜻에 맞는 漢字語를 〈例〉에서 골라 그 번호를 쓰세요. (95~97)

[예]

① 生産	② 識別	③ 舊情
④ 古家	⑤ 溫情	⑥ 高家

(95) 따뜻한 인정

(96) 오래되어 낡은 집

(97) 알아서 구별함

다음 漢字의 약자(획수를 줄인 漢字)를 쓰세요. (98~100)

[예]

號 → 号

(98) 對 (99) 發

(100) 體

제93회 5급Ⅱ 기출문제 답안지

■ 사단법인 한국어문회 • 한국한자능력검정회　　　2021. 07. 10. (토)　　　521 ■

수험번호 □□□-□□-□□□□□　　　성명 □□□□□

생년월일 □□□□□□□□ ※ 유성 싸인펜, 붉은색 필기구 사용 불가.

※ 답안지는 컴퓨터로 처리되므로 구기거나 더럽히지 마시고, 정답 칸 안에만 쓰십시오. 글씨가 채점란으로 들어오면 오답처리가 됩니다.

제93회 전국한자능력검정시험 5급Ⅱ 답안지(1)

답안란		채점란		답안란		채점란		답안란		채점란	
번호	정답	1검	2검	번호	정답	1검	2검	번호	정답	1검	2검
1	세계			17	대결			33	점주		
2	문화			18	친우			34	통과		
3	상품			19	방류			35	금은		
4	부족			20	산물			36	고을 주		
5	해악			21	만병			37	흉할 흉		
6	낙관			22	가객			38	섬길 사		
7	공단			23	필요			39	모을 집		
8	민족			24	실학			40	채울 충		
9	평화			25	염두			41	신선 선		
10	노고			26	여성			42	터 기		
11	당시			27	대표자			43	씻을 세		
12	인종			28	시작			44	뭍 륙		
13	운동			29	역사			45	꽃부리 영		
14	전개			30	독립			46	밝을 랑		
15	온순			31	정착			47	끊을 절 | 온통 체		
16	언약			32	편법			48	마디 절		

감독위원	채점위원(1)		채점위원(2)		채점위원(3)	
(서명)	(득점)	(서명)	(득점)	(서명)	(득점)	(서명)

■ 사단법인 한국어문회 • 한국한자능력검정회 2021. 07. 10. (토) 522 ■

※ 본 답안지는 컴퓨터로 처리되므로 구겨지거나 더럽혀지지 않도록 조심하시고 글씨를 칸 안에 또박또박 쓰십시오.

제93회 전국한자능력검정시험 5급Ⅱ 답안지(2)

답안란		채점란		답안란		채점란		답안란		채점란	
번호	정답	1검	2검	번호	정답	1검	2검	번호	정답	1검	2검
49	복 복			67	②			85	道術		
50	알 식			68	④			86	利用		
51	다를/나눌 별			69	③			87	明白		
52	재목 재			70	⑦			88	所重		
53	클 위			71	⑤			89	勇氣		
54	큰 덕			72	④			90	注意		
55	기름 유			73	②			91	出發		
56	기를 양			74	①			92	土地		
57	본받을 효			75	⑤			93	風車		
58	합할 합			76	①			94	海草		
59	昨			77	⑥			95	分數		
60	省			78	③			96	內心		
61	幸			79	⑦			97	三角		
62	共			80	③			98	⑧		
63	理			81	⑧			99	⑤		
64	战, 戦			82	⑤			100	⑤		
65	体			83	家業						
66	会			84	南部						

■ ■

제94회 5급 Ⅱ 기출문제 답안지

■ 사단법인 한국어문회 • 한국한자능력검정회　　2021. 09. 11. (토)　　5 2 1 ■

수험번호 □□□－□□－□□□□□　　성명 □□□□□

생년월일 □□□□□□　※ 유성 싸인펜, 붉은색 필기구 사용 불가.

※ 답안지는 컴퓨터로 처리되므로 구기거나 더럽히지 마시고, 정답 칸 안에만 쓰십시오.
글씨가 채점란으로 들어오면 오답처리가 됩니다.

제94회 전국한자능력검정시험 5급 Ⅱ 답안지(1)

답안란		채점란		답안란		채점란		답안란		채점란	
번호	정답	1검	2검	번호	정답	1검	2검	번호	정답	1검	2검
1	세수			17	조절			33	책임		
2	친구			18	효과			34	결정		
3	과속			19	약속			35	상관		
4	행복			20	도착			36	바탕 질		
5	소망			21	가격			37	갖출 구		
6	방법			22	아동			38	기를 양		
7	연습			23	특별			39	열매 실		
8	변덕			24	주의			40	섬길 사		
9	분야			25	종류			41	몸 기		
10	원로			26	작품			42	밝을 랑		
11	문화			27	인정			43	둥글 단		
12	재산			28	당번			44	병사 병		
13	우의			29	교대			45	순할 순		
14	사관			30	강도			46	채울 충		
15	자필			31	합숙			47	벗 우		
16	독립			32	신선			48	집 택/댁		

감독위원	채점위원(1)		채점위원(2)		채점위원(3)	
(서명)	(득점)	(서명)	(득점)	(서명)	(득점)	(서명)

■　■

※ 본 답안지는 컴퓨터로 처리되므로 구겨지거나 더럽혀지지 않도록 조심하시고 글씨를 칸 안에 또박또박 쓰십시오.

제94회 전국한자능력검정시험 5급Ⅱ 답안지(2)

답안란		채점란		답안란		채점란		답안란		채점란	
번호	정답	1검	2검	번호	정답	1검	2검	번호	정답	1검	2검
49	반드시 필			67	③			85	明白		
50	넓을 광			68	⑤			86	外出		
51	공경 경			69	⑧			87	用語		
52	고을 주			70	⑥			88	運動		
53	펼 전			71	②			89	有力		
54	생각 념			72	③			90	祖上		
55	지날 력			73	⑥			91	反省		
56	받들 봉			74	④			92	風土		
57	해 세			75	①			93	放火		
58	가게 점			76	⑤			94	表記		
59	才			77	②			95	平和		
60	共			78	①			96	發音		
61	線			79	④			97	成功		
62	勇			80	⑦			98	⑥		
63	窓			81	③			99	⑪		
64	対			82	②			100	⑧		
65	気			83	食堂						
66	楽			84	每事						

부록 Ⅱ

제95회 5급Ⅱ 기출문제 답안지

■ 사단법인 한국어문회 • 한국한자능력검정회 2021. 11. 20. (토) 5 2 1 ■

수험번호 □□□-□□-□□□□□ 성명 □□□□□

생년월일 □□□□□□ ※ 유성 싸인펜, 붉은색 필기구 사용 불가.

※ 답안지는 컴퓨터로 처리되므로 구기거나 더럽히지 마시고, 정답 칸 안에만 쓰십시오.
글씨가 채점란으로 들어오면 오답처리가 됩니다.

제95회 전국한자능력검정시험 5급Ⅱ 답안지(1)

답안란		채점란		답안란		채점란		답안란		채점란	
번호	정답	1검	2검	번호	정답	1검	2검	번호	정답	1검	2검
1	내실			17	상고			33	악의		
2	단속			18	방향			34	선녀		
3	내력			19	기호			35	작자		
4	기본			20	우의			36	볕 양		
5	특별			21	도덕			37	벗 우		
6	애정			22	중요			38	고을 주		
7	기체			23	품목			39	홀로 독		
8	물질			24	위인			40	잘 숙 | 별자리 수		
9	분류			25	변화			41	흉할 흉		
10	결산			26	약정			42	으뜸 원		
11	이하			27	입법			43	맺을 결		
12	종자			28	매주			44	반드시 필		
13	봉양			29	가격			45	과녁 적		
14	착수			30	시국			46	아이 아		
15	산유국			31	발견			47	본받을 효		
16	미관			32	충당			48	집 택		

감독위원	채점위원(1)		채점위원(2)		채점위원(3)	
(서명)	(득점)	(서명)	(득점)	(서명)	(득점)	(서명)

■ 사단법인 한국어문회 • 한국한자능력검정회 2021. 11. 20. (토) 522 ■

※ 본 답안지는 컴퓨터로 처리되므로 구겨지거나 더렵혀지지 않도록 조심하시고 글씨를 칸 안에 또박또박 쓰십시오.

제95회 전국한자능력검정시험 5급Ⅱ 답안지(2)

답안란		채점란		답안란		채점란		답안란		채점란	
번호	정답	1검	2검	번호	정답	1검	2검	번호	정답	1검	2검
49	맡길 임			67	④ 天			85	登用		
50	머리 수			68	⑦ 害			86	明白		
51	마칠 졸			69	⑥ 主			87	反面		
52	흐를 류			70	⑧ 習			88	生命		
53	넓을 광			71	② 便			89	運動		
54	말씀 설 | 달랠 세			72	④ 綠			90	電球		
55	친할 친			73	⑤ 功勞			91	集中		
56	병사 병			74	⑥ 事典			92	秋夕		
57	펼 전			75	④ 線圖			93	表現		
58	재목 재			76	⑤ 米商			94	話術		
59	雪			77	① 社交			95	後半		
60	和			78	⑥ 消日			96	注入		
61	村			79	③ 遠			97	飮食		
62	聞			80	⑦ 知			98	②		
63	勇			81	① 良			99	②		
64	対			82	② 長			100	④		
65	万			83	家業						
66	会			84	南部						

■ ■

부록 Ⅱ

제96회 5급Ⅱ 기출문제 답안지

■ 사단법인 한국어문회 • 한국한자능력검정회 2022. 02. 26. (토) 521 ■

수험번호 □□□-□□-□□□□□ 성명 □□□□□

생년월일 □□□□□□ ※ 유성 싸인펜, 붉은색 필기구 사용 불가.

※ 답안지는 컴퓨터로 처리되므로 구기거나 더럽히지 마시고, 정답 칸 안에만 쓰십시오. 글씨가 채점란으로 들어오면 오답처리가 됩니다.

제96회 전국한자능력검정시험 5급Ⅱ 답안지(1)

답안란		채점란		답안란		채점란		답안란		채점란	
번호	정답	1검	2검	번호	정답	1검	2검	번호	정답	1검	2검
1	자기			17	훈련			33	형식		
2	인격			18	승리			34	표현		
3	이외			19	정원			35	착륙		
4	도덕			20	전망			36	이를 도		
5	충분			21	사용			37	흐를 류		
6	목적			22	행복			38	해 세		
7	상품			23	서점			39	붓 필		
8	광고			24	기념			40	구름 운		
9	우정			25	미술			41	기를 양		
10	성질			26	참관			42	순할 순		
11	단결			27	가족			43	재목 재		
12	조선			28	예절			44	흉할 흉		
13	법전			29	행동			45	으뜸 원		
14	기본			30	합숙			46	나그네 려		
15	중요			31	약속			47	변할 변		
16	병사			32	봉사			48	클 위		

감독위원	채점위원(1)		채점위원(2)		채점위원(3)	
(서명)	(득점)	(서명)	(득점)	(서명)	(득점)	(서명)

■ ■

※ 본 답안지는 컴퓨터로 처리되므로 구겨지거나 더럽혀지지 않도록 조심하시고 글씨를 칸 안에 또박또박 쓰십시오.

제96회 전국한자능력검정시험 5급Ⅱ 답안지(2)

답안란		채점란		답안란		채점란		답안란		채점란	
번호	정답	1검	2검	번호	정답	1검	2검	번호	정답	1검	2검
49	씨 종			67	⑤			85	天才		
50	본받을 효			68	②			86	每年		
51	클 태			69	④			87	消火		
52	판 국			70	⑥			88	花草		
53	마땅 당			71	④			89	反省		
54	관계할 관			72	⑧			90	集計		
55	일할 로			73	④			91	風車		
56	주일 주			74	①			92	窓口		
57	해할 해			75	②			93	短信		
58	씻을 세			76	③			94	公共		
59	代			77	②			95	入室		
60	注			78	①			96	國旗		
61	半			79	②			97	食堂		
62	球			80	⑤			98	⑥		
63	清			81	①			99	⑩		
64	図			82	⑦			100	⑨		
65	発			83	世界						
66	読			84	水門						

■ ■

부록 Ⅱ

제97회 5급 Ⅱ 기출문제 답안지

■ 사단법인 한국어문회 • 한국한자능력검정회 2022. 05. 28. (토) 5 2 1 ■

수험번호 □□□－□□－□□□□ 성명 □□□□□

생년월일 □□□□□□ ※ 유성 싸인펜, 붉은색 필기구 사용 불가.

※ 답안지는 컴퓨터로 처리되므로 구기거나 더럽히지 마시고, 정답 칸 안에만 쓰십시오. 글씨가 채점란으로 들어오면 오답처리가 됩니다.

제97회 전국한자능력검정시험 5급 Ⅱ 답안지(1)

답안란		채점란		답안란		채점란		답안란		채점란	
번호	정답	1검	2검	번호	정답	1검	2검	번호	정답	1검	2검
1	전설			17	소유			33	방과		
2	약속			18	주의			34	상대		
3	행복			19	착용			35	종류		
4	공공			20	위인			36	재목 재		
5	재물			21	과로			37	본받을 효		
6	관심			22	선로			38	어질 량		
7	교양			23	수상			39	마칠 졸		
8	체감			24	강도			40	볼 관		
9	독특			25	친구			41	될 화		
10	단합			26	읍장			42	볼 견 | 뵈올 현		
11	자기			27	전망			43	뜻 정		
12	품목			28	광야			44	신하 신		
13	여행			29	책임			45	구름 운		
14	봉사			30	택지			46	참여할 참		
15	사기			31	절전			47	채울 충		
16	세월			32	기본			48	요긴할 요		

감독위원	채점위원(1)		채점위원(2)		채점위원(3)	
(서명)	(득점)	(서명)	(득점)	(서명)	(득점)	(서명)

■ ■

※ 본 답안지는 컴퓨터로 처리되므로 구겨지거나 더렵혀지지 않도록 조심하시고 글씨를 칸 안에 또박또박 쓰십시오.

제97회 전국한자능력검정시험 5급Ⅱ 답안지(2)

답안란		채점란		답안란		채점란		답안란		채점란	
번호	정답	1검	2검	번호	정답	1검	2검	번호	정답	1검	2검
49	변할 변			67	⑧			85	外界		
50	붓 필			68	①			86	現金		
51	알 식			69	④			87	分數		
52	반드시 필			70	⑥			88	反對		
53	성품 성			71	②			89	弱小		
54	악할 악 | 미워할 오			72	③			90	始作		
55	공경 경			73	④			91	白雪		
56	판[形局] 국			74	③			92	新聞		
57	생각 념			75	⑥			93	休戰		
58	법 전			76	①			94	昨年		
59	各			77	⑥			95	三角		
60	神			78	④			96	平和		
61	堂			79	⑧			97	書信		
62	理			80	⑤			98	⑤		
63	部			81	⑥			99	⑧		
64	図			82	①			100	⑬		
65	発			83	集中						
66	学			84	短身						

제98회 5급Ⅱ 기출문제 답안지

■ 사단법인 한국어문회 • 한국한자능력검정회 2022. 08. 27. (토) 521 ■

수험번호 □□□-□□-□□□□□ 성명 □□□□□

생년월일 □□□□□□ ※ 유성 싸인펜, 붉은색 필기구 사용 불가.

※ 답안지는 컴퓨터로 처리되므로 구기거나 더럽히지 마시고, 정답 칸 안에만 쓰십시오. 글씨가 채점란으로 들어오면 오답처리가 됩니다.

제98회 전국한자능력검정시험 5급Ⅱ 답안지(1)

답안란		채점란		답안란		채점란		답안란		채점란	
번호	정답	1검	2검	번호	정답	1검	2검	번호	정답	1검	2검
1	승산			17	주야			33	선약		
2	단결			18	고백			34	국면		
3	도착			19	온실			35	통과		
4	경례			20	등고선			36	열 개		
5	과외			21	목적			37	넓을 광		
6	집계			22	재물			38	생각 념		
7	필요			23	전술			39	큰 덕		
8	관망			24	체감			40	나그네 려		
9	특별			25	평화			41	변할 변		
10	기사			26	양육			42	받들 봉		
11	표정			27	은행			43	자리 석		
12	식견			28	번호			44	그림 화/그을 획		
13	안전			29	종류			45	어제 작		
14	유실			30	합격			46	익힐 련		
15	독립			31	친필			47	끊을 절/온통 체		
16	등장			32	상점			48	구름 운		

감독위원	채점위원(1)		채점위원(2)		채점위원(3)	
(서명)	(득점)	(서명)	(득점)	(서명)	(득점)	(서명)

■ ■

※ 본 답안지는 컴퓨터로 처리되므로 구겨지거나 더럽혀지지 않도록 조심하시고 글씨를 칸 안에 또박또박 쓰십시오.

제98회 전국한자능력검정시험 5급Ⅱ 답안지(2)

답안란		채점란		답안란		채점란		답안란		채점란	
번호	정답	1검	2검	번호	정답	1검	2검	번호	정답	1검	2검
49	머리 수			67	少			85	出現		
50	빠를 속			68	活			86	食飮		
51	기름 유			69	夕			87	空間		
52	쌀 미			70	④			88	勇氣		
53	잘 숙/별자리 수			71	③			89	幸運		
54	살 주			72	②			90	兄弟		
55	겨레 족			73	⑤			91	山川		
56	본받을 효			74	④			92	春秋		
57	글 장			75	①			93	農業		
58	낳을 산			76	④			94	植木日		
59	功			77	②			95	名分		
60	短			78	⑥			96	父子		
61	才			79	⑧			97	老後		
62	消			80	⑤			98	④		
63	電			81	④			99	⑸		
64	読			82	②			100	①		
65	数			83	學校						
66	図			84	用意						

■ ■

제1회 5급 Ⅱ 실전문제 답안지

■ 사단법인 한국어문회 • 한국한자능력검정회 521 ■

수험번호 □□□-□□-□□□□□ 성명 □□□□□

생년월일 □□□□□□ ※ 유성 싸인펜, 붉은색 필기구 사용 불가.

※ 답안지는 컴퓨터로 처리되므로 구기거나 더럽히지 마시고, 정답 칸 안에만 쓰십시오.
글씨가 채점란으로 들어오면 오답처리가 됩니다.

제1회 전국한자능력검정시험 5급Ⅱ 실전문제 답안지(1)

답안란		채점란		답안란		채점란		답안란		채점란	
번호	정답	1검	2검	번호	정답	1검	2검	번호	정답	1검	2검
1	가정			17	승산			33	창문		
2	한복			18	세차			34	사가		
3	결성			19	격언			35	교육		
4	고가			20	사전			36	갈뜰 정		
5	용기			21	정가			37	안 내		
6	중요			22	전승			38	생각 념		
7	훈련			23	정당			39	한가지 동		
8	효능			24	구식			40	집 당		
9	참석			25	문답			41	약 약		
10	각도			26	교양			42	대할 대		
11	역사			27	석유			43	법도 도, 헤아릴 탁		
12	감정			28	신문			44	늙을 로		
13	녹색			29	화법			45	뭍 륙		
14	강산			30	관광			46	반 반		
15	출발			31	순풍			47	길 영		
16	불편			32	병실			48	받들 봉		

감독위원	채점위원(1)		채점위원(2)		채점위원(3)	
(서명)	(득점)	(서명)	(득점)	(서명)	(득점)	(서명)

■ ■

※ 본 답안지는 컴퓨터로 처리되므로 구겨지거나 더렵혀지지 않도록 조심하시고 글씨를 칸 안에 또박또박 쓰십시오.

제1회 전국한자능력검정시험 5급Ⅱ 실전문제 답안지(2)

답안란		채점란		답안란		채점란		답안란		채점란	
번호	정답	1검	2검	번호	정답	1검	2검	번호	정답	1검	2검
49	흰 백			67	自然			85	⑧ 仕		
50	익힐 습			68	年少			86	⑤		
51	묶을 속			69	世上			87	⑦		
52	동녘 동			70	前年			88	⑦		
53	어제 작			71	運動			89	⑩ 社		
54	뜻 의			72	始作			90	⑥ 路		
55	맺을 약			73	現場			91	⑧ 明		
56	구름 운			74	音樂			92	③ 校		
57	채울 충			75	圖			93	④ 陽		
58	흉할 흉			76	身			94	⑤ 展		
59	변할 변			77	弟			95	⑤ 課題		
60	入神			78	雪			96	④ 節約		
61	住所			79	弱			97	② 卒業		
62	住民			80	小			98	気		
63	邑內			81	和			99	数		
64	讀書			82	① 親			100	学		
65	國軍			83	⑦ 作						
66	手足			84	④ 夏						

제2회 5급Ⅱ 실전문제 답안지

■ 사단법인 한국어문회 • 한국한자능력검정회 521 ■

수험번호 □□□-□□-□□□□□ 성명 □□□□□

생년월일 □□□□□□ ※ 유성 싸인펜, 붉은색 필기구 사용 불가.

※ 답안지는 컴퓨터로 처리되므로 구기거나 더럽히지 마시고, 정답 칸 안에만 쓰십시오. 글씨가 채점란으로 들어오면 오답처리가 됩니다.

제2회 전국한자능력검정시험 5급Ⅱ 실전문제 답안지(1)

답안란		채점란		답안란		채점란		답안란		채점란	
번호	정답	1검	2검	번호	정답	1검	2검	번호	정답	1검	2검
1	서점			17	시절			33	영특		
2	은행			18	역사			34	신용		
3	실수			19	신하			35	세월		
4	숙제			20	단결			36	볼 관		
5	원래			21	정구			37	구름 운		
6	속도			22	주번			38	큰 덕		
7	변화			23	운집			39	기를 양		
8	통과			24	명랑			40	붓 필		
9	야구			25	전개			41	받들 봉		
10	만복			26	의술			42	요긴할 요		
11	종류			27	가격			43	낮 주		
12	식별			28	주일			44	과녁 적		
13	책임			29	성질			45	날랠 용		
14	대망			30	병자			46	씻을 세		
15	악덕			31	위인			47	본받을 효		
16	독특			32	봉양			48	모을 집		

감독위원	채점위원(1)		채점위원(2)		채점위원(3)	
(서명)	(득점)	(서명)	(득점)	(서명)	(득점)	(서명)

■ ■

※ 본 답안지는 컴퓨터로 처리되므로 구겨지거나 더럽혀지지 않도록 조심하시고 글씨를 칸 안에 또박또박 쓰십시오.

제2회 전국한자능력검정시험 5급Ⅱ 실전문제 답안지(2)

답안란		채점란		답안란		채점란		답안란		채점란	
번호	정답	1검	2검	번호	정답	1검	2검	번호	정답	1검	2검
49	공경 경			67	作動			85	① 省		
50	등급 급			68	消火			86	③		
51	클 태			69	自然			87	④		
52	넓을 광			70	學校			88	⑧		
53	클 위			71	大門			89	② 話		
54	고를 조			72	方面			90	④ 數		
55	장사 상			73	天地			91	⑥ 年		
56	믿을 신			74	安心			92	② 史記		
57	물건 품			75	清			93	④ 首席		
58	변할 변			76	意			94	① 實數		
59	뿌리 근			77	運			95	⑤ 溫情		
60	兄弟			78	發			96	④ 古家		
61	老少			79	利			97	② 識別		
62	每日			80	主			98	対		
63	飮食			81	前			99	発		
64	春秋			82	③ 始			100	体		
65	活動			83	⑦ 和						
66	草木			84	④ 光						

士農工商 사농공상

예전에 백성을 나누던 네 가지 계급. 선비, 농부, 공장(工匠), 상인을 이르던 말

MEMO

敬老孝親

경로효친

어른을 공경하고 부모에게 효도함

저자 남기탁(南基卓)
약력 한국어문교육연구회 편찬위원장
사단법인 한국어문회 이사
한국한자능력검정회 회장
강원대학교 인문대학 국어국문학과 교수

한자능력검정시험 5급Ⅱ

초판발행 2010년 8월 1일
10판발행 2023년 1월 10일

발행인 한국어문교육연구회
발행처 한국어문교육연구회
주소 서울시 서초구 사임당로 64, 401호(서초동, 교대벤처타워)
전화 1566-1400
등록번호 제22-1555호
ISBN 979-11-91238-41-9 13700

정가 18,000원

공|급|처 푸른하늘 미루 T.02-332-1275, 1276 | F.02-332-1274
www.skymiru.co.kr